ŒUVRES COMPLÈTES

DE

LAMARTINE

PUBLIÉES ET INÉDITES

MÉMOIRES POLITIQUES

I

TOME TRENTE-SEPTIÈME

PARIS

CHEZ L'AUTEUR, RUE DE LA VILLE-L'ÉVÊQUE, 43.

M DCCC LXIII

ŒUVRES COMPLÈTES

DE

LAMARTINE

—

TOME TRENTE-SEPTIÈME

MÉMOIRES POLITIQUES

I

INTRODUCTION

La Providence ne m'a point assigné dans les choses humaines un assez grand rôle pour que ma vie politique, intimement liée aux événements, fasse partie nécessaire ou même utile de l'histoire de ce siècle. J'ai été poëte, historien, politique dans une certaine mesure, par nature, par hasard, par occasion, par nécessité des circonstances. Je ne me suis jamais exagéré, quoi qu'on en ait dit, mon importance. Je n'ai jamais eu d'ambition, excepté celle de l'honneur et d'une certaine renommée honnête compatible avec une vie obscure. La gloire de loin entrevue et entregoûtée du fond d'une retraite méditative, l'action héroïque par moments, puis la rentrée modeste dans l'ombre, tel fut toujours mon idéal. L'idéal est l'indice et le type du caractère. On m'a cru autre, parce que la poésie et la politique ont donné beaucoup d'éclat à mon faible talent et à mes actions. On s'est trompé. J'ai toujours été très-modeste, parce que j'ai toujours été un homme de bon sens, et que ni les enthousiasmes poétiques de ma première jeunesse ni les engouements politiques de mon âge mûr ne m'ont grisé un seul jour. J'ai toujours cru que beaucoup de mes émules ou de mes contemporains valaient mieux que moi, non comme intention, mais comme capacité. Je n'ai jamais cherché à retenir ou la gloire littéraire ou le pouvoir qui leur appartenait à ce titre; mais, aussitôt qu'ils ont brigué la renommée ou la place qui leur appartenait par leur talent supérieur au mien ou par leur popularité plus établie, je me suis hâté de leur céder la supériorité vraie ou fausse qu'on leur supposait, et de rentrer sans regret dans l'ombre. Je n'ai jamais eu de mépris ou de colère que contre les médiocrités jalouses qui prennent les places ou les supériorités devant les peuples incapables par stupidité de peser juste la valeur des hommes. Cela m'irrite comme une injustice générale, et nullement comme un tort fait à moi-même. Je me sens humilié d'obéir et surtout de voir mon pays obéir à un favori de cour ou à un favori de multitude. Cela arrive cependant tous les jours, sous les monarchies, sous le régime parlementaire, triomphe de la cabale, de la coterie, de l'intrigue, et sous la république, triomphe des factions et de l'ignorance. Il faut même avouer, et je l'avoue sans peine à l'heure où j'écris ceci, que le hasard de la naissance et de l'hérédité, comme pour confondre la logique des institutions électives, s'est montré quelquefois plus habile que l'élection à discerner et à faire prévaloir la supériorité au gouvernement du pays, et que si l'honneur défend à certains hommes, tels que moi, de consentir à le servir, il ne défend pas de reconnaître ce droit de supériorité politique.

Mais, me dira-t-on, puisque vous déclarez d'avance qu'à

l'exception de quelques mois où des événements très-imprévus ont jeté le trône et la France sous vos pieds et où vous avez relevé la nation pour la rendre à elle-même, votre vie politique a peu d'intérêt général, pourquoi donc l'écrivez-vous?

A cela je n'ai rien à répondre qu'en déchirant le rideau de mes adversités privées et en ne réservant rien de ce qui dévaste et humilie la fin de ma vie. Je ne suis ni jaloux de revenir complaisamment sur le passé de mon existence, où chaque pas en arrière est maintenant une douleur de plus, ni jaloux de mendier rétrospectivement quelques admirations littéraires, ni jaloux d'obtenir quelques applaudissements politiques des tribunes ou des places publiques. Tout cela m'est également indifférent ou odieux. Je donnerais une partie de ma vie pour n'être pas obligé de revenir sur le reste. Tout m'est pénible par le contraste, ou tout m'est amer par le sentiment du présent dans cette revue de ma vie. Je l'ai semée dans les grands chemins qui ne mènent à rien. Qu'elle y reste, et que son souvenir y meure avant moi, c'est ma seule ambition. L'ombre, l'ombre, l'oubli, l'oubli, le silence, le silence, voilà mes seuls désirs, si je pouvais en former qui fussent exaucés pour mes derniers jours!... Mais la Providence ne me laisse pas même ce triste asile du silence et du néant. Allons, debout! il faut écrire, puisque tu as écrit!

D'autres écrivent complaisamment dans les dignités et les loisirs leurs souvenirs oratoires, leurs mémoires politiques; saint Augustin écrivait par piété; Jean-Jacques Rousseau écrivait par vanité; Saint-Simon écrivait par malignité; ceux-ci par personnalité, ceux-là par ambition de se justifier et de recueillir les admirations et les regrets du monde. Moi, je l'avoue franchement, je n'écris ni par piété, ni par vanité, ni par méchanceté, ni par personnalité, ni par gloriole de poëte, de politique ou d'écrivain. J'écris, faut-il le dire, par nécessité !

Après avoir fait des métiers de poëte, d'historien, d'orateur l'amusement et l'ornement de ma jeunesse, je me vois forcé, sur mes jours avancés, d'en faire métier et marchandise : métier d'honnête homme, marchandise de probité et d'honneur.

Tu dois plus que tu ne peux payer à des hommes qui, dans les temps difficiles, t'ont livré avec confiance leurs économies, leur nécessaire même pour t'aider au salut de la patrie. Quand le moment est venu de payer pour toi et pour les autres, il a fallu permettre à tes amis de proposer à la France de venir au secours de celui qui ne lui avait refusé ni sa signature, ni son or, ni son sang. Elle a détourné la tête. Alors tu as dit à ceux qui t'avaient prodigué leurs secours : « Attendez un peu : je vais vendre mes biens, berceau, tombeau, tout pour m'ensevelir dans mon honneur, sinon dans un cercueil à moi ! » Tu as tout vendu en effet, et cela n'a pas suffi; mais tu vis encore : vends ta vie.

Et j'ai vendu ma vie, et je cherche, peut-être en vain, des acheteurs pour achever de sauver ceux que mon imprudence a perdus. En trouverai-je? Dieu le sait.

Cependant on me dit : Tu as vécu longtemps sous deux républiques et sous cinq règnes; tu es né dans une classe un peu supérieure à la moyenne des populations, et où l'on est bien placé pour aimer les petits et pour juger les grands; tu as été enlevé bien jeune à la vie des champs qu'habitait ton père, et le bonheur de quelques vers de sentiment religieux, lyriques, épiques, t'a ouvert les portes des grandes maisons aristocratiques et littéraires de Paris ; les Rohan, les Montmorency, ont été tes amis ; ils t'ont présenté aux princes et aux ministres ; ceux-ci ont cru apercevoir en toi quelque aptitude de haute politique ; ils ont accueilli ta jeunesse et lui ont ouvert les portes de la diplomatie ; la diplomatie t'a mis en rapport avec toutes les célébrités étrangères du temps ; tu as assisté de près et assez intimement aux premières révolutions d'Italie ; tu as passé huit ou dix ans de cour en cour ; tu y as fréquenté tout ce qui a reçu un nom ou tout ce qui s'en est fait un dans le monde ; tu as aimé la restauration des Bourbons rentrés en France sous les auspices de la liberté régulière ; tu as vu mourir Louis XVIII et tomber Charles X ; tu as voyagé pendant des années dans cet Orient qui renouvelle les idées de l'Europe à force d'antiquité ; tu es entré mal à propos, par tourment d'activité et par ambition d'éloquence, dans les Chambres, sous un gouvernement illégitime que tu voulais bien contrôler, mais que tu ne voulais pas servir ; tu es monté le jour de sa chute à la tribune et tu y as proclamé le gouvernement de tous, la république. La république a été sans tache, mais non sans malheur ; tu as pu prendre la dictature de la république, et tu ne l'as pas voulu, parce que tu ne pouvais la faire durer sur ta tête sans souiller ta main d'un ou deux crimes. Elle est devenue empire, et tu t'es retiré dans la solitude et dans l'isolement. Que de choses, que d'hommes n'as-tu pas coudoyés de près dans cette vie si diverse, si agitée, si mêlée à tout ! Que de portraits n'aurais-tu pas à nous faire de tous ceux qui ont figuré au-dessus, au-dessous, à côté de toi dans ces événements d'un demi-siècle ! Écris pour nous, si ce n'est pas pour toi, ces souvenirs. Une certaine curiosité trouvera sa satisfaction dans ces pages, et le prix qu'on t'en donnera, tout amer qu'il soit pour ton amour-propre, te deviendra doux en pensant qu'il soulage quelques-uns des indigents qui souffrent à cause de toi. Ne vendrais-tu pas jusqu'à ton sang pour réparer le mal involontaire que tu leur as fait, si ton sang avait son prix auprès des indifférents qui jettent l'or à leurs caprices au lieu de consacrer une obole à t'assister dans ton travail? Eh bien, vends-leur ton encre et tes pages, la Providence te tiendra compte au moins de tes efforts.

J'ai reconnu que ces amis avaient raison, et j'ai pris la plume pour écrire encore ce dernier de mes ouvrages.

J'écris donc par nécessité! Triste muse, mais muse sainte quand c'est Dieu qui vous l'envoie en châtiment et qui l'inspire. J'écris au milieu des plus déplorables circonstances où jamais un homme public se soit trouvé jeté sur la fin de sa vie. Mes biens vendus ou engagés en totalité, depuis le toit jusqu'aux fondations, depuis le berceau que j'ai tant aimé et où je n'ose plus reparaître, jusqu'au tombeau que je m'étais préparé à côté de ma mère et de ma fille, et où l'on n'aura pas le droit de me rapporter : cadavre sans patrie, expulsé de la terre natale. J'écris sous un toit dont tout le monde peut me chasser demain, faute par moi d'en payer le loyer ou d'en servir l'arrérage; j'écris sur les décombres de mon propre foyer qu'il faudra livrer demain à ceux qui me font grâce d'aujourd'hui; j'écris interrompu vingt fois par matinée par des malheureux qui viennent s'informer si j'ai pu vendre hier assez pour les faire vivre demain!

Voilà comment et pourquoi j'écris ce dernier de mes livres; et des milliers de riches auxquels je n'ai pas été si cruel passent devant ma porte avec un sourire, sans entrer pour acheter avec un peu d'or les livres qui coûtent tant de larmes, tant de veilles, tant d'honorable passion de secourir ceux à qui l'on doit sa dernière haleine! O suicide! que tu vengerais bien une telle dureté du temps, s'il n'y avait ni Dieu dans le ciel, ni femme ni rien après toi sur la terre, ni misérables à qui tu dois tes dernières lignes! Mais non, ne t'affranchis pas de la vie; laisse-toi tuer par le travail et par l'angoisse! Tu apprendras ainsi comment les peuples reconnaissent ceux qui se sont perdus pour les sauver. Servez-les, après cela! Oui, servez-les, mais pour Dieu, et non pas pour eux.

Voilà sous quel poids d'angoisses j'écris ce que vous allez lire. Ou plutôt, non; je dirai hardiment, en pensant à ceux qui attendent le prix de mon travail forcé, le mot de Thémistocle : *Frappe, mais écoute!* Ne me lisez pas, mais achetez-moi, nous y gagnerons tous les deux.

Ceci est mon dernier livre.

MÉMOIRES POLITIQUES

MA VIE POLITIQUE

LIVRE PREMIER

I

J'ai raconté dans les *Confidences* ce qui pouvait être raconté de ma vie d'heureuse et sainte famille, de belle jeunesse et de poésie innée; j'y renvoie mes lecteurs, et, laissant de côté dans l'ombre tout ce qui touche à la vie de l'âme dans ces années où l'âme est tout l'homme et où l'amour est l'âme tout entière, je vais rechercher dans mes notes éparses, confuses, incomplètes, tout ce qui dans ma vie et dans ces jeunes années mêmes a touché de près ou de loin à la politique. On aura ainsi deux hommes très-dis-

tincts en moi, parce qu'en réalité la nature me fit double :
l'homme de cœur et l'homme de bon sens, l'homme intérieur et l'homme extérieur. Je sais bien que les envieux et
les ignorants, les uns fournissant des dénigrements aux
autres, affirment que je ne suis et que je ne fus jamais
qu'un homme d'imagination, et que la politique, réservée à
la médiocrité, ne fut jamais qu'une prétention de mon
amour-propre. Je ne perds pas mon temps à discuter avec
eux : ils ont peut-être raison; j'ai peut-être tort. Mais,
tort ou raison, l'instinct ou le génie de la haute politique
naquit avec moi. Ce n'est pas autre chose que le bon sens
le plus vulgaire appliqué à la conduite des gouvernements
et à l'organisation de la société selon les lieux et les temps;
la droiture d'esprit dans les grandes choses et l'énergie de
caractère dans les grands dangers de la vie publique. Un
héros de bon sens, voilà le grand homme politique. Je ne
le fus pas, les circonstances ne me permirent pas de
l'être; mais ce fut là, du moins, la vocation secrète et
constante de ma vie dès l'âge où la nature, plus forte que le
préjugé, parle dans l'homme. Cette vocation était naturelle
dans un jeune homme bien doué, qui était né au milieu
d'un temps essentiellement politique, d'une famille et d'une
société presque exclusivement occupées de la chose publique, à peine échappées à l'échafaud populaire pour tomber
dans la tyrannie militaire, et à la tyrannie militaire pour
voir leur pays tomber dans deux invasions. Les scènes de
la Terreur, celles du 18 brumaire, les conquêtes de
Bonaparte, les incursions de Vienne et de Berlin, les massacres de Madrid et l'incendie de Moscou, les revers de la
Bérézina, l'anéantissement de Leipzig, les deux invasions
françaises; le retour de l'île d'Elbe, payé si cher par la

France et expié par tant de sang à Waterloo; le double retour des Bourbons acclamé par l'immense majorité du pays à cause de la paix et de la liberté rentrées avec eux; l'opposition naissante et ingrate, à peine rassurée sur l'étranger, ouvrant la lutte avec la charte de Louis XVIII et ne trouvant jamais assez de liberté, tant qu'elle n'aurait pas celle de chasser les bienfaiteurs : tels étaient les sujets de conversation qui, dans ma famille, frappaient sans cesse mon esprit; comment la politique n'y serait-elle pas entrée par tous les pores? L'air même que je respirais était passionné! Mais, quoique royaliste, cette passion était libérale. Aucun de nous n'avait vu avec peine la révolution modérée que demandait la France en 1789. Tous étaient constitutionnels comme la noblesse de province, surtout indignée des faveurs exclusives de la noblesse de cour et des priviléges scandaleux qui faisaient trois peuples d'une seule nation. Aucun d'eux n'avait émigré, désertion à l'étranger qui offensait leur patriotisme. Les doctrines réformatrices et constitutionnelles de l'Assemblée constituante, dans son côté droit, étaient leurs doctrines. Mirabeau et La Fayette, liés d'idées et de correspondance avec deux de mes oncles, étaient leurs orateurs quand ils n'étaient pas factieux de paroles pour se faire pardonner leur génie monarchiste. J'étais moi-même ce qu'on était autour de moi, monarchiste comme ma famille, bourbonien comme le temps, libéral et constitutionnel comme l'atmosphère. L'air ambiant à dix-sept ans façonne l'homme à son image.

Quand je m'examine bien aujourd'hui, après tant de vicissitudes d'opinion et de règne qui m'ont mené de nécessités en nécessités jusqu'à la république, le plus beau des gouvernements à fonder, si les hommes étaient capables de le maintenir et dignes de le pratiquer en se respectant les uns les autres et en se faisant eux-mêmes respecter, je trouve que je suis, au fond, bien près de ce que j'étais alors, monarchiste de raison, libéral de tendance, anti-anarchiste de passion, bourbonien légitime de justice et d'honnêteté, républicain d'occasion et d'idéal; au fond, philosophe plus sceptique que fanatique de formes politiques, trouvant tout bon de ce que le temps et les circonstances imposent momentanément aux peuples, même l'intermittence des gouvernements nécessaires. Les peuples sont comme les hommes, ils vivent du temps, ils changent comme lui. Il ne faut pas demander à l'homme, être contingent et mobile, la forme parfaite et immuable de l'Être absolu et éternel !

II

Je brûlais, en 1814, d'entrer dans une carrière qui pût m'ouvrir les portes de la vie active. Mon père, mon grand-père, tous mes aïeux avaient servi le roi dans les armées, depuis la bataille de Fontenoy, où l'un de mes grands-oncles était mort sous le feu de la colonne anglaise et où le roi avait institué la croix de Saint-Louis, cette noblesse dans la noblesse. Fils unique, portant le nom et le cœur de la famille, je désirais naturellement entrer dans l'armée ; je le désirais depuis l'âge de quinze ans. Mais mes parents n'avaient pas permis que j'entrasse dans les écoles militaires de Bonaparte pour en sortir officier dans un de ses régiments.

Cette oisiveté n'était pas saine. On m'avait envoyé voyager seul en Italie avant l'âge. On peut voir dans l'épisode intitulé *Graziella*, des Confidences, comment j'y avais enflammé mon cœur et évaporé mon imagination de dix-huit ans dans des amours naïves et champêtres avec la fille du pauvre pêcheur d'Ischia, près de Naples. J'étais revenu. Mon départ l'avait tuée. Après l'avoir pleurée quelques mois et m'en être souvenu longtemps comme d'un rêve du matin qu'on retrouve le soir, je m'étais, non consolé, mais distrait dans les loisirs de la campagne. Chasses, chevaux, chiens, courses de châteaux en châteaux voisins avec les jeunes gentilshommes de la contrée, élevés dans la même oisiveté que moi par les mêmes motifs de famille; liaisons légères avec de jeunes femmes, reines poétiques de ces réunions, et toutes très-hostiles à Napoléon et très-ardentes royalistes pour ce rêve de restauration qui commençait à apparaître de loin à la France comme un horizon de paix et de liberté après le naufrage inévitable et prochain de la tyrannie. Voilà le milieu dont j'étais entouré et qui formait, à mon insu, ce que je prenais pour des opinions. Je dois avouer cependant que mes études plus fortes d'antiquité que celles de la société dont j'étais environné, mon voyage en Italie où la haine du joug de Bonaparte était poussée alors jusqu'au fanatisme, haine dont j'avais été fortement inoculé dans les sociétés anti-françaises et républicaines de Rome, de Milan, de Naples; les vers d'Alfieri, le tragique piémontais, que je prenais pour romains alors et qui n'étaient que déclamatoires; enfin les belles-lettres dorées par le Vénitien Ugo Foscolo, véritablement passionnées pour l'émancipation du monde, avaient allumé en moi dès cette époque une flamme secrète de républicanisme antique qui s'associait assez gauchement avec ma chevalerie royaliste de partisan des Bourbons. Mais de loin tout cela se confondait dans mon âme avec ma haine du régime napoléonien, et les sourires séduisants de quelques belles châtelaines conciliaient facilement en moi le jeune royaliste et le poëte républicain. Cette opposition était, du reste, générale, quoi qu'on vous en dise aujourd'hui, en France ; on ne rencontrait de bonapartistes dans aucune classe de la population, excepté dans les fonctionnaires publics. La preuve en est dans le petit nombre de soldats, environ soixante mille hommes, qui se couvraient vainement de gloire sous leur empereur rajeuni en cherchant à défendre sa capitale, et dans la désertion de tout le reste qui laissait tomber la patrie. Nos forêts de l'Est en étaient remplies. Le moindre élan de la France aurait secoué l'étranger, mais la France attendait et ne se remuait pas ; elle considérait avec intérêt, pitié, admiration, les derniers exploits de son armée ; mais elle contemplait sans intérêt la ruine de l'homme qui lui avait enlevé jusqu'à son patriotisme. Royalistes, libéraux, républicains, peuple des campagnes, ouvriers des villes, tous s'entendaient dans une haine commune. « Qu'il tombe et que la France se relève ! » tel était le mot d'ordre public, des anciens Jacobins, des légitimistes et du peuple. Quand une nation succombe sous le poids de la tyrannie qui l'écrase et la décime, son premier besoin est d'en être soulagée ; elle verra après. Mes sentiments étaient ceux de tous.

III

A mon retour d'Italie, on m'avait désigné, quoique ayant déjà fourni à l'armée de l'empire trois remplaçants avant l'âge légal de la conscription, pour les gardes d'honneur. Les gardes d'honneur étaient deux régiments de cavalerie, formés arbitrairement, sous la désignation des préfets, de jeunes gens de familles riches, qui se montaient et s'équipaient eux-mêmes, et qui, après une ou deux campagnes, devaient passer officiers.

Le préfet de Mâcon, M. de Roujoux, ancien tribun, homme doux, aimable, modéré, aimait beaucoup mon père, membre du conseil général du département, sans esprit de parti, recherchant dans ses votes le bien pour le bien sous tous les régimes. Par égard pour mon père, le préfet, voulant me soustraire au cadre des gardes d'honneur, sollicita de l'empereur une exception d'âge à la loi qui voulait qu'on ne pût être maire d'une commune rurale avant la majorité. En vertu de cette exception de faveur obtenue de l'empereur, je fus nommé maire de Milly, petite commune habitée par ma famille pendant les étés. Ce fut ma première fonction publique. Je m'en acquittai facilement et à la satisfaction unanime de ce petit village. Cela me donna un premier sentiment d'administration populaire. J'y fis de la charité légale, et quelques dépenses somptuaires, au moyen de centimes additionnels et de cotisations volontaires montant à quelques centaines de francs. J'y couvris un puits d'une grosse pierre non taillée, pour que l'eau, rare dans le rocher, n'y fût pas souillée dans les temps pluvieux. Ce fut mon seul monument d'édilité sur la terre. Une roue en bois et une corde pour tirer le seau public avec moins de peine et de danger pour les jeunes filles de la fontaine achevèrent mon ouvrage. Milly maintenant n'est plus à moi, mais quand je repasse tristement à cheval par les sentiers pierreux de la commune sans oser rentrer dans la cour et dans le jardin de mon père, je ne puis voir ma pierre, ma corde et ma roue sans arrêter mon cheval et sans me dire : « C'est toi, pourtant, qui as conçu et exécuté ce monument ; les jeunes bergers et les chèvres t'en sauront gré pendant que la pierre, le bois et la corde dureront sur la margelle. Tu n'as plus de toit dans le village, mais tes œuvres y feront bénir ton nom par quelques générations. »

IV

C'était en 1813, au commencement de l'hiver. Les armées ennemies s'avançaient de tous côtés sur Paris par toutes les routes de la France : les Espagnols par les Pyrénées, les Anglais par Bordeaux, les Autrichiens par la Suisse, Genève, Lyon et la Bresse; les Prussiens, les plus féroces de tous, par les provinces Rhénanes : peuple d'Attila qui a laissé partout où il a passé des dévastations et des ressentiments qui nous vengeront un jour; les Russes par la Champagne : peuple généreux dont la victoire ne fut jamais une insulte; les Hollandais et les Anglais par le Nord : peuples doux, disciplinés, civilisés, comme les Autrichiens, qui refoulent leurs conquérants sans pousser la guerre jusqu'à la barbarie. Lyon était conquis; les généraux autrichiens, après avoir repoussé les beaux détachements de l'armée d'Espagne, appelés trop tard au secours de la mère patrie, s'avançaient sur Mâcon par trois routes : la Bresse et le pont sur la Saône, la grande route de Lyon et les vallées du Beaujolais. Une bataille de quatorze heures se donna à peu de distance de Mâcon entre les Autrichiens et les Français. J'y assistai du haut des collines du Mâconnais comme à un combat de cirque; mon cheval y reçut une balle dans la cuisse en débouchant dans la plaine. J'y fus témoin de grands efforts de bravoure des deux côtés. A la fin du jour, les Autrichiens refoulèrent l'armée française sur la route de Lyon, et rentrèrent à Mâcon pour occuper le pays.

Mon père, qui trouvait plus sûr pour ma mère et pour ses filles de rester à la ville sous la protection d'une armée régulière et bien disciplinée, me renvoya à Milly, également occupé par l'armée ennemie, pour y sauver sa demeure, et pour y éviter le pillage, en organisant le service des vivres de la commune. J'y courus; j'y trouvai un corps de trois mille hommes, presque tous Italiens, sous le colonel Rosmini, Italien aussi. Je le reçus avec son état-major dans la maison de mon père. Ces soldats se conduisirent en hôtes plutôt qu'en vainqueurs. L'italien, que je parlais comme eux, fut une langue commune qui nous servit d'intermédiaire. Nous vécûmes plusieurs semaines et nous fîmes vivre le village et le détachement au moyen de réquisitions de bœufs dans les montagnes, qui furent payés plus tard aux communes. Les paysans français et les soldats allemands fraternisaient assez amicalement dans les occupations rurales. Milly ressemblait moins à un pays conquis qu'à une colonie militaire.

Un de mes amis, le comte Gustave de Damas, jeune, brave et chercheur d'aventures, avait levé un corps franc de quelques centaines de soldats débandés et de paysans, dont il s'était nommé colonel, pour faire une guerre de partisans sur les flancs et sur les derrières de l'armée autrichienne. Quoique très-royaliste et même conspirateur contre Bonaparte, qui l'avait exilé à Mâcon, il avait pris parti pour l'armée française. Nous étions amis intimes. Il rôdait dans le voisinage, cherchant l'occasion de quelque incursion nocturne sur les postes des Autrichiens. Il m'informa de son approche; je lui fis dire confidentiellement de s'abstenir sur Milly d'un coup de main qui n'aurait d'autre résultat que de tuer quelques hommes et de faire écraser un pays jusque-là ménagé et tranquille. Il écouta mes conseils et se replia sur les forêts de l'Autunois.

A la fin de la guerre, Gustave de Damas se présenta à Paris en qualité de colonel, se fit appuyer dans ses prétentions par la haute et puissante famille royaliste de son nom, et brigua un régiment qu'il ne put obtenir. Il reprit son métier d'aventures, se maria par inclination à une jeune personne de Strasbourg dont il était épris depuis plusieurs années, et vécut de misère avec elle dans un château près de Poligny, en Franche-Comté. Toujours brave, mobile, entreprenant, il abandonna l'Europe, terre trop prosaïque pour son imagination, et passa en Perse avec quelques officiers instructeurs, pour chercher fortune au service du schah. Il n'y trouva que la mort. Je n'ai plus revu depuis 1816 ce premier ami héroïque et poétique de ma jeunesse. Je l'ai toujours suivi d'un souvenir d'intérêt. C'était un homme de l'Arioste, du temps où les paladins faisaient ce que les poëtes rêvaient. Que la terre des héros et des poëtes lui soit légère!

V

Après la capitulation de Paris et les adieux de Fontainebleau, la noblesse française, qui avait désespéré pendant quinze ans de ses princes, sortit de ses châteaux et courut à Paris offrir ses services et réclamer des grades et des récompenses. Mon père, le plus ardent et le plus désintéressé des gentilshommes, se décida tardivement à aller présenter son fils au roi. On lui donna la croix de Saint-Louis et une pension conforme à son grade; il accepta la croix et remit la pension : « A Dieu ne plaise, dit-il, que je prive le roi et l'État d'une somme dont je puis me passer, quoique pauvre, dans un moment où le roi et l'armée ont besoin de toutes leurs ressources pour payer les défenseurs du pays et pour subvenir à tant de misère. » Il demanda pour toute faveur de me faire recevoir dans une compagnie des gardes du corps commandée par le prince de Poix, de la maison de Noailles.

La compagnie était complète; mais quand le prince de Poix me vit, il se récria si haut sur ma figure, sur ma taille, sur ma physionomie, propres à faire honneur à sa compagnie, que je ne pus m'empêcher de rougir de l'admiration trop enthousiaste et trop ouvertement exprimée de mon général. Mon père sourit en recevant les compliments du prince. Le prince entr'ouvrit les portes des bureaux de son état-major, et, appelant à haute voix dans la salle des revues les généraux et les officiers qui travaillaient à son recrutement : « Venez, messieurs, leur dit-il en me faisant poser assez légèrement devant tout le monde ; regardez ce jeune homme qui se présente et qu'on refuse. Peut-on refuser une pareille taille, une pareille figure, une pareille tournure pour le service du roi ? Je veux qu'il soit reçu à l'instant ; ma compagnie n'aura pas un plus beau garde ! » Je fus applaudi et reçu.

Le prince m'accompagna, à ma sortie avec mon père, en redoublant ses exclamations admiratives devant les employés et les huissiers des salles que nous avions à traverser. Mon père était flatté et moi un peu humilié d'une telle réception. On n'aurait pas admiré plus irrespectueusement un beau cheval pour les escadrons de la compagnie. Ce fut bien pis quand, quinze jours après, je parus en uniforme, en casque et en bottes fortes, pour me faire immatriculer, devant le prince et devant l'état-major, dans l'hôtel du quai d'Orsay, où se délivraient les brevets d'officier de la compagnie.

VI

Notre garnison était Beauvais. Je m'y rendis quelques jours plus tard, après avoir embrassé mon père, qui avait porté au roi et aux princes le serment et les hommages de la noblesse et de la bourgeoisie du Mâconnais. Il était fier et heureux d'avoir mis son fils à sa place.

Arrivé à Beauvais, complétement inconnu de mes camarades, je me logeai tout seul chez un boulanger qui louait sa chambre unique aux gardes du corps. Ce boulanger, sa femme et une jeune fille composaient toute la petite maison, dans le faubourg d'Amiens, tout près des portes de la ville. C'étaient de braves gens très-royalistes, très-religieux, très-paisibles, qui me reçurent comme leur enfant.

La chambre, au-dessus de la boulangerie, était grande, très-propre; on entrevoyait par la fenêtre la campagne solitaire, tout près de la porte de la ville. C'est ce qui me séduisit. Je me promettais de m'échapper souvent pour aller, loin du tumulte des cafés, du quartier et du manége, égarer mes rêveries dans les vignes, habitude de mon enfance à Milly. Je résolus aussi, par goût d'isolement plus que par économie, de m'abstenir de la table d'hôte et du restaurateur, et de manger seul dans ma chambre. Je fis marché à très-bas prix, avec la femme du boulanger, pour un très-modique ordinaire, servi, entre les exercices, dans ma chambre. La jeune fille me l'apportait le matin et le soir. Un petit morceau de bœuf bouilli et une salade composaient tout mon repas; le matin, du pain et du fromage. Les soldats à présent vivent mieux. Cela me suffisait. Je mangeais en lisant près de la fenêtre, servi par la jeune fille, qui causait familièrement avec moi, mais que je respectais comme une sœur, tant il y avait de candeur et d'innocence sur sa physionomie. Mon repas fini, je prenais un livre sous le bras, un crayon dans ma poche, et je sortais pour aller m'égarer jusqu'à la nuit dans les sentiers déserts des environs de la ville. Le soir, au lieu d'aller au café des gardes du corps, je rentrais et je reprenais ma lecture à la lueur d'une chandelle, auprès de mon lit. J'étudiais alors les éléments de l'instruction de la cavalerie.

J'avais été très-familièrement et très-obligeamment accueilli, à cause de mon extérieur, par tous mes camarades, à ma première apparition aux exercices. J'étais né, pour ainsi dire, à cheval ; aussi, dès la seconde fois que je fus appelé à prendre ma leçon de manége, l'écuyer, qui nous faisait monter sans selle, me fit-il prendre la tête de la colonne, afin de démontrer sur moi-même la pose, l'assiette et la tenue du cavalier. Il en fut de même pour les exercices à pied. La charge en douze temps me fut un badinage.

Ces avantages extérieurs, ma réserve et ma modestie, ainsi que le goût de la retraite, suffisamment manifesté par mon absence de la table d'hôte et du café, inspirèrent un certain respect mêlé de bienveillance à la masse de mes camarades. Je n'eus à me plaindre d'aucun d'entre eux, et je me liai d'amitié avec un petit nombre des plus distingués. Les principaux furent M. de L..., fils unique du premier président de la cour royale d'Amiens, et M. de Vaugelas, gentilhomme du Dauphiné : deux charmants esprits et deux nobles caractères, dont le souvenir m'embellit même ce moment. Ils vivent encore, et nous nous aimons toujours, tant ces prédispositions d'attachement dans les premières années sont durables, malgré la versatilité des événements qui nous séparent. Nos entretiens étaient surtout politiques, entremêlés de poésie. J'écrivais quelquefois des vers, que j'ai détruits depuis, et qui, s'ils méritaient quelque attention, ne méritent pas un regret de mes amis.

VII

Ainsi s'écoulèrent ces mois de garnison à Beauvais; puis vint le temps de service qui nous rappela à Paris. Je me gardai bien de me loger au quartier du quai d'Orsay, encore insuffisant pour nous contenir tous. Je continuai à me loger seul à l'hôtel *du Hasard*, rue du Hasard, près de la rue Richelieu. J'y vivais indépendant, excepté les jours de service. Ce service consistait à monter la garde à la porte du roi, dans le palais des Tuileries, et à l'accompagner à cheval dans les courses lointaines et rapides qu'il faisait tous les jours dans les environs de Paris.

Je fus choisi une fois de préférence, avec un de mes camarades, pour accompagner Louis XVIII dans la visite qu'il voulut faire du Musée français pour connaître et apprécier ses richesses. Cette visite dura trois heures, pendant lesquelles le roi, M. de Forbin et M. Denon, trois hommes d'esprit et de goût, échangèrent en notre présence tout l'agrément et toute l'érudition artistique d'amateurs consommés des belles choses. Nous touchions à la chaise roulante dans laquelle le roi était traîné par deux de ses valets de pied, à cause de ses infirmités. Son beau regard, qui tombait souvent sur nous, comme pour nous associer à l'intention de ses mots fins et spirituels, nous mettait dans une espèce de familiarité avec lui. Il ne nous interdisait pas le sourire; il semblait jouir de l'effet qu'il produisait sur nous. Il parut me remarquer, mais il ne s'informa pas de mon nom. Quelques années après, lorsqu'il lut avec indulgence les *Méditations poétiques*, et qu'il chargea son ministre de l'intérieur, M. Siméon, de m'en témoigner sa satisfaction par le don d'un des beaux ouvrages de sa bibliothèque, il ne sut jamais que l'auteur de ces poésies, qu'il nommait *Virgiliennes*, afin d'illustrer son règne, était ce jeune officier de sa garde intime qu'il remarquait tous les jours en passant de sa salle à manger à sa chapelle, et dont il avait cherché le regard complice d'assentiment en faisant assaut d'esprit et de goût avec les courtisans les plus spirituels de sa cour.

VIII

Après mes mois de service, je vins passer mes mois de semestre dans ma famille à Mâcon. Toute ma politique alors était de montrer mon brillant uniforme dans les promenades et dans les salons de mon pays. Les bals de la préfecture, embellis par madame la comtesse Germain, femme du préfet de Mâcon et amie de ma mère, réunissaient autour d'elle des groupes de beautés séduisantes, fête incessante du cœur et des yeux. Tout le monde était royaliste alors, peuple, bourgeois, noblesse, à l'exception de quelques officiers en demi-solde qui commençaient à murmurer de ce que la France n'appartenait plus tout entière à l'armée. Mais le bruit des fêtes emportait ces murmures intéressés; on jouissait de la paix, on savourait la liberté, nul ne pensait à une invasion possible de Bonaparte. Il avait traversé récemment ces mêmes provinces et surtout les routes du Midi, sous les imprécations du peuple, en se rendant dans son exil de l'île d'Elbe. Le sentiment de nos provinces à son égard ne paraissait pas encore changé. La nouvelle de son hardi débarquement et de sa marche sur Paris, le plus coupable et le plus héroïque des actes de toute sa vie, parut improbable à tout le monde.

Je restai quelques jours dans ma famille, pensant que le roi allait former un corps d'armée à Lyon et que je me trouverais tout porté pour y rejoindre mes camarades. Mais, à la nouvelle de l'entrée de Bonaparte à Grenoble et de l'entraînement de la garnison qui lui livrait Lyon, je me hâtai de me rendre à Paris par des chemins de traverse qui abrégeaient la route par la Loire.

Aucun mouvement en faveur de Bonaparte n'annonçait le moindre engouement du pays pour sa cause, jusqu'à Cosne. Là, un officier polonais, évidemment parti en vedette pour corrompre les officiers rentrant à Paris, soupa avec nous, et, sans insulter les Bourbons, affecta de dire que leur cause était d'avance perdue et que l'armée tout entière était convenue de se rallier à Bonaparte. Je crus devoir protester, par fidélité et par honneur, contre cette opinion. Il insista. Nous nous battîmes au sabre dans un petit jardin attenant à l'auberge ; je le blessai légèrement, et nous le laissâmes poursuivre sa mission d'embauchage, avec un coup de sabre sur le bras.

De petites voitures toujours prêtes, qu'on appelait des pataches du Bourbonnais, nous conduisirent pendant la nuit à Fontainebleau et de là à Paris.

IX

Paris me sembla dans une fermentation royaliste qui ne laissait pas prévoir un dénoûment sans combat, aussi facile et aussi prompt que celui du 20 mars. Il ne paraissait pas y avoir deux opinions, même dans le peuple. Tout le monde, à l'exception de quelques courtisans de l'empereur qui se taisaient ou qui offraient leurs services aux Bourbons, était royaliste. Le roi, qui avait réparé en quelques mois de règne les désastres de l'invasion et qui essayait de bonne foi à rendre la France libérale par des institutions représentatives, intéressait tous les cœurs honnêtes à sa cause. Son âge et ses infirmités mêmes plaidaient pour lui. Il n'avait ni conquis l'Europe ni livré la France à la conquête, mais il avait conçu la charte, ce beau traité de paix entre tous les partis patriotiques. Les fautes légères de son règne étaient plutôt les ridicules de ses courtisans que les fautes du roi. Personnellement, il avait comblé les chefs de l'armée de dignités, de faveurs et de grâces; nul n'avait ni un mot ni un geste à lui reprocher; c'était le vrai type d'une restauration. Une insurrection de l'armée contre lui était sans excuse.

Les Chambres qui représentaient le pays, convoquées autour de lui pour attester à la France et à l'Europe que sa cause était celle de la France elle-même, l'avaient accueilli à l'unanimité, quelques jours auparavant, comme la personnification du patriotisme de la patrie. J'assistai à cette scène. J'entends encore les acclamations frénétiques et cependant calmes qui s'élevaient sous les roues de sa voiture ; c'était le cri de la conscience de la France. Il nous remplissait de confiance. Je ne soupçonnais pas alors la versatilité d'une capitale française, ni le peu de patriotisme d'une armée qui sent son devoir, mais qui revoit son général et abandonne son roi.

X

Cinq jours après, le roi, voyant l'inutilité de l'espoir d'une capitale désarmée devant une armée décidée à tous les attentats, espéra mieux des provinces, et se retira par la route de Lille. Il croyait pouvoir s'y défendre à l'abri des fortifications et d'une garnison encore fidèle. Nous l'accompagnâmes avec l'enthousiasme de l'honneur et de la pitié. A peine lui permit-on d'entrer dans Lille et d'y passer quelques heures. La conduite du duc d'Orléans, qui l'escortait, y fut équivoque. Ce prince se retira en Angleterre, laissant supposer tout ce qui convenait à son ambition.

Le roi se retira à Gand. Nous nous enfermâmes dans Béthune, ville forte de la frontière du Nord, où les troupes de Bonaparte nous confinèrent en attendant notre licenciement. Il y eut là deux partis en présence : ceux qui voulaient émigrer à la suite du roi, et ceux qui, croyant leur devoir satisfait en ayant escorté le roi jusqu'aux frontières, répugnaient à les franchir. Je fus du nombre des derniers. Plus de devoir hors de la patrie contre la patrie. Ce fut mon sentiment ; il prévalut. Nous capitulâmes librement, et nous reçûmes des feuilles de route pour rentrer démontés dans nos familles. Le capitaine Descrivieux, un de mes amis et de mes parents, qui campait avec son régiment de hussards sous les murs de Béthune, se présenta aux portes pour me réclamer. Je sortis avec lui, j'achetai un cheval, et je m'acheminai seul vers Paris.

A Abbeville, je fus reçu comme un fils de la maison dans l'hôtel. J'y restai quelques jours, indisposé. Quand je fus rétabli et que je voulus payer ma dépense, la maîtresse de l'hôtel et ses filles refusèrent absolument de recevoir la moindre chose. « Non, non, me dirent-elles en versant des larmes, nous voyons bien que vous êtes un des gardes du roi, nous voudrions les recevoir tous pour l'amour de lui et de la France ; mais puisque le hasard vous a confié à nous, nous rougirions de ne pas montrer en vous que notre hospitalité n'est pas de l'intérêt, mais du cœur. »

L'entrée de Paris nous était défendue. Arrivé à Saint-Denis, aux portes de Paris, j'écrivis à un loueur de voitures, nommé Michonnet, homme résolu et habile, de venir me chercher en cabriolet à Saint-Denis et d'envoyer un palefrenier prendre mon cheval. Michonnet reçut ma lettre, recueillit pendant quelques jours mon cheval, et me conduisit lui-même dans son cabriolet à mon hôtel de la rue du Hasard.

Paris était consterné ; j'y restai quelques jours inconnu. J'y vis Napoléon revenant un jour de visiter la maison d'éducation de filles de Saint-Denis. Il passait rapide et pensif, seul dans sa voiture, dans la rue de la Paix, sous la colonne élevée à sa propre gloire. Son regard était inquiet, agité, perplexe ; on eût dit une médaille du Bas-Empire. Son obésité, la pâleur et la lividité de son teint me frappèrent. Il était évident pour moi qu'il se repentait déjà de son évasion de l'île d'Elbe. Il regardait avec anxiété la foule qui s'arrêtait pour le contempler et qui lui donnait à peine un signe de respect. Ce n'était plus le peuple, c'était l'armée dont il cherchait la protection. Il ne se sentait plus empereur, il était à peine général. La liberté avait relevé les têtes depuis 1814. La France voulait compter avec lui.

XI

Après quelques jours passés à Paris, je repris mon cheval chez Michonnet; je le fis conduire jusqu'à quelques lieues sur la route de Meaux, et, montant en cabriolet avec Michonnet, je me fis mener par lui jusqu'au rendez-vous donné dans un endroit solitaire de la route. Là, je montai à cheval, et, vêtu en voyageur du commerce, je regagnai lentement, par Meaux, par Sézanne, par Troyes et par Châtillon, la route de Bourgogne.

Je n'avais pour arme qu'une canne à épée. Arrivé à Châtillon, je m'aperçus que la canne était tombée de ma main et que l'épée seule était restée pendue à mon poignet. Je me hâtai de profiter d'un moment où je ne me croyais pas vu pour jeter l'épée loin de moi, par-dessus le parapet d'une rivière qui coule à quelques pas de la ville. Mais j'avais été aperçu et aussitôt dénoncé au capitaine de gendarmerie. A peine étais-je installé dans l'auberge de Châtillon, que le capitaine entra dans ma chambre et me demanda mon passe-port. Je n'en avais pas d'autre que ma feuille de licenciement. Je lui dis mon nom. Il connaissait ma famille, ayant été capitaine de gendarmerie à Mâcon quelques années auparavant. Il me consigna aux arrêts pour la forme, et m'engagea à faire conduire mon cheval par un palefrenier hors de la ville, où je le retrouverais en m'évadant à la nuit tombante. Il me donna ordre ostensiblement devant l'aubergiste d'attendre à Châtillon les renseignements qu'il allait faire prendre sur ma personne. Un clignement d'œil me fit entendre ce que j'avais à faire pour m'évader. Dans la soirée, je demandai à dîner, et, laissant un écu sur mon assiette, je sautai par la fenêtre de ma chambre. Après avoir marché une demi-heure à travers champs, je retrouvai mon cheval dans un cabaret de la route de Bourgogne.

Le lendemain, je m'arrêtai à Montbard, dans une hôtellerie du faubourg, voisine du château de M. de Buffon. L'hôtesse et sa fille ne se méprirent pas à ma fausse apparence. L'auberge était vide. La jeune fille, d'une admirable beauté, me servit à table et m'enseigna avec une affection de sœur les chemins que je devais prendre pour me rendre à travers les bois au château d'Urcy, chez mon oncle. La mère et la fille me conjurèrent de laisser reposer mon cheval chez elles un jour ou deux, en ne sortant pas de ma chambre ; elles m'y tinrent la compagnie la plus tendre et la plus gracieuse pendant deux jours ; il m'en coûtait de quitter des hôtesses si royalistes et si dévouées. Quand mon cheval eut bien repris haleine, la jeune fille m'accompagna elle-même avant le jour par un sentier hors de la ville. Nous ne nous séparâmes pas sans peine ; elle versa quelques larmes en m'embrassant. J'en emportai un souvenir de sœur et le désir de la revoir. Je ne la revis jamais ; mais je ferais encore aujourd'hui son portrait, tant les images sont vives et durables dans une imagination de dix-neuf ans.

Je m'enfonçai dans les bois de la Bourgogne, évitant les chemins frayés, et j'arrivai le troisième jour, avec mon cheval et mon chien, pendant la nuit, au château de mon oncle. Mon père y était. Il partageait mon amour pour les Bourbons, mon désespoir de les voir abandonnés par l'armée, mes appréhensions pour le sort même de cette armée toute prête à périr pour celui qui allait la jouer pour sa cause.

Mon oncle, l'abbé de Lamartine, retiré dans sa terre, et n'ayant aucun goût pour reprendre l'état ecclésiastique qui lui avait toujours répugné, sans aimer Napoléon penchait beaucoup plus que nous vers le régime de liberté auquel l'expulsion des Bourbons ouvrait plus de chances. Il m'engagea à rester avec lui. Mon père et moi nous pensâmes que, si je restais, je serais inévitablement rappelé à servir, dans les armées napoléoniennes, une cause qui offensait nos sentiments. Je remontai à cheval après quelques jours de repos, et je me rendis à Mâcon, près de ma mère et de mes sœurs.

XII

Les mesures de recrutement qui me menaçaient me décidèrent bientôt à sortir de France et à passer en Suisse pour attendre en pays neutre l'issue des événements, sans offenser ma patrie et cependant sans servir la tyrannie. Je pris vingt-cinq louis pour toute fortune dans les économies de ma pauvre mère, et je partis à pied pour la frontière de la Suisse. Mon excellent cheval ; que j'espérais vendre un bon prix pour augmenter ma bourse, venait de mourir de ses fatigues. J'avais pour tout bien mes vingt-cinq louis, une veste de toile et quelques hardes avec un livre sur mon dos. J'avais pris un passe-port pour le village de Mézod, voisin des petites villes de Moirans et de Saint-Claude, où ma famille possédait avant la Révolution des propriétés considérables. Ces châteaux abandonnés et la superbe forêt du Fresnoy, aboutissant à la frontière suisse, ont été vendus depuis à bas prix à des propriétaires du pays dont ces biens ont fait la fortune.

Le village de Mézod était la demeure d'un gentilhomme émigré, ancien officier de l'armée de Condé, beaucoup plus âgé que moi, mais qui se rapprochait de mon âge par la candeur naïve de son caractère et par l'originalité juvénile de ses années. Il y vivait en paysan cultivateur, dans une sobriété et dans une familiarité antiques avec les paysans de la contrée.

On se douta bien dans le village que j'étais un garde du roi fuyant les levées de Bonaparte pour ne pas servir contre sa cause, mais nul ne nous trahit. Le peuple de ces montagnes, accoutumé à voir passer des proscrits dans ces sentiers et à leur servir de guides, était royaliste. D'anciens fermiers de ma famille me reçurent chez eux comme un parent de la maison, et, sous prétexte de chasse, me conduisirent, par la forêt du Fresnoy, jusqu'au beau village suisse de Saint-Cergues, où je fus recueilli dans son auberge par un ancien guide de madame de Staël qui conduisait habituellement ses amis à Coppet pendant les proscriptions de la Révolution. Je passai la nuit dans cet asile, et, le lendemain matin, je pris le chemin du pays de Vaud, par une route des plus pittoresques qui descendait du ciel sur le lac de Genève.

Le guide de Saint-Cergues m'avait montré de loin le beau château de Vincy, non loin de Coppet, en me donnant l'assurance que j'y rencontrerais la plus bienveillante hospitalité et qu'on m'y donnerait aussi tous les renseignements désirables sur le but de mon voyage. La famille de Vincy était de tout temps attachée aux princes de la maison de Bourbon. Les fils servaient en Hollande ou dans les suisses de la garde royale de France. Deux femmes respectables et charmantes, la mère et la fille, vivaient avec le père dans ce beau manoir de famille, au sein d'une médiocrité et d'une décadence de fortune qui donnaient plus de prix à leur généreuse hospitalité.

Je sonnai à la porte du château. M. de Vincy me fournit tous les renseignements que je pouvais désirer pour aller rejoindre dans les montagnes de Neuchatel un noyau de gentilshommes fidèles, recrutés, disait-il, par M. de Polignac et par un aventurier, l'abbé Lafond, qui avait noué presque à lui seul la fameuse conspiration Malet en 1813. Je remerciais M. de Vincy et j'allais prendre congé de lui, quand sa femme et sa fille entrèrent, furent touchées de mon isolement en pays étranger, et m'offrirent gracieusement de me donner l'hospitalité pendant quelques semaines, en attendant que les rassemblements royalistes dont on parlait vaguement en Suisse eussent pris de la consistance ou se fussent évanouis en fumée. Comme toujours, j'acceptai avec timidité et discrétion, et je passai entre la mère et la fille quelques-unes des semaines les plus douces de ma vie. Jamais le souvenir de tant de bontés envers un étranger à peine vêtu convenablement ne sortira de ma mémoire. J'y retrouvai une mère et une sœur. Que le ciel le rende à leurs fils et à leurs frères !

XIII

Craignant cependant d'abuser de tant d'hospitalité dans une demeure dont l'opulence antique déguisait mal la médiocrité présente, je pris congé de la famille de Vincy, non sans regrets, et j'allai à Neuchatel chercher l'abbé Lafond, cet ennemi inventif et ingénieux de Bonaparte. On me dit à Neuchatel qu'il était dans les hautes montagnes, sur l'extrême frontière, à la Chaux-de-Fond. Je m'y rendis seul et à pied. Je parvins à le découvrir. Il me reçut bien, sans paraître même redouter un piége de police; mon visage le rassurait suffisamment. Il me fit déjeuner avec lui. Il m'avoua qu'il n'avait ni soldats, ni courtisans, ni armée; qu'il était seul, et que son génie lui suffisait pour conspirer la ruine de Napoléon. « Son retour de l'île d'Elbe est une conspiration aussi, me dit-il, elle a réussi, et celle de Malet a échoué; mais j'espère avoir ma revanche, car je suis né conjuré comme il est né soldat. Retournez donc d'où êtes venu, » me dit-il. Et il me reconduisit jusqu'à la descente sur Neuchatel.

Depuis ce jour je n'ai plus entendu parler de l'abbé Lafond. Il rentra dans l'ombre de ses complots, ou bien il en recueillit le fruit après la Restauration dans quelque grosse chapelle des maisons des princes. Walter Scott n'a jamais décrit un type plus pittoresque de conspirateur. Il faisait son métier gaiement, comme dit Mirabeau. Il était jeune, jovial, et ses traits tenaient plus du comédien que du prêtre. Il conspirait, envers et contre tous, à front découvert.

XIV

En revenant de visiter l'abbé Lafond, je pensai qu'il y aurait peut-être indiscrétion à rentrer chez mesdames de Vincy. Je traversai le lac de Genève dans un bateau de pêcheur, et je résolus d'aller passer le temps de mon exil dans le Chablais, sur la côte opposée, en vue de Vincy.

Le batelier du Chablais tenait en même temps une petite auberge dans un village voisin du lac, appelé, je crois, Narnier. J'étais très-sobre par nature et très-économe de mes vingt-cinq louis par nécessité. Je convins avec lui qu'il me nourrirait à sa table, à douze sous par jour, et qu'il me permettrait de me loger seul au bord du lac, dans une petite maison déserte de douanier, dont l'unique fenêtre ouvrait sans vitres sur les flots.

Un bois de lit sans matelas, rembourré de foin et recouvert d'une couverture, était tout l'ameublement de la maison. La fille unique du batelier suisse, d'un caractère gai et d'une très-honnête conduite, venait tous les matins renouveler ma botte de foin et m'apporter le morceau de pain et la jatte de crème de mon déjeuner. Elle était très-reconnaissante de mon respect pour elle, et très-pieuse, comme les paysans de Savoie. C'était mon unique société; mais cette société naïve et cependant spirituelle me suffisait complétement. Je vivais avec les rêves et les livres. Ma seule dépense était la location des ouvrages du cabinet de lecture de la petite ville de Nyons, en Suisse. Mon hôte, le pêcheur de Narnier, me les apportait une fois par semaine, quand il allait passer les Savoyards dans le pays de Vaud. Parfois j'écrivais quelques vers, aussi mélancoliques que le site, l'heure, l'exil, la solitude et la nuit. Des imprécations contre la tyrannie, des ironies contre la versatilité et l'ingratitude des peuples qui acclament ceux qui les oppriment, qui abandonnent ceux qui les délivrent et les respectent, formaient le fond de ces poésies. J'en retrouve encore dans ma mémoire. Je sais bien que j'en retrouverais encore d'autres gravées au crayon sur les murs blanchis à la chaux de ma chambre du Chablais. Je me figurais être un Tacite et un Ovide relégués en un seul homme dans les forêts de la Scythie, n'osant pas combattre contre l'empire avec les barbares, et craignant, s'il combattait pour César, de commettre un parricide contre Rome.

XV

Ces premiers mois de ma vie politique furent romanesques, tristes, pleins de songes et quelquefois de délices d'imagination. Je ne croyais pas au succès durable de l'attentat tout personnel de Napoléon contre la France, malgré le sang que le fanatisme de tous les soldats de la France mettait à son service. La France venait de goûter un an de vraie liberté, elle ne pouvait pas l'oublier longtemps. Si Napoléon était vaincu dans sa première bataille, sa défaite le tuait; s'il était vainqueur, la liberté, avec laquelle il était incompatible, le détrônait. Ce n'était pas un de ces hommes qui se limitent : il lui fallait tout ou rien. Les vaines parades de représentation nationale qu'il jouait au *Champ de Mai*, peu de jours avant Waterloo, ne trompaient personne. La seule constitution était un cri de son armée, le lendemain d'une grande victoire. La France, il faut le dire, craignait presque autant cette victoire qu'elle redoutait une défaite. L'une était la défaite des institutions libérales ; l'autre, la défaite du pays. On ne savait pas de laquelle on se relèverait le plus tôt. Ces réflexions, qui étaient celles de tout le monde, agitaient mes nuits sur ma botte de foin, dans ma chambre borgne, pendant les splendides nuits d'été éclairées par la lune sur les flots retentissants du lac de Genève.

J'écrivis alors mes premières lignes politiques. Ce premier écrit était une lettre républicaine, adressée au ministre de l'intérieur, Carnot. Je lui reprochais, en termes acerbes et cependant empreints d'un reste d'estime et d'espérance, d'avoir accepté du tyran le mandat de renier la république, et de s'allier, lui, le tribun militaire de la terreur, coupable de condescendance envers les licteurs du comité de salut public, de s'allier avec l'auteur du 18 brumaire, et de se décorer d'un titre de comte, désaveu de tous ses principes. Je lui demandais compte de ces concessions à la tyrannie renaissante ; je lui demandais d'élever la voix et de mettre au moins des conditions civiques à cette prostration à tout prix dont il scandalisait les royalistes et les républicains. La France, alors, pourrait croire en lui et se lever, non pour un homme suspect, mais pour elle-même.

Mon vieil ami M. de Mézod, à qui je fis passer cette

lettré politique par M. de Lamarre, ami et complice de l'abbé Lafond, doit avoir encore cette adresse à Carnot.

M. de Lamarre, ancien républicain, devenu ardent royaliste, se tenait à cheval sur les deux frontières de France et du pays de Vaud, pour favoriser les conspirations et faire passer les nouvelles d'un pays dans l'autre. J'avais eu occasion de le connaître, en France, chez MM. Chavériat, amis de ma famille à Moirans, et, en Suisse, au château de Vincy. Il m'avait pris en amitié à cause de ma verdeur d'antipathie contre Napoléon et de mon royalisme mêlé d'idées grecques et romaines sur la tyrannie. On trouva ma lettre étonnante sous la main d'un jeune garde du corps du roi de France. J'ignore si elle parvint jamais à son adresse.

XVI

Peu de jours après, l'illumination de quelques édifices dans les campagnes du canton de Vaud m'annonça dans la nuit une grande nouvelle. C'était la défaite de Waterloo et la rentrée nocturne de Napoléon sans armée à Paris. Il perdit le temps en conciliabules avec ses partisans, devenus rares ou traîtres, et avec ses frères, restés plus confiants que lui dans sa fortune. Voyant qu'il se trahissait lui-même, la Chambre des députés le menaça ; ses ministres le trahirent. Il ne sut prendre ni le parti d'un coup d'État toujours possible, ni le parti de rejoindre les débris de son armée et de mourir les armes à la main. Il abdiqua pièce à pièce. Comme si l'on abdiquait jamais ce qu'on avait pris de force, l'épée à la main ! L'abdication suppose un droit : le

20 mars était un coup de main contre le droit du peuple français, contre le roi de France, contre le droit public de l'Europe. Napoléon en avait appelé à la fortune. La fortune avait prononcé contre lui. Il n'avait qu'à mourir ou qu'à se livrer à son expiation de bonne grâce. Poursuivi par ses vainqueurs, abandonné et même repoussé brutalement par ses complices, les Carnot, les Caulaincourt, les Fouché, ministres provisoires de l'Assemblée souveraine, insurgée contre celui qui l'avait évoquée lui-même du fond de son propre parti, et qui avait retourné contre lui ses ministres. Il n'eut d'asile qu'un vaisseau anglais, et de refuge que le rocher de Sainte-Hélène, où des commissaires européens assistèrent à sa vie et à sa mort.

XVII

Dès que ces événements me furent connus, je repris par les sentiers du Chablais la route de Chambéry. Un ami de collége, le baron Louis de Vignet, neveu du fameux comte de Maistre, inconnu alors, m'y reçut comme un frère dans sa charmante et sauvage solitude de Servolex. Le comte de Vignet, frère aîné de mon ami, devait, peu d'années après, épouser la plus belle de mes sœurs, toutes remarquablement belles. C'est là que je connus toute la famille des de Maistre, famille composée des frères, des sœurs, des nièces du grand écrivain, et bientôt après le grand écrivain lui-même.

J'étais loin de me douter alors que le comte de Maistre, vieillard vert et jovial, plein de la verve campagnarde d'un gentilhomme de donjon d'une vallée de Savoie, rapportait d'émigration tant de gloire littéraire dans ses portefeuilles, et qu'il passerait, grâce à la distance et au paradoxe, pour un prophète de l'Église renouvelée. Il s'en doutait alors aussi peu que moi. Bien qu'à soixante ans passés, il avait de lui-même le sentiment modeste d'un provincial qui hésite devant la publicité de Paris, où il aurait à subir la critique dédaigneuse du *Mercure de France* et des grandes célébrités académiques de l'Athénée impérial de 1813.

M. de Bonald et M. de Chateaubriand, avec lesquels il était en correspondance, ainsi qu'avec madame de Staël elle-même, lui avaient déjà donné dans leurs lettres des gages de gloire certaine sur l'élévation des idées. On était en pleine réaction contre la révolution. Tout ce qui la combattait était sûr de réussir et ne pouvait aller trop loin.

Ma qualité seule de Français et quelques vers éclos de l'ennui, ma première muse, dans ma maison de pêcheur du Chablais, inspirèrent tout de suite à M. de Maistre un certain respect pour moi, malgré ma jeunesse. Il s'écria qu'une étoile de second ordre venait de naître sur notre firmament poétique français, et, de ce jour, il me pria avec déférence de reviser les livres qu'il se disposait à publier.

Je fus appelé par le hasard à corriger les fautes de goût étranger que son style, plus russe et plus savoyard que parisien, pouvait avoir importé de Pétersbourg ou de Chambéry à Paris. C'est ainsi que j'entendis le premier les *Soirées de Saint-Pétersbourg*, magnifique divagation d'un Platon chrétien relégué chez les Scythes. J'en fus frappé comme un enfant docile qui entend, pour la première fois, prophétiser devant lui un vieillard divin, dans un style nouveau, avec l'accent de l'inspiré, des maximes qui lui semblent vraies à force d'être hardies, ou des paradoxes qui réduisent l'esprit ou l'élèvent à force de l'étonner. Cependant, l'*effet*, principal but du comte de Maistre, tout en me faisant crier d'étonnement et d'admiration littéraires, ne produisait pas sur moi, malgré ma jeunesse, la conviction. Mon bon sens me défendait contre ce sublime prestidigitateur de paroles. J'étais comme le spectateur devant ce Cagliostro de la pensée, admirant les tours de force ou d'adresse, incapable de les expliquer, mais sachant néanmoins qu'ils n'étaient que des prestiges et y applaudissant sans y croire.

Il y avait sans doute un saint homme dans le comte de Maistre, mais il y avait aussi beaucoup d'orgueil et beaucoup de gascon. Il prédisait à tout hasard sur toute chose, et il faut avouer que la Providence se complaisait à déjouer toutes ses prophéties. Mais, peu importe, il se retournait avec une prestesse imperturbable et prédisait autre chose. Ses prédictions étaient contradictoires, ainsi qu'on peut le voir dans ses imprécations contre Napoléon quand Napoléon subissait des revers, et dans ses exaltations pour ce Cyrus moderne quand il triomphait du monde.

Je bornai ma modeste critique à quelques plaisanteries déplacées que je le priai d'effacer pour ne pas faire trop contraster la sainteté du sujet avec le cynisme des images; mais, en général, je n'obtins pas ces corrections ni ces bienséances décentes de style. Scandaliser l'esprit des lecteurs de Paris était pour lui un *effet* auquel il lui coûtait de renoncer. Ce Bossuet sauvage voulait plaire, par sa sauvagerie même, à une société raffinée; il mettait, comme

Jean-Jacques Rousseau, son habit d'Arménien dans la rue pour se faire remarquer. Ses invectives grossières contre Voltaire, ses apothéoses du bourreau, sa vertu du sang humain répandu sur la terre à la gloire du Dieu de la Bible, étaient du nombre de ces paradoxes sacrés, exprimés avec la crudité d'un fanatique, plus que sentis avec la cruauté d'une âme honnête, faisaient de lui un terroriste sacré, un Achab qui riait entre nous de ses fureurs poétiques, mais qui risquait de les inspirer aux faibles d'esprit. Il ne faut jamais qu'un philosophe prêche en badinant des passions aux fanatiques. Les âmes bornées prennent au sérieux ces plaisanteries sanguinaires, et commettent ou aspirent à commettre des crimes sur l'autorité des esprits supérieurs.

Tout jeune que j'étais, je n'eus pas à me reprocher d'avoir été approbateur ou complaisant de ces férocités de plume, mais je ne pus en obtenir l'adoucissement. « Non, non ; cela les étonnera bien à Paris, était sa seule réponse. Il leur faut du neuf ; en voilà pour eux ! » Et il riait de son audace.

XVIII

Cette société, du reste, était adorable. Une campagne arcadienne au pied du mont du Chat ; une maisonnette à demi cachée sous les grands noyers de Savoie ; une fontaine jaillissante dans un bassin de bois, au milieu de la cour ; la vue se perdant du côté du jardin dans l'horizon bleu du lac du Bourget, à demi découvert à travers les châtaigniers et la vigne suspendue aux branches ; des prés en pente, des eaux courantes, une église de village, couverte en chaume, à quelque distance. Dans l'intérieur, un frère vénéré, remplissant d'orgueil et de gloire future toute une famille suspendue à ses récits de cour lointaine et de familiarité avec tous les noms illustres de l'émigration, l'espoir des plus grands emplois à Turin, au retour prochain de son roi dans sa capitale; des filles de quinze à vingt ans revoyant avec lui cette chère Savoie qui fut leur berceau; des oncles, au moins aussi spirituels que leur frère, quoique moins célèbres : l'un, colonel de la brigade de Savoie, à qui cette restauration allait rendre son épée; lautre, évêque d'Aoste, homme aussi saint et aussi éloquent dans la chaire que jovial dans l'intimité; et le dernier, auteur du *Lépreux* et du *Voyage autour de ma chambre*, Sterne des Alpes, plus sensible et plus naïf que le Sterne de la Tamise; des neveux, héritiers de l'esprit de leurs oncles; des filles et des nièces accomplies de vertu, de grâce, de tendresse : telle était cette délicieuse maison des de Maistre à Bissy et des Vignet à Servolex, où j'eus le bonheur d'être admis comme un enfant de la vallée. Depuis, un de ses neveux épousa une de mes plus jeunes sœurs et porta à Servolex un bonheur trop tôt tranché par la mort.

Je passai dans cette halte inattendue quelques semaines, à un âge où l'autorité d'un grand écrivain exerce nécessairement une certaine influence sur les opinions encore flottantes d'un enfant en politique et en philosophie. Je ne rentrai en France qu'après que le roi fut rentré lui-même à Paris.

XIX

Après avoir embrassé ma famille à Milly, où elle s'était retirée pendant les cent-jours, je courus reprendre mon service à Paris. L'irritation du parti royaliste contre les chefs de l'armée qui venaient de sacrifier la France à leur ambition ou à leur fanatisme pour Napoléon était extrême. J'avoue que je partageais cette colère patriotique contre les bonapartistes et contre l'armée, mais j'avoue aussi que je ne partageais pas la soif de procès et de supplices qui dévorait les salons bourboniens bien plus que les princes eux-mêmes. L'amnistie me paraissait commandée par la fatalité de l'événement du 20 mars et par le retour d'un chef, seul coupable, qui, après avoir abdiqué, revient sommer ses compagnons de gloire de tirer sur lui ou de le suivre. Les meurtres à froid de Labédoyère et du maréchal Ney surtout me soulevaient le cœur de pitié! Sans doute ils étaient deux traîtres, puisqu'ils avaient accepté le commandement, l'un d'un régiment, l'autre d'une armée, pour couvrir le trône, et qu'ils avaient tourné leurs soldats contre le roi qui les leur avait confiés; mais l'un était un jeune homme infatué de fausse gloire, l'autre était un héros à qui ses services passés devaient faire pardonner sa faiblesse involontairement perfide.

Bien que royaliste, je combattis fortement dans les salons, où je commençais à être admis, l'implacable ressentiment de quelques jeunes furieux qui exigeaient du roi et de son gouvernement un sang qui n'était qu'une vengeance, et qui n'avait aucune vertu consolidante pour la restauration. La magnanimité ne lui aurait peut-être pas attaché les cœurs ingrats de la patrie, mais elle lui aurait compté du moins dans l'histoire. Le roi, qui n'était ni vindicatif ni sanguinaire, avait, de concert avec son favori, M. Decazes, laissé les portes entr'ouvertes pour faire évader les coupables. Il aurait voulu les sauver. Mais, une fois saisis par leur imprudence, il n'osa refuser l'exécution de leur jugement à la passion des Chambres et à la frénésie des principaux salons royalistes. Tous les partis sont capables de vociférer la terreur.

Cette espèce de terreur dorée m'éloigna insensiblement du parti qui aurait continué d'être le mien s'il eût été moins implacable. Aussitôt que mon service fut fini, je donnai ma démission du corps où je n'étais entré que dans l'espoir de m'ouvrir une carrière militaire. Cette carrière n'offrant point d'issue dans un temps de paix, je rentrai désenchanté dans ma famille, pour y attendre une autre occasion de me faire attacher à la diplomatie. Je n'avais point de protecteur qui pût m'en faciliter l'accès; mais j'avais le sentiment de mon aptitude, la volonté ferme d'y parvenir, et un sentiment politique invincible qu'on pouvait appeler ma destinée.

LIVRE DEUXIÈME

I

Ma mère me vit avec douleur rentrer sans carrière et sans avenir dans la solitude et dans l'oisiveté de notre pauvre demeure de Milly, cette maison toute pleine encore de sa présence aujourd'hui, et dont la dureté de mon pays m'a réduit à m'exiler pour jamais avan ma mort.

Exoriare aliquis nostris ex ossibus ultor !

Je ne l'avais pas mérité ; l'ombre de ma mère encore moins. Les sentiers, les rochers, les chaumières de ce village le savent : elle en était la providence visible. Comment les enfants de la providence sont-ils chassés du seuil dont elle avait fait l'hospice de toutes les misères ? Cet hospice était sacré pour tout le monde, excepté pour nous.

Je mourrai sans l'avoir compris et sans l'avoir pardonné à ce qu'on appelle le destin, qui n'est souvent que la dérision de la justice.

II

Je m'y enfermai deux ans, souffrant, mais résigné, dans une chambre haute, plongé dans la lecture, dans de fortes études, et attendant je ne sais quoi, que l'on attend toujours tant qu'on est jeune. Je résolus de me faire ma place à moi-même, puisque je n'avais personne qui s'intéressât assez à moi pour m'en préparer une par sa protection.

Je n'avais d'autre ami dans le monde que le curé de mon village, jeune ecclésiastique d'un esprit aventureux comme le mien, d'un destin manqué, d'un caractère aigri contre le monde, né pour les grandes choses, et contraint par son état et par sa misère à couver des ambitions sans carrière et des songes de grandeur sans réalité. Je passais avec lui, dans sa maisonnette de Bussières, la plus grande partie de mes jours et presque toutes mes soirées.

Mon ami était grand chasseur ainsi que mon père. J'essayais moi-même de me donner ce goût de la chasse qui trompe tant d'heures perdues. Je n'y réussissais pas. La voix des chiens, la course sur les montagnes, le retour tardif, la délicieuse fatigue avec l'espoir de recommencer le lendemain, le sommeil retrempant les forces, l'oubli des ennuis de l'oisiveté, tout cela m'allait bien ; mais le coup de fusil me répugnait, et la vue de l'oiseau à l'aile cassée se débattant sur la bruyère sanglante, le regard mourant du chevreuil ou du lièvre blessé, nous reprochant notre férocité gratuite et demandant son crime à cette justice innée et invisible qui crie vengeance dans l'innocence assassinée, me faisaient horreur. J'y renonçai. Je chassais pour tuer le temps, et je tirais en l'air pour ne pas entacher mon âme.

Le reste du temps, nous causions politique. La politique du jeune curé n'était ni exaltée de royalisme, ni rétrograde, ni hostile aux Bourbons, encore moins fanatique. Il était né d'une famille plébéienne, dans la maison même de l'ancien curé. Dans une visite au presbytère, l'évêque de Mâcon, homme de mœurs élégantes et d'un esprit supérieur, avait été frappé de la très-belle figure et de l'aptitude remarquable de cet enfant; il l'avait pris à l'évêché, il l'avait élevé comme son fils et destiné aux plus lucratives fonctions du sacerdoce. La Révolution l'avait surpris entrant dans les ordres sacrés. L'évêque, dépouillé, persécuté, emprisonné, avait été réduit, après la Terreur, à la mendicité. Le jeune séminariste, son élève, avait comblé son ancien protecteur de reconnaissance et d'assistance filiales. Au rétablissement du culte, celui-ci avait donné au beau vicaire la survivance de sa cure. Le vieux curé était mort; le jeune curé avait hérité. Il avait dans cette misérable cure la pauvreté d'un apôtre, avec l'élégance d'un ancien membre du clergé et l'instruction mondaine d'un abbé très-profane du dix-huitième siècle. Le clergé d'aujourd'hui a mille fois plus de vertus et plus d'austérité, mais moins de sociabilité et de grâce. On sent trop qu'il ne sort pas de la même source et qu'il a perdu en aristocratie de manières ce qu'il a gagné en démocratie de parenté.

Ce curé, qui cultivait la meilleure compagnie du pays, était très-hostile aux terroristes, qu'il avait combattus avec la parole et avec le sabre pendant les jours d'emprisonnement, de guillotine et de fuite dans les bois, en 1794, avec la Compagnie de Jésus, ces contre-terroristes de Lyon et des environs, vengeurs du sang répandu après le siége de cette ville. Cette communauté de situation et de réaction avec les jeunes gens de la noblesse, à peine rentrés de l'émigration, lui avait donné l'accès et la familiarité dans les châteaux du voisinage; mais ses principes politiques étaient au fond plus républicains qu'aristocratiques; il se souvenait qu'il était du peuple, il était susceptible et fier avec les classes qui l'auraient humilié, et surtout avec les nouveaux évêques rentrés, qui affectaient une domination dédaigneuse sur leur nouveau clergé. Il voulait servir la religion à son aise et rester indépendant du diocèse, tout en régnant dans son village. Il ressemblait en cela aux gentilshommes de campagne, qui aimaient théoriquement la monarchie, mais qui méprisaient les courtisans et qui voulaient rester libres sous les préfets de la royauté.

Le clergé et la noblesse désintéressée des provinces nourrissaient ainsi dans nos cœurs une fierté d'indépendance qui ressemblait beaucoup à un républicanisme aristocratique, aussi ombrageux contre l'Église et contre le roi que plein de ressentiment contre l'empire qui avait tout abaissé sous sa tyrannie.

C'est dans ce milieu de société et de famille que mes premiers sentiments prirent leurs racines. Très-ennemi des hommes de la Convention, ces courtisans de la populace, devenus sans transition et sans pudeur les courtisans de l'empire; très-ennemi de l'empire, cet appel à la force brutale et cette glorification de la force armée pour tout principe; très-favorable aux Bourbons par l'espoir de liberté et de dignité dans l'obéissance; mais très-ombrageux contre leurs courtisans, qui interposaient leur orgueil et leur cupidité entre la France et eux : tels étaient en politique les sentiments qui prenaient racine dans mon cœur par les entretiens de mon père, du curé, des voisins de Milly. L'amour du roi, le respect pour le paysan, le goût d'une égalité fraternelle entre les classes autrefois exclues des droits sociaux et politiques, et si longtemps opprimées et ruinées par l'enlèvement de leurs enfants immolés à l'ambition d'un César moderne : tout cela formait le fond de ces opinions de famille et de voisinage entre nous pendant cet exil rural où je vivais entre ma mère et mon père à Milly.

La politique, dans un temps si troublé, occupait passionnément tous les esprits. Il n'est pas étonnant qu'elle m'attirât involontairement et avant l'âge dans sa sphère. Mais, n'ayant malheureusement aucun rôle à y jouer faute de carrière active, je la regardais de loin. Je m'y figurais une action imaginaire et je me repaissais de songes en aspirant aux réalités. Mais, qui serait venu chercher, dans une métairie du Mâconnais, un jeune homme inconnu, sans protection à Paris, sans l'ombre d'intrigues dans sa famille pour lui en ménager, chez un père pauvre, et que ses oncles et ses tantes, riches et non mariés, considéraient comme l'unique héritier du nom et des terres de la famille, et qu'ils désiraient garder dans l'oisiveté autour d'eux? Je pensai donc à faire usage du peu de talent poétique que la nature m'avait donné, pour attirer sur moi l'attention des hommes de goût de Paris, et pour faire, en quelque sorte, violence à mon obscurité par l'éclat de quelque succès mémorable.

III

Je me renfermai pendant un automne dans ma chambre à Milly et j'écrivis, en quelques mois, les *Méditations poétiques et religieuses*. J'en adressai des fragments à des amis plus répandus que moi dans les hautes sociétés aristocratiques de Paris, telles que les sociétés de la comtesse de Raigecourt, de madame de Broglie, de madame de Saint-Aulaire, et autres femmes de première distinction, de cœur et d'esprit, à qui mes amis les communiquèrent. Il serait malséant à moi de dissimuler aujourd'hui que ces poésies, très-imparfaites de versification, mais contenant plus d'âme que de talent, furent accueillies par tous les salons comme une nouveauté de la langue française, en contraste complet avec la poésie impériale, froide, didactique et rhétoricienne, qui répondait trop bien au matérialisme de l'époque. Ces fragments, non encore imprimés, répandirent mon nom comme un arcane dans le monde des lettres; ils profitèrent, avec le zèle du prosélytisme, de cette curiosité si favorable à l'auteur caché de ces vers mystérieux, pour créer en ma faveur cette espèce de fanatisme, d'engouement littéraire qui précède avec tant de succès l'apparition d'un génie incompris de la foule, et qui prédispose d'autant plus à l'admiration que l'admiration est, pour ainsi dire, une espèce de secret renfermé dans un petit cercle d'initiés qui ont le droit de mépriser les profanes. Mes amis, fascinés les premiers, me dépeignaient aux jeunes gens et aux jeunes femmes de la société comme un jeune homme beau, sensible, mélancolique, étranger au monde, lui préférant la solitude, atteint d'une de ces passions profondes et malheureuses qui sont comme la baguette de Moïse du talent inconnu à lui-même et qui, en frappant le rocher du cœur, en font couler la prière, l'amour et les larmes, ces trois fleuves de la vraie poésie. L'ode religieuse, la chaste tendresse et le pathétique de cette tristesse mélodieuse qui fait adorer dans le lyrique, brûler dans l'élégie, pleurer dans la mélancolie : il y avait de là de quoi satisfaire toute l'imagination du jeune siècle. Si j'avais été un habile intrigant, metteur en scène de mon propre nom, je n'aurais pas préparé plus artificieusement mon apparition sur la scène; mais j'étais bien loin d'y penser. Je n'étais que ce que les Anglais appellent un *essayste*, me livrant dans mon ermitage à mes premières inspirations, tantôt pieuses comme ma mère, tantôt amoureuses comme mon âge, tantôt tristes et découragées comme ma situation. Mon prestige était d'autant plus sûr qu'il était plus sincère; c'était ma nature qui était habile, ce n'était pas ma volonté.

Ma mère et mon père étaient en ce temps-là les seuls confidents de mes poésies. Ma mère, profondément tendre, les sentait avec son cœur et pleurait quelquefois trop pour les écouter jusqu'à la fin de la pièce. Le poëte était plus qu'un poëte pour elle, c'était son fils, son fils unique, son fils qui se rongeait d'oisiveté, de solitude et d'ennui dans son inactivité déplorable, tandis qu'elle le croyait maternellement capable de tout, de génie et d'héroïsme dans toutes les carrières que la destinée, plus cruelle que la nature, s'obstinait à lui fermer.

Mon père, homme d'esprit sobre, qui avait écrit des vers de société heureux dans sa jeunesse, écouta d'abord les miens avec cette incrédulité timide et cette défiance du succès qui empêche un père modeste de croire que son fils puisse atteindre jamais à la célébrité. Cependant, à force de comparer froidement mes strophes, si neuves à ses oreilles, avec les œuvres des poëtes académiques qu'on admirait alors sur parole, il finit par concevoir quelques doutes favorables à mes essais et par se laisser convaincre peu à peu que je pouvais lutter de loin avec Parny ou avec Esménard, les rimeurs divinisés du temps dans le *Mercure*. Mon premier et mon plus difficile prosélyte fut mon père. Quand je l'eus conquis, en lui lisant un matin ma pièce : *A lord Byron*, je me sentis maître de mon instrument, les âmes jeunes étant bien moins rebelles à la jeune poésie que les vieilles routines.

Je continuai donc pendant tout un été et tout un automne à laisser ma sensibilité vagabonde toucher au hasard toutes les notes de ce clavier de mon cœur, qui furent depuis les deux volumes des *Méditations poétiques*, et qui me firent un nom dont je n'ai jamais pu me défaire, à mon grand regret et à mon grand détriment. Ce n'était pas à ce mince succès que j'aspirais dans le fond de ma pensée. Je persiste à croire, contre tout le monde, que j'étais né pour un autre rôle que celui de poëte fugitif, et qu'il y avait dans ma nature plus de l'homme d'État et de l'orateur politique que du chantre contemplatif de mes impressions de vingt ans. Mais les hommes ont leur destin. Il faut se soumettre au despotisme de sa situation. Pour parvenir à quelque chose dans l'ordre des réalités, j'étais obligé de passer par la gloire des chimères; le monde m'en a bien puni. C'est à refaire. Nous verrons dans un autre monde, où nous recommencerons sans doute, avec d'autres données, une autre existence.

IV

Mais, à la fin de l'automne de 1816, vers, prose, gloire des lettres, ambition politique, tout fut oublié, ou plutôt tout fut absorbé par un sentiment passionné qui ne laisse rien de vivant que lui dans le cœur où il vient enfin d'apparaître. Né d'une rencontre fortuite entre deux êtres découragés de la vie avant de l'avoir goûtée, ou après avoir senti le vide des sentiments incomplets, la mélancolie en fut l'origine; il se nourrit d'elle, il en vécut et il en mourut, sans s'être jamais rassasié, ne laissant après lui que l'éternel fond de mélancolie, l'amour et la mort, le délire et le désespoir, ces deux excès du cœur, après lesquels tout est effacé dans l'âme d'un jeune homme, et qui le plongent pour longtemps dans l'anéantissement ou dans l'indifférence. Ses pensées quittent la terre et suivent le rêve remonté au ciel avec la personne aimée. (Voir les volumes des *Confidences*, et surtout le livre intitulé *Raphaël*, où j'ai effleuré ce souvenir, une des meilleures parts de ma vie intime.)

Cette personne, dont je tairai le nom, était plus royaliste que moi, car je commençais à m'aigrir contre l'aristocratie exclusive et mal inspirée d'un gouvernement qui négligeait la jeunesse, le dévouement et peut-être le talent de ceux qui pouvaient lui prêter leur force intérieure et le prestige de leur éloquence, pour les laisser s'éteindre dans l'obscurité jalouse d'une province. J'avoue même que je manifestai quelquefois ce mépris hostile contre les courtisans des Bourbons et que je fus tenté de demander au parti de l'opposition une popularité et un libéralisme de mauvais aloi qui m'auraient vengé et mis à ce que je croyais à ma place. Mais cette mauvaise pensée, qui n'était au fond que de l'amour, et que le désir de grandir pour *elle* et de devenir libre pour ne plus la quitter, fut toujours réprouvée et grondée par elle avec l'indignation d'un cœur de femme, plus honnête qu'un cœur d'homme. Elle m'en fit rougir; elle m'enseigna le dévouement à nos opinions, même méconnues, indépendamment des récompenses.

Liée avec M. de Bonald et son école, elle me retint dans ce parti par l'attachement que j'avais pour elle. J'ai toujours reconnu que, en politique, les femmes vertueuses étaient plus éloignées que les hommes de tout intérêt personnel dans leur attachement à une cause, et que les rois ou les peuples auraient en elles leurs serviteurs les plus dévoués et, au besoin, leurs plus fidèles martyrs.

Cette première leçon d'honnêteté imperturbable, reçue ainsi d'une belle âme, me profita par la suite. Je n'eus plus de ces hésitations mauvaises entre mon intérêt et mon opinion, qui auraient pu entacher l'honneur de mes pensées et la sincérité de mes opinions, telles quelles, dans les causes politiques ou religieuses pendant tout le reste de ma vie. La voix d'une personne aimée avait doublé la voix de ma conscience. Je pus me tromper, mais je me trompai de bonne foi.

Elle me fit lire alors les hautes théories sociales, bien plus raisonnables et bien plus sincères que les exagérations paradoxales de M. de Maistre. Je crus y voir la vérité sociale découlant des hauteurs bibliques, et ne faisant du monde chrétien et du monde politique qu'une seule vérité. L'enthousiasme et l'amour m'inspirèrent, et j'écrivis sous cette double inspiration une de mes premières odes politiques dédiées à ce philosophe. Son amie se chargea de la lui faire parvenir et de la lui faire goûter. Il m'envoya ses œuvres complètes en signe de reconnaissance.

Ainsi je me trouvai, avant que mon nom, tout à fait caché, eût une signification dans le monde, par pur hasard et par pur amour, en rapport d'opinion avec les deux grands philosophes contre-révolutionnaires : M. de Maistre l'étranger, et M. de Bonald à Paris. C'était une ligne très-hasardée que j'étais pour ainsi dire engagé à suivre, une séduction de l'amour qui m'attirait vers une politique avant que l'âge et la raison me permissent de discuter mes vraies idées. Ainsi les sentiments sont nos premières opinions.

V

L'hiver suivant, après des séparations cruelles, je parvins, malgré des difficultés de famille presque insurmontables, à retrouver à Paris la personne que j'aurais suivie, à travers toutes les impossibilités, au bout de l'univers. Je ne voyais qu'elle, et je ne sortais qu'à la chute du jour, aux heures où je pouvais la voir ou seulement entrevoir son ombre à travers les rideaux de sa fenêtre de l'autre côté du fleuve.

M. Briffaut raconte dans ses *Mémoires* qu'il me rencontrait souvent, sur un des ponts de Paris, donnant le bras à une grande et belle personne, languissante et affaissée, qu'il prenait pour ma sœur et qu'il sut plus tard être une créole cherchant le soleil de son climat pour ranimer sa jeune vie le long des galeries du midi, sur le quai du Louvre. C'était vrai. Quand je l'avais ramenée à sa porte, je me hâtais de rentrer chez un de mes amis, le comte Aymon de Virieu. Il m'avait prêté, comme un frère, une pièce de son appartement dans un vaste hôtel, aujourd'hui détruit, que le maréchal de Richelieu avait élevé à la fin du dernier siècle.

Occupé d'une seule pensée, j'y vivais comme un cénobite ou comme un prisonnier de l'amour. Je n'y recevais absolument personne; j'y vivais de rien, afin de prolonger mes très-modiques ressources en les ménageant. Un charmant enfant, fils de la concierge, pénétrait seul avec son chien dans ma chambre basse, située au-dessus de sa loge. L'hôtel est abattu; la loge et la petite croisée de ma mansarde subsistent encore sur la rue; j'y jette tous les jours en passant un regard de piété pour les rares souvenirs de bonheur qu'elles me retracent. Je la voyais passer de cette fenêtre de temps en temps; c'était assez. Un regard unissait nos deux âmes. Le bruit des roues de sa voiture me laissait dans un ébranlement qui durait des heures.

Le pauvre enfant de la concierge, devenu graveur à Lyon, est mort seulement cette année; je l'ai nourri jusqu'à son dernier jour. Le chien m'a suivi en Italie; une secousse dans les marais Pontins l'a fait tomber de la calèche sous les pas des carabiniers du pape qui m'escortaient ; j'ai fait faire par le cardinal ministre de vaines recherches pour le retrouver. Je lui ai donné des larmes. Il sera devenu le compagnon des brigands d'Ostie ou de Fondi. Ainsi se dispersent les groupes humains, et moi je reste seul encore de ce temps, mais déjà expulsé de mon berceau champêtre et disputant ma tombe aux vicissitudes calamiteuses d'une vie d'angoisses.

Un morceau de pain, quelques fruits secs et un morceau de fromage, apportés par l'enfant, étaient toute ma nourriture. Un poêle entretenu par un peu de charbon chauffait bien ma chambre étroite et basse. Je n'en sortais plus jusqu'au lendemain. Pour occuper les longues solitudes de la soirée et de la journée, je lisais beaucoup et j'écrivais quelquefois. J'entendais le soir rouler les voitures portant les heureux du moment au bal, au théâtre, dans les salons, sans envier personne : je savais qu'elle n'y était pas. Quand Virieu sortait de sa chambre, élégamment vêtu, pour aller dans le monde, où il était très-recherché pour son nom, son esprit, sa fortune, il passait par ma chambre, et je lui disais adieu, sans regret de ne pas le suivre. Mon cœur était plus plein que le sien.

VI

J'avais été présenté par mon ami à deux hommes d'élite qui, bien que serviteurs du gouvernement tombé, avaient repris sans inconvenance des situations importantes conformes à leurs traditions paternelles sous le gouvernement nouveau. Ces deux hommes étaient M. le baron Mounier, fils du président de l'Assemblée constituante, et M. de Rayneval, le plus consommé et le plus aimable des diplomates français, alors secrétaire général des affaires étrangères. Ces hommes distingués m'avaient accueilli avec une faveur d'espérance qui devait m'ouvrir tôt ou tard ou la carrière administrative, ou la carrière des ambassades, à laquelle je me sentais plus instinctivement prédestiné. L'aîné de mes oncles maternels, le comte des Roys, y avait débuté avec une grande distinction. Il était mort prématurément, chargé d'affaires en Hollande, peu d'années avant la Révolution. Je brûlais de marcher sur ses pas dans cette voie des grandes affaires.

M. d'Hauterive, archiviste des affaires étrangères, à qui j'avais plu aussi par ma docilité et par mon ardeur à m'instruire sous sa direction, m'admettait dans son cabinet, me livrait les correspondances en m'en donnant les clefs, et se plaisait à me former avec une bonté vraiment paternelle aux saines idées et à la science cachée de la haute diplomatie, dont il était l'archive vivante sous M. de Talleyrand. J'y passais quelques heures de la matinée, m'initiant ainsi par des études obscures, mais sérieuses, à la connaissance de l'Europe. J'ai dû beaucoup à ces études au-dessus de mon âge, qui developpaient en moi le sentiment des réalités politiques, au lieu des utopies et des rêveries dont les journaux remplissaient et remplissent encore les têtes vides de leurs lecteurs, dans une matière qui ne supporte ni les rêves ni les utopies.

M. le baron Mounier, qui s'occupait davantage des questions constitutionnelles et de politique intérieure, me demanda alors un mémoire à présenter au roi et à M. Decazes, son ami, sur le *rôle que l'ancienne noblesse française pouvait avoir à jouer dans le gouvernement à deux Chambres*. Je méditai quelque temps ce problème difficile dans un pays où la révolution s'était accomplie pour faire place à une jalouse démocratie, et où la noblesse, rentrée avec les princes anciens, devait retrouver la sienne dans les faits, pour ne pas la chercher dans l'intrigue ou dans la servilité des cours. La question était bien ardue pour un jeune homme qui ne connaissait ni la royauté, ni l'aristocratie, ni la démocratie. Un Machiavel aurait à peine suffi à la résoudre.

Je remis néanmoins quelques semaines après ce mémoire à M. Mounier, par les mains de la personne qui me l'avait fait connaître et qui désirait ardemment que je pusse plaire aux hommes principaux de son intimité. Ce premier écrit politique étonna et charma M. Mounier et ses amis. M. Decazes, qui m'en a souvent parlé depuis, en fut également frappé et le communiqua au roi, auteur et organisateur de la charte.

Concilier les droits très-contestables de la naissance, ce hasard de la caste, dont la monarchie fait un titre et dont la tradition fait un respect et une habitude, avec l'élection qui était ou qui devait être le titre de l'estime publique, tel était le sens général de cet écrit. Il ne faisait de la noblesse qu'une candidature parmi laquelle la démocratie élisait les membres de la pairie et les magistratures gratuites de la nation, rendait à l'aristocratie un caractère à la fois antique et nouveau, traditionnel et populaire, qui me paraissait associer heureusement les deux éléments peu compatibles pour les confondre dans l'unité de l'élément national. C'était bien inexpérimenté, bien jeune, bien hasardé d'aperçus ; mais, quoique superficiellement pensé, il y avait dans le style plus de netteté et plus de solidité qu'on ne pouvait naturellement en attendre de mon âge. L'écrit ne fut jamais imprimé ; mais, passé de main en main parmi les hommes principaux du gouvernement, il eut un de ces succès confidentiels qui deviennent un souvenir et un titre dans la mémoire de ces hommes qui cherchent et qui trouvent des jeunes gens capables de populariser leurs idées.

Tel fut pour moi l'effet de ce mémoire, que, quand M. Mounier ou M. de Rayneval me présentaient à leurs puissants amis, on se rappelait mon nom, on se récriait sur mon âge et sur ma figure, et on se promettait de m'employer quand j'aurais mûri. Mais, quels que fussent mes efforts pour obtenir soit une place dans la diplomatie, soit une sous-préfecture, soit même un emploi plus humble qui me fixerait à Paris, les ministres ou les directeurs généraux, que je sollicitais vainement, me traitaient avec bonté, mais m'ajournaient tous par ce mot accompagné d'un sourire : « Jeune homme, mûrissez et attendez le temps ; il ne viendra que trop tôt. » Je me retirais découragé dans ma mansarde, maudissant les royalistes qui ne savaient pas reconnaître le présent que je leur offrais ; et maudissant les bonapartistes et les libéraux, auxquels, en conscience, je ne pouvais offrir ce qu'ils auraient sans doute moins négligé ; car les oppositions sont mille fois plus empressées de se recruter que les partis en possession du pouvoir. Les uns sont riches de promesses, les autres sont avares des situations qu'ils ne veulent pas partager avec de nouveaux venus.

VII

Je restai donc jusqu'au printemps, ballotté d'un espoir à l'autre, et quand j'en fus à mes dernières pièces d'or, je dis un adieu que je pressentais suprême à la seule personne qui m'attachait à cette terre, je maudis le destin qui me condamnait à aller enfouir dans une inutile obscurité des facultés que l'amour et la vanité grandissaient aux yeux de mon amour-propre, et je me jetai la nuit, tout consumé de fièvre et tout baigné de larmes, seul par bonheur, dans une de ces diligences, scène ordinaire des séparations et dans lesquelles les douleurs les plus poignantes n'avaient pas même ordinairement la liberté de leurs sanglots. Je n'en sortis qu'à Moulins, où je pris un peu de repos à l'*hôtel de l'Allier*.

Mon cœur était tellement meurtri dans ma poitrine, que mon esprit en fut tout troublé, et que, pour la première et la seule fois de ma vie, je me laissai entraîner à une de ces puériles superstitions par lesquelles les malheureux espèrent changer leur mauvaise fortune.

Pendant que je ruminais en silence sur un coin de la table d'hôte le dessert de fromage et de fruits du souper banal, j'aperçus, en levant les yeux, nonchalamment debout et silencieuses aussi devant moi, dans le fond ténébreux de la salle, deux belles jeunes filles muettes qui me contemplaient avec un air d'intérêt, comme si elles avaient été frappées de ma physionomie mélancolique, et qu'elles eussent deviné sous ma jeunesse le désespoir qui me faisait déjà détester la vie. Leurs yeux, d'un autre climat, brillaient d'une lueur d'étoiles sous les bandeaux de leurs cheveux noirs; de longs pendants d'oreilles et des colliers de perles enroulés de huit à dix tours sur leur cou et sur leur poitrine leur donnaient un caractère étrange et oriental qui rappelait les Bohémiens, ce mystère encore indéchiffré des populations nomades du monde inconnu.

Elles étaient presque enfants par l'âge. Quelque chose de craintif et de sauvage à la fois se trahissait dans la distance où elles se tenaient de moi, dans quelques mots d'une langue étrangère qu'elles échangeaient ensemble, et dans la curiosité obstinée qui semblait les clouer à leur place, sans qu'elles osassent ni m'aborder ni faire un pas pour se retirer. Cependant, quand je me levai pour monter moi-même dans ma chambre, elles me suivirent à pas muets, comme deux chacals apprivoisés, dans le corridor sombre qui menait de la salle à l'escalier, en se tenant par la main. Je me retournai pour leur dire qu'elles se trompaient, si elles voulaient me séduire par des offres indélicates dont leur jeunesse et leur beauté devaient leur faire honte.....

La plus grande, qui pouvait avoir tout au plus quatorze ou quinze ans, ne me laissa pas achever. « Non, non, signor, me dit-elle avec un accent arabe ou italien, nous ne sommes ni vendues ni à vendre; demandez au maître de l'hôtel. Nous sommes envoyées tous les jours innocemment ici, au moment du dîner ou du souper des voyageurs, par notre grand'mère, pour proposer à ceux qui ont une destinée sur le front ou dans la main, de la leur révéler d'avance, afin qu'ils ne se trompent pas de route en commençant le chemin de la vie. Parmi tous ceux dont nous étudions le visage depuis huit jours que nous sommes à Moulins, nous n'avons pas encore rencontré des signes plus significatifs dans le front, dans la main, dans le pied, que ceux dont nous avons été frappées en entrant ce soir dans la salle. Vous vous croyez peut-être Français d'origine, mais vous ne l'êtes pas. Si vous remontez un peu loin dans votre généalogie, vous découvrirez certainement que vous êtes Sarrasin. »

Je commençai à être frappé à mon tour de la miraculeuse intelligence des signes corporels de ces deux jeunes filles ; car il n'y avait pas bien des années que le vrai nom de mes ancêtres était *Allamartine*, et la tradition les faisait sortir d'un grand village du Mâconnais, colonie exclusivement arabe jusqu'à nos jours, et dont aucune mésalliance ne mêlait le sang arabe au sang gaulois. Le caractère sarrasin de cette race conservée dans cette oasis, la taille haute et mince, l'œil noir, le nez aquilin, le cou-de-pied très-élevé sur la plante cambrée, le talon détaché, les doigts mordant la terre ; les doigts de la main maigres, allongés et cependant fortement noués par les muscles des jointures, conservaient à toute la famille ces marques de noblesse essentiellement arabes, que des regards sarrasins exercés à la chiromancie ne pouvaient manquer de reconnaître.

Je souris. « Nous sommes ainsi de la même famille ? leur dis-je en badinant. — Oui, oui ! s'écrièrent-elles en me prenant par les deux bras et en m'entraînant vers la rue sombre, comme deux sœurs qui jouent avec un frère. — Et où voulez-vous me conduire ? leur dis-je en résistant faiblement. — Chez notre grand'mère, » me dirent-elles en insistant et en me faisant traverser, moitié de gré moitié de force, la grande place du marché qui faisait face à l'auberge.

Après l'avoir franchie, elles tournent à droite, traversent plusieurs rues inconnues, entrent dans un faubourg composé de petites maisons basses, bâties en briques et en terre, et me font entrer dans la cour d'une des plus sordides demeures. Un escalier extérieur en bois, avec une corde pour rampe, conduisait sur une galerie découverte. Par une porte en toile qui tombait en lambeaux, elles m'introduisirent dans une chambre plus semblable à une tente du désert qu'à une demeure décente dans une ville d'un pays civilisé.

Une femme âgée, magnifiquement vêtue de pourpre en haillons avec des ornements d'or, des perles, des bracelets aux jambes et aux bras, au milieu de nombreux petits enfants et de grands chiens lévriers de Perse, était accroupie auprès d'un brasier qu'elle soufflait avec le vent d'un éventail pour faire bouillir de nombreux petits vases qui contenaient le souper de toute la famille. Un petit enfant demi-nu, de trois ans, était encore suspendu à sa mamelle, comme un fruit tardif resté sur la branche après la saison.

Me voyant entrer, la vieille bohémienne se leva et toucha presque de la tête le plancher de la chambre. Elle avait dû être belle, et elle en gardait les traces. Ses traits maigres et pâles avaient une noblesse que l'origine orientale laisse subsister dans ces races jusque sous les lividités de la misère et de la faim. On sent les grandes noblesses déchues, mais plus fières sous la tente en loques, que dans les palais les reines de la mendicité.

Les jeunes filles lui dirent quelques mots dans une langue que je ne compris pas, et lui firent remarquer ma taille, mes mains, mon front, toutes les preuves sarrasines de ma race, et surtout mes pieds. La mère parut partager leur étonnement, et me prit la main pour en examiner, avec une gravité tout arabe, la paume et les lignes légères qui s'y croisaient en autant d'hiéroglyphes. Elle se replia en arrière comme à l'aspect d'un signe étrange, et les deux jeunes filles, se penchant à son exclamation et paraissant étonnées autant que leur mère, jetèrent un cri guttural de surprise et me regardèrent avec un air de respect que je ne leur avais pas encore inspiré jusque-là.

La mère, reprenant ma main qu'elle avait laissée retomber, continua son examen, et, découvrant une nouvelle combinaison de lignes, jeta un second cri et appela encore ses filles pour leur faire admirer je ne sais quel signe rare dans la chiromancie; puis, en approchant davantage sa figure de la paume de ma main, elle jeta un cri qui paraissait véritablement involontaire, à l'aspect d'un troisième phénomène prophétique dans ces délinéaments de la main ouverte, et s'écria je ne sais quoi dans sa langue natale que je ne pus comprendre, mais qui fit pâlir les deux jeunes filles.

« Qu'est-ce qu'elle dit? demandai-je à l'aînée qui avait changé d'expression et qui s'était éloignée de moi avec un air de respect et de crainte qui paraissait tout à fait sincère.

» — Elle dit, me répondit la jeune fille, qu'en ce moment et longtemps tous vos projets seront contrariés par la malignité de la fortune, et que vous serez trois fois dans votre vie un des plus malheureux des hommes; mais que cependant vous avez trois étoiles qui veillent derrière les nuages du haut du ciel sur vous et qui vous donneront trois grandes destinées qu'elle ne peut pas déchiffrer assez clairement dans les caractères compliqués et entre-croisés de votre main, mais que les trois étoiles sont évidentes pour elle. Mais, soit que ces trois étoiles représentent trois personnes qui vous aiment, qui vous ont aimé, qui vous aimeront et qui ne cesseront de veiller sur votre destinée du sein de Dieu où elles seront rappelées avant vous; soit que ces trois étoiles veuillent dire seulement trois facultés diverses dont vous serez doué par Celui qui les distribue si parcimonieusement aux enfants des hommes, telles que poésie, politique, action peut-être, et qui vous protégeront contre les dangers que vous aurez à courir dans votre vie : je les vois, comme je vois là-haut les trois étoiles de cette constellation, et dans le cours de votre existence qui vous est inconnue comme à moi, toutes les fois que les événements, en se déroulant, vous feront reconnaître l'influence de quelque principe supérieur mettant la main dans votre destinée, adorez une de ces étoiles et pensez à moi. »

Je reçus en badinant cet oracle de la chiromancie, de la bouche de cette pauvre bohémienne, et je voulus offrir une pièce de monnaie à chacune des deux jeunes filles qui m'avaient amené; mais leur mère, avec un geste majestueux, leur prenant le bras, fit tomber à terre le salaire de la prophétesse, que le plus petit des enfants ramassa et me rapporta. « Non, dit-elle ou parut-elle dire à ses enfants, n'acceptez rien devant moi ni derrière moi de ce jeune homme; il est de ceux qu'on ne prophétise pas pour de l'argent. » Je fis de vains efforts pour vaincre leur résistance; ni mère, ni filles, ni petits enfants ne voulurent accepter une obole. La mère reprit son attitude et ses soins domestiques autour du foyer, et les deux jeunes filles me reconduisirent respectueusement jusqu'à la sortie du faubourg.

VIII

Bien que je fusse, dès cette époque, le moins superstitieux et le moins enclin à la séduction du prestige de tous les hommes, je les quittai pour rentrer dans mon auberge, un peu moins sombre que je n'en étais sorti. Quand on ne voit plus rien sur la terre que néant de ses espérances, séparation de ce qu'on adore, désespoir de ce qu'on rêve, et qu'on se tourne involontairement vers la mort comme vers le seul horizon où les choses puissent changer en mieux, on est tenté de se plonger, imaginairement au moins, dans le surnaturel, et d'attendre du mystère même le plus absurde quelque chose, on ne sait quoi, flottant entre l'impossible et le réel. C'est l'état où me laissa cette ridicule prophétie. Je ne crus pas aux trois étoiles; il m'était doux cependant de croire ou aux trois femmes célestes, aux trois *Béatrice* qu'elle me découvrait dans mon avenir si obscurci, ou aux trois *facultés*, ces étoiles morales, dont je ne pouvais m'empêcher de sentir le germe dans mon âme, très-désarmée sans doute, mais très-capable cependant, soit de rêver comme un poëte, soit de penser juste comme un homme de bon sens, soit d'agir dans l'occasion comme un homme résolu. Je m'endormis un peu moins désespéré que je ne l'étais en quittant Paris, et le lendemain, de bonne heure, je me mis en route, mon sac sur le dos, mon sabre d'ordonnance sous le bras, pour traverser les longues plaines monotones du Bourbonnais et pour franchir la Loire sur le bac de Digoin.

IX

Mais les pluies du printemps et la fonte des neiges du mois d'avril avaient changé la Loire en un torrent furieux qui avait submergé le bac et qui remplissait de bruit, d'écume, de vagues tumultueuses, la vallée presque sans bords qui s'étend entre Digoin, petite ville du Charolais, et les collines basses du Bourbonnais. Je ne sais quel désespoir irréfléchi ou quelle impatience maladive d'arriver plus tôt à cette solitude de Milly, où rien ne m'attendait pourtant que les larmes de ma mère, me précipitait vers le but, de même que la pierre tombée du créneau d'une tour multiplie sa vitesse et son poids en approchant du rocher comme pour s'y briser plus vite.

J'entrai dans une petite hutte à moitié inondée, à une distance d'au moins une lieue du vrai lit du fleuve, et où quelques bateliers dépaysés et désorientés avaient attaché leurs petites barques aux poteaux de l'enceinte pour les empêcher d'être emportées par la crue des eaux. Ils buvaient nonchalamment autour d'une table chargée de bouteilles. Quand je leur proposai de tenter le passage avec moi, ils me regardèrent comme un insensé et se bornèrent à me montrer l'immense étendue des vagues jaunes et écumeuses qui nous séparaient de la rive opposée. Des têtes de saules par-dessus lesquels ces vagues passaient en mugissant, et quelques toits de chaume dont elles éparpillaient la paille sur leur cours, attestaient assez la hauteur et la rapidité de cette masse d'eau. Je n'eus point de réplique au geste des bateliers. Mais l'un d'eux, à qui le vin avait évidemment fait perdre une partie de sa raison, se leva de son banc avec un geste et une voix avinés, et me dit qu'il tenterait le passage si je voulais lui donner le prix du bateau, en cas d'accident, pour le laisser à sa femme avant de partir, et lui promettre une bouteille de vin de l'autre côté du fleuve en cas d'heureuse traversée. Le marché fut bientôt conclu, et nous nous jetâmes en Loire, malgré la résistance de sa femme et de ses camarades.

Nous luttâmes depuis trois heures après midi jusqu'à six heures contre ces vagues furieuses, qui couraient à pleine vallée avec des débris d'étables et des cadavres d'animaux qu'elles roulaient à l'Océan. Toute la ville de Digoin se pressait sur les quais, les bras tendus, montant et redescendant la rive, selon que nous descendions nous-mêmes avec le courant ou que nous remontions avec le remous pour tenter l'abordage sur un point accessible du quai.

Au moment où nous touchions à la rive, j'aperçus à la tête d'un groupe un jeune homme, beaucoup plus âgé que moi, qui m'avait depuis longtemps reconnu et qui me lançait une corde pour retenir le bateau contre le reflux qui nous écartait de nouveau. Je sautai à terre, j'embrassai mon sauveur. « Que faites-vous ici? lui demandai-je. — J'attends depuis trois jours, à l'auberge, que la Loire en s'écoulant laisse le passage possible à de moins pressés et à de moins téméraires que vous. »

Je tins ma promesse au batelier, et je suivis mon ami à son auberge.

X.

Cet ami, fils unique d'un riche médecin du Mâconnais, était un des hommes les plus remarquables qui soient jamais sortis de ce sol. Il s'appelait M. Vacher. Il avait alors trente six ans. Sa figure laide, mais plus expressive qu'un hiéroglyphe, cachait mal un abîme de bon sens et d'originalité. On ne pouvait s'empêcher de le regarder, et lui-même, fort ombrageux, pénétrait d'un regard inévitable toutes les physionomies qui passaient sous ses yeux. Il avait été très-malheureux par la dureté implacable d'un père systématique qui ne connaissait pas l'indulgence et qui demandait aux enfants la raison des vieillards. Découragé par cette rudesse, il s'était retiré à Paris et réfugié dans la science. L'École polytechnique avait fait de lui ce qu'elle fait de tous les jeunes gens, un mathématicien. Il avait dû se dépayser en s'embarquant avec l'amiral Baudin pour une expédition de découvertes autour du monde. Il rêvait d'une île où il aurait trouvé, dans la vie simple de la nature, l'oubli de la vie sociale dont il ne connaissait que les sévérités. Son père mourut la veille du jour où le vaisseau devait lever l'ancre. Il lui laissait une très-belle fortune à recueillir et la liberté. Il revint et me connut.

Malgré la distance que les années établissaient entre nous, nous fûmes amis dès le premier jour; tous les deux physionomistes, un regard valait pour nous vingt ans de fréquentation. Il s'attacha fortement à moi, et je vécus souvent avec lui dans un petit cottage, à Saint-Clément, où ses malles de livres qui jonchaient le plancher nous servaient de bibliothèque. Comme moi, il avait la passion des chevaux. Les nôtres nous attendaient toujours, tout sellés et souvent bridés, pour nous emporter au moindre caprice à travers les prairies équestres de la Bresse ou à travers les montagnes du Mâconnais.

Sa conversation était forte, pensée, intarissable. Il m'apprenait à connaître les hommes et à apprécier la vie; il m'enseignait surtout la politique. Il lui était resté, du temps du Directoire, quelque chose de républicain dans l'âme, et une haine vigoureuse contre l'homme du 18 brumaire, qui était venu, sous prétexte de l'anarchie déjà vaincue, mettre sous ses pieds la république, juste au moment où elle n'avait plus qu'à se régulariser. Il ne pardonnait pas à Bonaparte son invasion avec quelques bataillons de baïonnettes à Saint-Cloud; il pardonnait moins encore à la France la servilité avec laquelle elle s'était prosternée devant le dictateur qu'elle avait récompensé de son audace.

« C'est un Grec d'origine, me disait-il; c'est un de ces hommes dominateurs que la fortune fait naître dans une île plus orientale qu'européenne, pour chercher aventure et diadème en France et en Italie. Il ressemble aux Incas d'Amérique, à Cambyse de Perse, à Annibal d'Afrique, aux Abencérages d'Espagne, venant des pays du soleil s'imposer à l'Amérique du Sud, à l'Italie, à l'Espagne, à la France, et leur donner, à force d'audace, et avec leurs propres soldats, des maîtres d'une autre race, comme si les Gaules n'étaient pas dignes de se donner à elles-mêmes des souverains, et que la Corse fût l'île des rois! »

Ces pensées fortes et neuves me communiquaient contre Bonaparte et pour la république renversée des sentiments qui germaient dans mon imagination jeune et sensible. Je détestais les complices de cette subalternité de la France qui ne trouvait sur le vieux trône aucun souverain digne de porter son diadème, et parmi ses citoyens nul citoyen, nul conseil digne de régir sa république.

La parole creuse de mon ami, son accent ému, sa physionomie ombrageuse et sectaire, ajoutaient beaucoup pour moi à la sombre énergie de ses paroles.

Nous passâmes ainsi trois jours à l'auberge de Digoin à attendre que la Loire rentrât dans son lit et permît le rétablissement du bac; après quoi nous nous dîmes adieu. Il s'en alla seul dans son vaste château de Saint-Gérand, qu'il venait d'acquérir à quelques lieues de Moulins, et je repris, pédestrement encore, la route solitaire de Milly, demeure d'automne de ma famille.

XI

Ma pauvre mère me reçut bien tristement, déplorant qu'un fils dont elle était intérieurement si fière revînt sans espoir languir dans l'oisiveté d'une métairie de province; mon père, froidement et me cachant mieux sa tristesse, pensant qu'après tout mon avenir était assez assuré par la fortune de ses deux frères et de ses sœurs célibataires, et que ce n'était pas un si grand malheur que de vivre, comme il vivait lui-même à soixante-cinq ans, dans la calme nonchalance d'une société de province. Mais il avait l'âge de la résignation et du repos; j'avais les années de l'activité et je me rongeais moi-même. Là était la différence de nos points de vue. Qu'y pouvait-il et qu'y pouvais-je moi-même?

XII

Je m'enfermai de nouveau dans ma chambre haute, et je n'en sortis plus qu'à l'heure du dîner et pendant les longues et froides soirées d'un automne pluvieux. Mon père et ma mère les passaient à jouer, au milieu du cercle de mes jeunes sœurs qui travaillaient à la clarté de leur lampe, et moi à lire tout ce que les bibliothèques de la famille, celles des voisins et celles de Mâcon fournissaient à mon insatiable avidité de connaître ou de sentir. Jamais homme n'a autant lu et relu que moi, non-seulement en ce temps-là, mais jusqu'aujourd'hui. J'ai été et je suis encore l'éponge qui a bu et rendu toute l'encre versée dans le monde par les écrivains de tous genres, de tous siècles, de tous pays. Il me semblait toujours que j'allais découvrir dans ces innombrables volumes quelques-unes de ces vérités qui fixent la pensée et donnent un but à la vie. Mais chercher est le mobile de l'esprit; s'il avait trouvé, il ne s'agiterait plus. On cherche ici, on trouve sans doute ailleurs.

Mes constantes distractions de cœur me faisaient penser, du reste, au milieu de ces lectures, à la seule personne qui occupait uniquement et constamment le fond de mon âme et que j'avais été forcé par la nécessité de laisser mourante à Paris. Mon père et ma mère étaient dans une grande gêne domestique alors; il m'aurait été impossible d'aggraver leurs charges en y ajoutant le poids d'une pension nécessaire pour me faire vivre à Paris. Quant à mes oncles et à mes tantes, ils étaient riches et très-capables de me soutenir à toutes les hauteurs d'existence; mais ils ne voulaient à aucun prix, non par avarice, mais par désir de me fixer auprès d'eux, favoriser en moi ce désir de liberté et de vie à distance que je manifestais trop à leurs yeux; peut-être aussi ma profonde tristesse, ma vie retirée, mon silence enveloppé de mystère, leur laissaient-ils deviner un attachement dont ils ne pouvaient connaître la pureté et leur faisaient-ils désirer l'épreuve de l'absence et du temps pour l'éteindre.

XIII

Les derniers jours de l'automne rappelèrent mon père, ma mère et mes sœurs dans leur maison de ville à Mâcon, pour y laisser voir leurs charmantes filles, bien capables d'appeler l'attention des jeunes hommes à marier dans la Bourgogne ou dans la Franche-Comté, et pour jouir de la société très-nombreuse, très-élégante et vraiment très-distinguée de Mâcon, ville alors d'une élégance aristocratique et d'une urbanité qui la rendaient comparable aux plus grandes villes de France. Une rare harmonie de goûts et d'affection y régnait entre toutes les classes mêlées de noblesse sans morgue et de bourgeoisie opulente qui en faisaient le fond. Le salon de ma mère et celui de mon oncle en faisaient le centre. Le salon de ma mère réunissait les mères, les filles, la belle jeunesse du pays, l'élite des étrangers et des artistes de cette véritable colonie de tous les agréments, danse pays de plaisir où l'on ne regrettait nullement Paris.

Le salon de mon oncle, dont j'ai donné la description dans les *Confidences*, était exclusivement politique. Une douzaine d'hommes distingués s'y rassemblaient tous les soirs pour commenter avec plus ou moins de passion les événements du jour, les questions du temps. J'étais obligé d'y aller tous les jours moi-même par décence et par parenté. Bien que silencieux par nature et par tristesse, je n'avais garde d'y manquer. J'y jouissais, comme auditeur, des conversations générales très-variées, très-passionnées, très-libres que la tolérance du gouvernement constitutionnel des Bourbons autorisait, sans aucune espèce de crainte ou de contrainte, dans tous les centres d'esprit public.

Ce salon était le centre de deux ou trois provinces. Il ne passait aucun étranger de marque dans le pays qui ne se fît un devoir d'y être admis. Mon oncle, frère aîné de mon père, riche, indépendant, lettré, savant, studieux, homme d'un rare et habile esprit, n'avait jamais voulu rien être depuis sa jeunesse qu'un *dilettante* jugeant de toute chose et ne s'imposant aucune responsabilité dans la vie, hors la responsabilité d'une très-haute et très-juste considération personnelle. Aussi l'avait-il atteinte et en jouissait-il avec une incontestable supériorité d'estime et d'autorité d'esprit. Nul n'aurait eu l'audace et l'injustice de l'attaquer, même parmi ceux qui lui supposaient des opinions plus bourboniennes que les leurs. Au fond, il en avait peu. Trempé de bonne heure dans l'ardente opposition de la noblesse de province au pouvoir absolu, opposition si éloquemment représentée par Mirabeau, avec qui il était en correspondance, il en était resté à l'Assemblée constituante un peu monarchique et très-libéral. Mais sa société était en général beaucoup plus royaliste que lui. Son salon retentissait tous les soirs des plus vives discussions sur les affaires publiques. Le gouvernement dans la personne des ministres y était représenté comme une trahison organisée contre la monarchie des Bourbons. On y commentait les diatribes de M. de Chateaubriand, qui jouait alors les deux rôles d'ultrà-royaliste et d'ultrà-libéral dans le *Conservateur*. La frénésie de cette double et contradictoire opposition prêtait des déclamations aux deux partis.

Trop jeune pour avoir autorité dans ces discussions, j'y gardais le silence de ma modestie, mais j'en sortais aigri contre ces hommes de passion, les uns émigrés rentrés, les autres monarchistes inconséquents s'exprimant comme des fanatiques de liberté à la moindre mesure de répression de la licence par les ministres d'un roi qu'ils dénigraient jusqu'au mépris en prétendant diviniser jusqu'à l'idolâtrie la cause monarchique. Mon oncle, plus modéré et plus prudent au fond, les laissait pérorer sans les réfuter et sans les applaudir, avec la complaisance d'un maître de maison qui tient plus à l'intérêt de son salon qu'au bon sens de ses habitués. J'avoue que ce dévergondage d'idées et ces violences de paroles me scandalisaient plus que lui. Mon père, homme d'une probité d'esprit antique et d'une bonne foi chevaleresque, ne pouvait les supporter sans dégoût. Il évitait autant qu'il le pouvait d'y assister, et se retirait pour les blâmer en liberté avec moi sans offenser les amis de son frère. Je pensais dès cette époque comme lui. Je ne croyais pas que l'exagération des principes fût de nature à convertir au royalisme pratique une nation qui cherchait la concorde dans le gouvernement de ses rois, et que le dénigrement des ministres fût la saine popularité des rois. Mais on conçoit que la politique entrant tous les soirs en moi par tous les pores, me fit beaucoup réfléchir malgré moi sur ces questions étrangères ordinairement à la jeunesse. C'est là que je pris de bonne heure l'antipathie pour ces oppositions violentes de mauvaise humeur et de mauvaise foi qui forment sous les régimes parlementaires le fond de la France. J'étais, comme mon père, trop sincère pour être un homme de parti; je n'ai jamais pu l'être depuis que très-peu de temps, et juste quand l'esprit de parti, qui se mêle à tout, même à la vérité, traversait par hasard la ligne d'opinion dans laquelle je marchais. Il y a de ces rencontres; on peut en profiter quand elles se présentent; elles fortifient un moment la vérité. Mais il ne faut pas s'y arrêter une heure de plus que le vrai lui-même ne s'y arrête; autrement on risque d'être entraîné dans le faux, d'où l'on ne peut plus rejoindre sa route. C'est ce qui est arrivé à tous les hommes parlementaires qui ont préféré leur popularité à l'isolement virginal de leur conscience; c'est ce qui m'est arrivé une seule fois à moi-même, comme je le raconterai à la fin de ces confessions, et c'est ce qui m'a laissé en politique mon seul repentir.

XIV

Mais j'étais déjà bien loin de la politique quelques mois après ces premières secousses d'esprit que j'avais reçues dans le salon passionné de mon oncle. Une lettre, pleine de tendresse et de piété, qui m'était venue de Paris à la fin de novembre, m'avait entièrement détaché de la terre et transporté avec toutes mes pensées au ciel. Cette lettre, écrite pendant la dernière nuit d'une longue et douce agonie, après la communion que le prêtre avait apportée à la malade, était un suprême adieu. Elle s'y félicitait de la bonté divine dont le prêtre avait été l'interprète et qui, en lui pardonnant l'attachement trop exclusif qu'elle avait nourri sur la terre, lui permettrait de le continuer en le sanctifiant dans le cas où elle recouvrerait la vie. Le soir du même jour, j'appris qu'elle avait expiré après avoir fait porter à la poste cette lettre, chaude encore de son dernier soupir.

Toute ambition politique mourut en moi avec celle qui en était le mobile. Je ne désirais un emploi à Paris que pour me rapprocher d'elle. Qu'avais-je à y désirer maintenant? Je crus ma vie terminée avec la sienne; je m'enveloppai dans son linceul. Je m'enfermai pendant plusieurs mois dans ma chambre sous prétexte de maladie. Mon corps n'était point malade, mais mon âme était morte. Je me souviens qu'à dater de ce jour, n'aspirant plus qu'à la rejoindre, je me mis à calculer les jours au rebours des autres hommes, en défalquant tous les soirs un jour de moins du calendrier et en me disant, en me couchant le soir sur mon lit : « Encore une journée retranchée du nombre des jours que j'ai à végéter ici-bas loin d'elle! Encore un jour retranché des jours qui me séparent du moment où l'éternité doit me réunir à celle sans qui la vie n'est qu'un supplice. »

Ma mère, qui voyait le deuil de mes traits, n'osait m'interroger sur la cause de cette reclusion complète de tous les plaisirs et de tous les soucis de mon âge. Tout le monde soupçonnait en moi quelque passion mystérieuse pour une personne inconnue. Ce n'était que la passion de la tombe! La religion, à laquelle les grandes douleurs ouvrent l'âme, et que l'exemple avait ressuscitée en moi comme moyen de communication de la terre au ciel, m'empêchait seule de devancer l'appel de Dieu.

XV

L'automne, l'hiver, le printemps, ne furent pour moi qu'une pensée sans distraction et sans occupation possible. A quoi bon penser, à quoi bon écrire? A quoi bon même changer de séjour ou de latitude ici-bas? Y avait-il pour moi un autre but dans la vie que le but de cette réunion que la mort m'avait enlevé et qu'elle avait placé au ciel?

Une lettre de M. le général de Lagarde, dont j'avais dû la connaissance et l'amitié au comte Aymon de Virieu, mon confident intime, m'arriva inopinément alors. Ce général avait failli être assassiné à Nîmes en résistant héroïquement à l'émeute de la populace fanatique contre les protestants; il devait bientôt après courir les mêmes dangers à Madrid, en défendant la politique modératrice de la France contre les fanatiques de la révolution de Cadix.

M. de Lagarde, envoyé de France en Bavière, m'écrivait de venir le joindre à Paris à jour fixe; qu'il avait obtenu du ministère de m'emmener avec lui à Munich, et qu'après y avoir résidé quelque temps comme secrétaire confidentiel, il obtiendrait pour moi le caractère de secrétaire officiel de la légation.

Je fus sensible à ce souvenir de M. le général de Lagarde. Cependant j'étais décidé à le remercier et à ne pas sortir de mon inaction désespérée, en attendant dans l'inertie la mort que je croyais prochaine et que je désirais ardemment. Mais ma mère, qui voulait à tout prix donner une secousse salutaire à mon âme par le déplacement de ma vie et de mes pensées, me représenta si fortement et si tendrement l'inconvenance d'un refus après avoir tant sollicité un poste diplomatique, que je consentis à partir pour Paris. J'y arrivai malade de chagrin, et pendant que, par les soins de M. Alain, qui avait reçu le dernier soupir de la personne qui était pour moi tout Paris, je me rétablissais avant d'aller voir M. de Lagarde, l'envoyé partait inopinément pour Munich, par l'ordre du ministère. Son départ ne m'affecta que très-légèrement, et, après quelques semaines passées à Paris à recueillir les circonstances et les saints vestiges de la mort, je repartis pour Milly, sans aucun regret de l'occasion manquée. Jamais ambition ne fut plus complétement éteinte dans mon esprit. Rien ne valait la peine de rien. Je repris la vie solitaire et méditative que j'y avais menée quelques mois auparavant, et j'y achevai les *Méditations poétiques*, expression sincère et pieuse de mon découragement d'ici-bas et de mon aspiration à une réunion dans le monde de mes pensées ou de mes rêves.

XVI

Au retour de l'hiver, qui ramenait ma famille à la ville, ma mère attentive me provoqua encore à tenter la fortune. Elle avait en silence accumulé pour moi, à force d'économie, un petit pécule qu'elle me conjura d'accepter pour aller passer quelques mois à Paris, espérant que les nombreuses protections que je m'y étais préparées déjà en hommes et en femmes, par le bruit sourd de mes poésies courant de bouche en bouche, détermineraient peut-être le gouvernement à m'ouvrir la carrière active des ambassades. Je cédai sans ardeur et sans aucune espérance à ses instances. Je revins, l'âme consternée et découragée, reprendre à Paris, dans le grand hôtel du maréchal de Richelieu, non plus la mansarde basse au-dessus de la loge du concierge, mais une mansarde au-dessus des grands appartements donnant sur le jardin qui s'étendait alors jusqu'au boulevard. Ces appartements conservaient dans les marbres des cheminées, dans les encadrements dorés et dans les dessus de porte par Watteau, les traces d'une élégance et d'une opulence en contraste avec leur destination actuelle. J'y reçus la visite de mes amis, pleins des pressentiments les plus favorables sur ce qu'ils appelaient mes talents, et me présageant tous une haute fortune égale à ces aptitudes exagérées par leur amitié. Le jeune et beau duc de Rohan, prince de Léon, qui m'avait admis à sa familiarité, ne me quittait guère. Il sortait des mousquetaires; il se faisait remarquer par la richesse et l'élégance de ses équipages. Il possédait le magnifique château des La Rochefoucauld, à la Roche-Guyon. Il m'y conduisait quelquefois avec ses amis, devenus les miens, parmi lesquels étaient M. de Genoude, jeune écrivain politique cherchant fortune dans son talent et dans ses relations, et M. Rocher, jeune poëte remarqué depuis pour son éloquence au barreau, devenu secrétaire général du ministre de la justice, et retiré maintenant à Toulouse, dans les lettres, asile de son âge mûr et ornement alors de sa jeunesse.

Je recevais souvent aussi la visite de Mathieu de Montmorency, enthousiaste de mes vers, oubliant la distance du rang et du nom et la comblant par la condescendance de l'amitié. Il s'intéressait vivement à moi; il promettait à mes amis que s'il parvenait, comme on le prévoyait alors, au ministère des affaires étrangères, le premier acte qu'il signerait serait ma nomination de chargé d'affaires dans quelque cour d'Espagne, d'Allemagne ou d'Italie. Il m'a conservé sa prédilection jusqu'à sa mort et m'en a légué la preuve dans son testament (son portrait par Gérard).

M. de Bonald, M. l'abbé de Lamennais, tous les chefs du parti royaliste groupés autour de M. de Chateaubriand dans la revue du *Conservateur*, à l'exception de M. de Chateaubriand que je ne connaissais pas et qui m'a toujours manifesté plus tard un éloignement sans motif, me comblaient de prévenances et d'accueil. Le parti libéral ne me témoignait pas moins de faveur, bien que je ne méritasse cette faveur par aucune condescendance d'opinion déloyale de ma part.

Je fréquentais assidûment trois salons de nuances diverses : celui de madame de Montcalm, sœur chérie du premier ministre, le duc de Richelieu; celui de madame de Saint-Aulaire, très-jeune alors, une des plus belles personnes de Paris, centre de toute la société lettrée de cette époque; celui de madame la duchesse de Broglie, fille de madame de Staël, très-jeune et aussi très-belle, mais dont les vertus et les mérites sévères répandaient autour d'elle une vénération anticipée qui la faisait contempler sans autre éblouissement que celui du culte pour les choses saintes.

On avait pour moi dans ces trois salons, ou plutôt dans ces trois portiques par lesquels j'entrai dans le monde, des bontés dont je n'abusai jamais et dont je serai éternellement reconnaissant.

XVII

Chez madame de Montcalm, c'était une société en retraite, extrêmement choisie, composée de quelques femmes ravissantes de figure et remarquables de goût, telles que madame de Clermont-Lodève, déjà veuve à dix-neuf ans et devenue depuis la marquise Édouard de Lagrange, doublement célèbre par la beauté et par le goût des lettres; la jeune princesse de Talmont, devenue depuis madame de La Rochejaquelein, fille de la duchesse de Duras, aussi belle peut-être mais d'une beauté toute plastique, plus propre à ravir le regard qu'à émouvoir la contemplation.

L'ambassadeur de Russie, Pozzo di Borgo, y venait comme moi tous les jours. C'est une des quatre ou cinq figures historiques les plus grecques et les plus caractérisées que j'aie vues dans ma vie. Toujours jeune, toujours beau jusqu'aux limites de l'âge, on lisait sur sa physionomie le bonheur, l'audace et la finesse des hommes qui dominent leur obscurité originelle et qui se lancent dans les grandes aventures sans se décourager ni se lasser, jusqu'à ce qu'une de ces vagues sur lesquelles ils ont si longtemps échoué les porte enfin vainqueurs et triomphants sur le rivage sûr et immuable d'une grande existence. Corse comme Bonaparte, ennemi intime et persévérant de son heureux compatriote, Pozzo di Borgo, d'abord membre de l'Assemblée constituante, puis émigré, puis cherchant dans tout l'univers des ennemis à la France, comme Annibal au peuple romain, avait enfin trouvé en Russie une patrie d'adoption à laquelle il avait inoculé sa haine corse contre le César de l'Europe. Devenu aide de camp de l'empereur Alexandre, pendant la campagne de Moscou, il lui avait appris le secret de vaincre en reculant, par les distances et par les climats. Après les désastres de la campagne de Leipzig et de France, il avait contribué de toute sa haine et de toute sa constance à écarter ces velléités de paix qui n'étaient à ses yeux que des haltes de l'Europe dans la victoire. Le détrônement et l'exil pouvaient seuls le satisfaire. Les Bourbons devaient véritablement une partie du trône recouvré à ses bons offices. Il avait été un des coalisés les plus résolus du parti des hommes d'État dont M. de Talleyrand était le moteur en 1814 et en 1815. Le roi Louis XVIII lui avait offert, par reconnaissance et par égard pour l'empereur Alexandre, de le rapatrier et de lui confier un ministère en France. Pozzo di Borgo, homme prévoyant et pressentant les difficultés et les catastrophes, avait préféré assister en témoin influent au jeu de la fortune à Paris, comme ambassadeur de son maître et comme conseiller irresponsable des Bourbons. Telle était sa situation alors, telle il la conserva après 1830 jusqu'à l'affaiblissement de ses belles facultés par l'extrême vieillesse, modèle de bonheur comblé par la fortune à la fin d'une existence agitée. Il avait conservé pour madame de Montcalm, sœur de son ami le duc de Richelieu, l'attrait, la déférence, le respect que ses rapports avec ce ministre avaient établis entre eux depuis quelques années. Sa conversation, grave, pénétrante, acccentuée, ne recherchait nullement les formes légères ou épigrammatiques de l'esprit qui caractérisent trop souvent ce qu'on appelle l'homme d'esprit en France. Il parlait gravement des choses graves, légèrement des choses légères. Le bon sens prévalait sur tout dans ses entretiens; l'agrément chez lui n'était que l'attrait du juste. La beauté gracieuse et noble de ses traits ajoutait au charme qu'on éprouvait à l'entendre. On voyait que les grandes pensées ne lui coûtaient rien, pas même la peine de les formuler. Il voyait loin, juste et du premier coup d'œil. Il n'a donné aux Bourbons ni une illusion ni une témérité. Il soignait leur gouvernement comme si sa fortune eût dépendu de leur maintien ou de leur chute. Il était leur sujet volontaire, leur conseiller désintéressé. Il les aimait parce qu'une erreur de route pouvait les conduire à l'abîme. Ils ont dû à cette tutelle d'éviter bien des fautes et bien des crimes de règne. Je l'écoutais avec la modestie de mon âge et avec la conformité de mes sentiments pour leur cause; il me témoignait quelque attention dont j'appréciais la bonté.

Tous les hommes politiques qui avaient appartenu au gouvernement du duc de Richelieu étaient fidèles à ce salon et cultivaient avec désintéressement sa sœur. On y distinguait M. Mounier, M. de Rayneval, M. Bertin, l'homme d'État du journalisme. M. Molé, jeune encore, quoique né grave, y apparaissait souvent. Sa belle figure de sphinx à deviner, son silence digne et prudent, quelques mots rares, réfléchis, sensés, non compromettants, frappaient tous les regards, surtout les miens. C'était l'homme d'État en expectative, éminemment propre au gouvernement représentatif, moins l'éloquence, qu'il remplaçait par la considération. Il venait là évidemment pour faire sa cour par réticence à la royauté des Bourbons, qu'il avait trop oubliés deux fois pendant l'empire dont il avait consenti à être le ministre très-dévoué en 1810, et même en 1815, après le retour de l'île d'Elbe. Il faisait quarantaine de ce dévouement à Bonaparte, avant de rentrer comme un des principaux rouages dans le mécanisme de la Restauration. Il voulait qu'on sût où le retrouver, si l'on avait besoin de lui, dans les rangs de ces hommes d'affaires prêts à servir toutes les causes gouvernementales, également éloignés des faveurs des royalistes exagérés et des inimitiés des oppositions mal sonnantes. J'avais pour lui un penchant pour ainsi dire physique. Son extérieur remarquable m'enchantait, son sérieux donnait à penser, sa réserve imposait; il y avait du génie au repos dans son regard. Cet attrait fut une des causes cachées qui me portèrent à le soutenir avec désintéressement à la tribune, en 1840, contre les assauts désespérés de cette intrigue enragée qu'on appelait la coalition. Son génie n'était pas éloquent, son coup d'œil même n'était pas toujours sûr, mais sa situation était honnête. C'est cette situation que je défendais en lui.

Quant à la maîtresse de la maison, affligée de bonne heure d'une infirmité précoce qui la retenait habituellement couchée sur un divan du salon, elle n'avait, comme le duc de Richelieu son frère, d'autre supériorité que celle d'un très-juste bon sens. Dans ces temps de passion, c'était beaucoup que de conserver cet équilibre d'esprit qui voyait avec une courageuse indépendance les excès de royalisme et les frénésies d'opposition. On emportait de là une atmosphère de bon sens qui vous prémunissait contre l'air des autres salons, où s'agitaient des ambitions malfaisantes.

La littérature et la poésie n'avaient aucune part dans les conversations de ce salon. Je n'ai jamais lu ou récité de vers à madame de Montcalm; elle m'aimait pour moi-même, et non pour mes talents en fleur. Elle n'était pas poétique, mais elle était de la nature du duc de Richelieu, politique et patriote dans le sens élevé du mot *patrie,* la France avec les rois de ses ancêtres et la large place en Europe que son grand-oncle lui avait faite. Elle sentait que l'adoption d'un libéralisme aristocratique et populaire était la condition du règne nouveau, et que l'intrigue des hommes appelés, on ne sait pourquoi, *doctrinaires,* en était le danger. Ces hommes, nés de 1814 pour dévorer ces règnes en s'y rendant nécessaires, avaient commencé par flatter le royalisme et par le servir dans les bureaux du ministre de l'intérieur, l'abbé de Montesquiou. Renversés par l'invasion bonapartiste de 1815, ils avaient été à Gand se faire un titre de leur fidélité à un exil qui ne devait pas être long. Rentrés avec Louis XVIII, ils avaient formé, selon l'intérêt de leur ambition, une opposition équivoque ayant des caresses pour la cour et des réserves dans les salons, et se portant comme un poids alternatif dans la balance pour la faire pencher tantôt vers le royalisme, tantôt vers le libéralisme : dictateurs du quiproquo. Madame de Montcalm était trop franche pour ne pas détester ces hommes à deux faces : on n'en voyait point chez elle. Elle m'honorait, au contraire, d'un véritable et solide attachement. Emportée en quelques heures par le choléra, après la révolution de Juillet qui avait renversé toutes ses espérances et justifié ses antipathies contre les doctrinaires déjà zélés autour du gouvernement nouveau et devenus orléanistes en vingt-quare heures, elle m'écrivit, le matin du jour de sa mort, une lettre où elle ne se doutait pas encore de sa maladie. « Adieu, me disait-elle. Je vous quitte pour me mettre au lit. »

XVIII

Le salon de madame de Saint-Aulaire était composé surtout de ces hommes qui flottaient entre la cour et le peuple, personnages amphibies dont il était difficile de définir la nature. Presque tous avaient été, comme le maître de la maison, chambellans ou conseillers d'État ou préfets de Napoléon sous l'Empire. Devenus chefs de haute administration, ou pairs, ou députés sous la Restauration, ils jouissaient de leurs places et gardaient leurs intelligences dans l'opposition bonapartiste, décorée alors du très-faux nom et du très-faux semblant de libéralisme. Hommes de beaucoup d'esprit pour la plupart, ils caressaient tout ce qui, par sa jeunesse ou ses promesses de talent, pouvait faire honneur et popularité à leur groupe.

M. Decazes, déjà favori de Louis XVIII et qui avait obtenu la main d'une fille du premier lit de M. de Saint-Aulaire, avait là tous ses partisans empressés autour de sa fortune. Des jeunes hommes de la plus haute distinction, tels que M. Villemain, M. de Barante, M. Cousin, M. Lebrun, M. Beugnot, M. de Forbin, M. de Staël le fils, tous les philosophes, tous les poëtes, tous les critiques affluaient dans ce salon de l'éclectisme, sous les regards des plus charmantes femmes, protectrices d'une littérature nouvelle que la paix et la liberté faisaient éclore. J'y étais admis dans l'intimité la plus gracieuse depuis longtemps, et, sans en partager en rien les doctrines ambiguës, j'y jouissais exceptionnellement de la bienveillance des hommes et des femmes illustres qui s'y réunissaient le soir comme à l'hôtel de Rambouillet du temps. J'y récitais quelquefois des scènes de tragédies ou des poésies lyriques, au doux murmure des applaudissements. On s'y demandait comment un talent si inattendu pouvait être né de lui-même au fond d'une province ou au soleil de l'Italie, sans que le gouvernement eût songé à le recruter pour son honneur ou pour sa clientèle. On espérait le lui enlever et l'enrôler dans les rangs de cette opposition mixte qui vivait d'ambition mécontente plus que de principes. Mais la maîtresse de ce salon n'avait aucune de ces pensées intéressées, et ne songeait qu'à jouir et à faire jouir ses nombreux affidés de la primeur d'un talent qui faisait un bruit sourd dans le monde des lettres. La sombre mélancolie de mes traits et le découragement complet de tous les plaisirs de mon âge inspiraient à tout le monde, et surtout aux jeunes femmes de cette société, une sorte de curiosité et d'intérêt pleins de réserve et de mystère qui ajoutaient beaucoup de prestige à mes vers. On se sentait ému par cette teinte de tristesse amoureuse et un peu mystique qui caractérisait pour la première fois en France cette poésie tout éclose de l'âme du poëte. Nul ne m'interrogeait sur la cause parfaitement inconnue de ce précoce découragement de mes vers, mais tout le monde enviait la cause mystérieuse qui donnait de telles larmes à des yeux de vingt ans.

XIX

C'est l'époque où je fus présenté par madame de Saint-Aulaire, son amie, à madame la duchesse de Broglie et au duc de Broglie, son mari. J'étais alors et je suis resté depuis un admirateur passionné de madame de Staël, mère de madame de Broglie. Cette femme célèbre, la seule que j'eusse désiré voir parmi toutes les illustrations féminines de son temps, était morte avant qu'aucune notoriété attachée à mon nom obscur m'eût permis de m'approcher d'elle. J'étais fier et heureux de contempler du moins dans sa fille une émanation vivante de son génie.

M. de Staël, le fils, que je connaissais déjà, n'avait rien qui rappelât en lui l'inspiration, l'éloquence, la poésie de cette mère ; ce n'était qu'un honnête homme de l'école un peu empesée de son grand-père, M. Necker, et qui n'avait que la morgue et la pédagogie de l'école des doctrinaires, ses maîtres et ses flatteurs. Il écrivait sur la constitution anglaise quelques brochures aussi vides et aussi ennuyeuses que tous les thèmes britanniques que ses amis nous développaient alors sur ce sujet pour donner un air de science doctorale à leurs pastiches de révolution de branche cadette et d'aristocratie sans aristocrates. S'il eût vécu, il aurait sans aucun doute été ministre comme un autre, grâce à son nom, à sa fortune et à son honnête pédantisme. On en aurait fait un grand homme; ce n'était qu'un brave homme.

Sa sœur avait tout le charme, tout le génie et toute la vertu de la maison. Elle avait de plus toute la beauté pensive et profonde dont la riche imagination de sa mère avait doué ses héroïnes dans ses romans. C'était une Corinne religieuse, modeste, sainte. Le ciel apparaissait dans ses regards, quand elle les détournait de la terre pour les ouvrir à la contemplation des choses célestes, sa principale occupation après son mari et ses enfants. Elle avait pour moi une prédilection protectrice qui faisait disparaître tout trace de supériorité dans ses rapports. J'aurais été le frère de son frère qu'elle ne m'eût pas traité avec une plus touchante familiarité.

Son mari m'accueillait à cause d'elle avec la même distinction et la même condescendance. Les discours du duc de Broglie à la Chambre des pairs faisaient de lui un centre et un oracle d'opposition; on ne sait pourquoi, si ce n'est parce que les démocrates ont besoin d'être illustrés par les aristocrates, et que les vieux noms et les grandes existences conviennent aux factions populaires qui affectent de respecter ce qui les sert.

Son salon cosmopolite était plus européen que français;

les libéraux d'Angleterre y rencontraient les libéraux et les bonapartistes de Paris. Une certaine amertume de langage y dénigrait ouvertement le gouvernement des Bourbons. Il fallait tout mon attrait et tout mon respect réel envers le maître et la maîtresse de la maison pour me faire supporter la société moqueuse de ce salon. J'en sortais toujours un peu irrité contre les habitués ordinaires. On eût dit que l'ombre rancuneuse de M. Necker y faisait encore signe aux doctrinaires et aux hommes hostiles aux Bourbons. Ma loyauté de jeune homme répugnait silencieusement à ces impertinences et à ces aigreurs bien peu méritées. Mais il y avait une telle indulgence et de tels égards pour moi dans la maison que je ne pouvais m'empêcher d'en être profondément reconnaissant.

Quand la révolution de Juillet eut exilé les Bourbons, et que M. le duc de Broglie, toujours pour imiter l'Angleterre, se jeta dans la dynastie du régent et du duc d'Orléans (Égalité) pour se débarrasser de la dynastie de saint Louis et de Louis XVI, je cessai d'aller chez lui de peur de paraître désavouer mes fidélités monarchiques, mais je ne lui fis aucune opposition dans la Chambre. Au contraire, je le soutins de ma voix et de mes votes contre l'opinion de la gauche qui commençait à s'acharner contre son idole d'autrefois et à lui refuser justice après lui avoir prodigué faveur. Cette conduite fut remarquée par la duchesse, qui venait quelquefois assister dans les tribunes à ses discours; elle m'en sut gré et je m'en fis honneur. Quelles que soient les séparations de cause et les antipathies de principes, on ne doit jamais donner d'effet rétroactif à sa haine. L'ingratitude n'est pas plus juste quand elle remonte que quand elle descend. La reconnaissance est éternelle, et les injures présentes n'effacent jamais les bontés passées. Tels sont les sentiments que j'ai toujours conservés pour cette noble maison, malgré les hostilités de langage d'un fils en qui je respecte sa mère.

LIVRE TROISIÈME

I

Je n'hésitais pas toutefois entre la poésie, à laquelle je devais tant d'agréments, et la politique qui devait me coûter un jour, avec une inexprimable amertume, toute la paix, toute la fortune, tout le bonheur et presque tout l'honneur de ma vie. Jamais vocation ne fut plus invincible, indépendamment de la satisfaction de ma mère et des modiques appointements qui devaient me placer au-dessus des nécessités de la vie et des peines d'argent que je coûtais à mon père. J'étais né pour les grandes affaires d'État plus que pour les petites vanités d'amour-propre et pour les vains engouements de société que donnent de misérables succès littéraires. De plus, je sentais mon imagination bornée incapable, excepté dans l'épopée, de m'élever à la hauteur des grands poëtes dramatiques qui correspondent seuls aux besoins sociaux du monde moderne. Je manquais de l'invention suffisante pour intéresser la curiosité ou pour passionner un parterre ; tout au plus étais-je bon pour émouvoir, contempler, prier, exalter ou consoler l'âme méditative des hommes solitaires et contemplateurs. Je ne me dissimulais point cette indigence de mon imagination. Je n'étais point jaloux par nature ; je savais que chacun a son lot, et j'étais résigné au mien. Admirer chez les autres les dons supérieurs était et est encore une volupté d'esprit pour moi. Je suis le plus heureux admirateur des talents vrais, mais aussi le plus inflexible contempteur des talents prétentieux et faux qui ne doivent qu'à l'intrigue et à l'engouement les ombres de gloire qui les suivent. On ne trompe pas plus la gloire qu'on ne trompe la vérité. On est ce que l'on est. Il n'est donné à personne d'ajouter une coudée à la taille qu'on a reçue de la nature. Il n'est donné non plus à aucune envie de retrancher un pouce à celle que Dieu nous a faite. Mes prétentions au titre et au succès de grand poëte étaient donc fort limitées par le sentiment de ma faiblesse. Je pouvais avoir quelques succès par la nouveauté et l'originalité de mes essais ; je ne pouvais m'élever à la hauteur des Corneille, des Racine, des Shakspeare, des Gœthe. Le reste alors ne valait pas la peine de prétendre à les dépasser.

Mais quant à la justesse naturelle d'esprit que je tenais de mon père, de ma mère, de mes oncles, de toute ma famille, et qui consiste à juger sainement les temps, les choses, les circonstances, et à jouer de ce clavier humain avec l'infaillibilité honnête de vue et d'intuition qui fait l'habile homme dans une vie privée, qui fait le grand homme d'État dans les affaires publiques, j'avoue franchement que, sans me croire supérieur à personne, je me croyais égal à tous. Je désirais donc être mis à l'épreuve dans la carrière où la justesse parfaite, la finesse délicate, l'opportunité précise de l'esprit appréciée par un gouvernement équitable, peut donner à un homme l'occasion de bien servir son pays dans les circonstances difficiles où la France, à peine reconstituée en Europe, peut avoir besoin de ces qualités d'esprit et de caractère dans un diplomate. A cet égard, la jalousie m'a beaucoup raillé. C'est son métier ; elle ne sait pas en faire d'autre. Mais je la défie de trouver dans toute ma vie publique une seule circonstance où elle ait pu me prendre en défaut de justesse d'intelligence. J'ai fait mes preuves d'infaillibilité de jugement et de bon conseil, au milieu des événements les plus graves, sans me laisser égarer une minute ni par la peur, ni par l'audace, ni par les engouements exagérés et fugitifs qui auraient pu m'induire soit en faiblesse, soit en violence, soit en ambition folle et disproportionnée à la valeur réelle de mon nom, de mon rang, de mes forces. J'ai pu manquer de génie (je le dis, bien que j'en doute), mais de justesse, jamais. J'ai été politique jusqu'à l'abnégation de moi-même. On a pu dire : « Cet homme est insuffisant. » On n'a jamais pu dire avec vérité : « Cet homme a l'esprit faux. »

II

Ce juste sentiment de moi-même, cette proportion exacte entre mes facultés et mes ambitions, me poussaient donc invinciblement vers la politique où je pouvais en déployer une plus grande dose. J'employais toutes les amitiés d'hommes éminents et toutes les bienveillances de femmes enthousiastes à influencer le gouvernement pour me mettre à l'épreuve. Je ne réussissais à rien, parce que l'intrigue et la basse adulation, qui répugnent à ma nature, sont mille fois plus actives que l'enthousiasme.

J'allais tristement repartir pour Milly, quand une maladie grave, suite de la perte que j'avais faite, de la douleur qui me rongeait et de l'oubli dans lequel le gouvernement laissait s'user ma jeunesse, me retint quelques semaines dans mon lit. Dire les tendres soins dont je fus entouré par mes amis qui se relayaient pour me veiller toutes les nuits dans ma mansarde, par les femmes du plus haut rang qui se métamorphosaient le jour en sœurs grises pour s'asseoir autour de mon foyer, y remuer la cendre, y faire bouillir attentivement les tisanes ordonnées par M. Alain, le pieux médecin qui avait reçu avec le dernier soupir d'Elvire les recommandations de surveiller ma vie, serait impossible. Titien épuisé d'années, Raphaël mourant d'amour et de génie, ne recevaient pas de François Ier ou de la Fornarina des soins plus royaux, plus délicats ou plus tendres.

Je serais bien ingrat si mon âme ne débordait pas d'enthousiasme et de reconnaissance pour cette âme de l'humanité qu'on appelle femme, mère, fille, de tous les noms qui font aimer ici-bas.

Une surtout, une Italienne de grande origine, de beauté rayonnante, de grâce ineffable, dont l'âme illuminait le jour et qui emportait en s'en allant la moitié de la lueur de ma chambre, ne craignait pas de monter et de passer des matinées entières, comme une sœur hospitalière, auprès de mon alcôve. Bravant les fausses interprétations pour obéir à une amitié qui défie tout parce qu'elle est sûre d'elle-même, madame de L... me faisait la lecture des romans de Walter Scott, qui paraissaient alors pour la première fois. Sa voix timbrée d'argent, et à laquelle l'accent étranger donnait une tendresse de plus, résonne encore à mon oreille. Elle me faisait prier en lisant des prières au pied de mon lit.

Le prince de Léon, madame la marquise de Raigecourt, femme âgée et qui avait des sentiments de mère pour moi, la rencontraient quelquefois dans mon escalier ou au coin de mon feu, et interrompaient ces lectures. Ils me demandaient, quand elle se retirait, quel était cet ange de la maladie qui éclairait ainsi mon alcôve. Son regard était trop limpide, son sourire trop franc, pour qu'ils soupçonnassent dans cette assiduité auprès d'un mourant autre chose que l'intérêt qui les y appelait eux-mêmes. Madame de L... a suivi du cœur et de l'âme les phases diverses de mon existence jusqu'à la république de 1848 et aux désastres dont elle a été pour moi la cause. Belle et séduisante même dans l'âge avancé, grâce à cet air italien où ni le marbre ni la chair ne vieillissent, elle vient de mourir sur les bords de l'Adriatique, comme meurt un chant de Rossini le soir sur les collines de Pezzaro. Elle est de ces figures qui font désirer de les revoir au ciel.

III

Mais, pendant que le désespoir et la maladie que j'aimais à croire mortelle me retenaient ainsi entre ciel et terre, des amis s'occupaient de moi. M. Pasquier, qui était alors ministre des affaires étrangères et qui tenait mon sort entre ses mains, raconte, dit-on, dans ses mémoires, comment une personne adorable et vénérable, dont la maison était un centre d'opposition, l'ayant rencontré dans le monde, lui dit en riant qu'on ne serait équitable et gracieux pour lui que quand il aurait accordé une place de secrétaire d'ambassade en Italie à un jeune favori de sa société, qui était le poëte inconnu encore, mais le poëte de prédilection du grand monde. M. Pasquier sourit, répondit que tout le monde lui en parlait, et qu'il promettait de le placer promptement. « Je le fis, ajoute M. Pasquier, et je n'eus qu'à me féliciter d'avoir ainsi ouvert la carrière politique à un homme qui y a jeté un certain éclat. »

Mais M. Pasquier n'accomplissait pas encore sa promesse.

Ma première protectrice fut la poésie. Pendant que je languissais dans ma mansarde, on imprimait un petit volume de moi, intitulé : *Premières Méditations poétiques et religieuses*. M. de Genoude, ami du duc de Rohan, de M. l'abbé de Lamennais, de M. de Montmorency, de tout le parti religieux et royaliste, mais qui ne songeait pas alors à entrer dans le sacerdoce, obtint de M. Gosselin, éditeur de lord Byron, l'impression gratuite de cet essai.

Il parut sans nom d'auteur. Il eut un succès d'enthousiasme et d'étonnement qui fit rechercher le nom du poëte comme un mystère de génie. Ce nom vola de bouche en bouche comme une confidence de la gloire. Inconnu du public la veille, le lendemain j'étais célèbre. Tout le monde voulut avoir la main dans ma fortune.

Le bonheur ou le hasard fit que je reçus le même jour la nouvelle du prodigieux succès de mon échantillon poétique et ma nomination au poste de secrétaire d'ambassade à Naples. Ces deux bonheurs à la fois comblèrent de joie ma mère. Le ciel m'en réservait un troisième sur ma route.

Une jeune Anglaise, douée des plus rares talents et des plus solides vertus, que j'avais eu l'occasion de connaître l'année précédente à Chambéry, avait conçu pour moi une secrète estime et une inclination qui triomphèrent des objections de sa mère protestante à son mariage avec un catholique. Sa persévérance avait vaincu cette difficulté. Élevée à Londres avec des jeunes personnes catholiques, filles de la marquise de Lapierre, elle avait pris pour la religion de ses jeunes amies un penchant qui n'attendait pour se déclarer qu'un rayon d'amour. Les questions de fortune ayant été bientôt simplifiées par l'intervention de ma mère auprès de mes oncles et de mes tantes, et le fameux comte de Maistre ayant reçu la procuration de mon père pour le remplacer au contrat de mariage, je fus marié civilement à Chambéry, dans la maison de campagne de la marquise de Lapierre, à Léchérène ; le lendemain, catholiquement, dans la chapelle du gouverneur de Chambéry, le marquis d'Andezenna, et le surlendemain marié selon le rite protestant à Genève. Revenu à Chambéry, j'en repartis immédiatement pour Turin avec ma femme et ma belle-mère. De nombreux amis nous y attendaient. Nous passâmes en fêtes et en réceptions la première semaine de notre union. Tout nous était augure de félicité. Rien n'annonçait encore à Turin la révolution imminente qui éclata quelques jours après.

IV

Nous repartîmes pour Florence; j'y passai également quelques heures. J'y connaissais plusieurs hommes de la plus haute distinction, et entre autres l'illustre homme d'État, le comte Gino Capponi, le modèle des caractères, de l'éloquence et de la modération de tous les patriotes italiens. Il vit encore. Il est témoin, hélas! des malheurs de sa patrie. Il en a été un moment le guide et le soutien. Une maladie plus cruelle que la mort, la cécité, l'a forcé d'abandonner le timon des affaires sous le règne agité et libéral du grand-duc de Toscane, auquel il promettait un nouveau Médici. Les Piémontais sont venus, sans déclaration de guerre, expulser à main armée ce prince et sa famille de ses États. Capponi, obligé de renoncer aux pensées toscanes et libérales de sa jeunesse, s'est retiré dans son palais et dans sa villa de Varamista, triste des tendances trompées de sa noble vie et attendant le dénoûment final de cet imbroglio sarde qui prétend donner un maître au lieu d'une ligue indépendante, forte et glorieuse à sa patrie.

Je repartis de Florence, plein de ces idées de confédération libre de l'Italie sous le patronage de la France, qui sont encore les miennes aujourd'hui.

Une circonstance bizarre fit courir dans les journaux italiens et français le bruit de ma mort, de nature à inquiéter ma famille à Mâcon. Ces journaux, à une époque où l'on avait déjà les yeux sur moi comme poëte et comme diplomate, répandirent que j'avais été assassiné, en quittant Florence, sur la route de Rome. Je cherchai en vain ce qui avait pu donner naissance à ce faux bruit. Je ne trouvai rien qu'une conversation, moitié badine, moitié sérieuse, que j'avais eue à Florence, quelques jours avant mon départ pour Rome, dans les circonstances que voici.

J'avais été attendu à mon insu à Florence par la dame toscane dont j'ai parlé plus haut et qui m'avait témoigné un intérêt si tendre à Paris pendant ma maladie. Je ne pus me dispenser d'aller lui rendre visite, conduit jusqu'à la porte de son palais par le marquis de C... qui m'avait informé de sa présence à Florence, et de lui avouer mon mariage. A cet aveu, son secret lui échappa dans un accès d'étonnement et de douleur : « Vous n'êtes plus libre! me dit-elle en pâlissant, vous êtes marié? Vous allez à Rome avec votre femme? Eh bien, partez! Vous n'y arriverez pas! Vous n'avez pas su ou pas voulu me comprendre, vous saurez bientôt la vengeance d'une femme trompée dans l'espérance de sa vie. » Je la laissai dans ses larmes. Elle n'était pas libre elle-même, et je ne l'étais plus.

Quand je lus en arrivant à Rome mon prétendu assassinat dans les montagnes de l'Ombrie, je ne doutai pas que ce ne fût la suite d'une indiscrétion de la belle comtesse de *** qui, ayant raconté mon mariage à quelqu'une

de ses amies de Florence, avait ajouté en badinant que
je ne méritais plus de vivre et qu'elle se vengerait de
moi par la main de quelque sbire avant mon arrivée à
Rome. Celle-ci aurait légèrement écrit à Paris, comme
déjà accompli, le meurtre prémédité du jeune poëte français. De là la rumeur de ce crime qui porta la douleur et
l'effroi dans l'âme de ma mère. Heureusement une lettre
de moi, datée de Rome, était arrivée le même jour à
Mâcon et avait été lue avant le journal. La charmante
personne à laquelle on en imputait l'idée était bien loin de
la pensée sérieuse d'un crime. Elle n'a pas cessé pendant
vingt ans et jusqu'au jour de sa mort de m'entourer, de
près comme de loin, non pas comme une Némésis, mais
comme la plus tendre providence.

V

J'arrivai à Rome le jour où la nouvelle de la révolution
de Naples (juillet 1820) y était apportée et où la frontière
des États romains et celle des États de Naples étaient fermées à tout le monde, même aux agents diplomatiques,
dont on redoutait l'intervention avant que cette révolution
fût accomplie et reconnue par les puissances signataires du
congrès de Vienne. J'avoue que, bien que très-ennemi
des *carbonari*, société secrète dont cette révolution était
l'œuvre encore incomprise, j'éprouvai une grande joie de
débuter dans la diplomatie au milieu d'une crise révolutionnaire féconde en événements inattendus et dont les
chances et le mouvement devaient fournir à des agents di-

plomatiques français des occasions de se signaler. Aussi, après avoir visité M. de Blacas, ambassadeur tout-puissant de Louis XVIII, je laissai ma femme et ma belle-mère à Rome, pour ne pas les précipiter étourdiment dans les périls de la route, et je partis seul pour Naples, afin de reconnaître les lieux et les choses avant d'y compromettre des femmes qui pouvaient y courir des dangers. Je devais revenir à Rome chercher ces deux dames, quand la sécurité serait rétablie dans le royaume et sur les frontières.

VI

Je partis en effet, sans savoir s'il me serait donné de franchir les limites de l'État pontifical et d'entrer dans Naples. On me prit, aux différents postes que j'avais à traverser, pour un agent français des *carbonari* de Paris venant fraterniser avec les *carbonari* de Naples, et porteur de dépêches pressées et pacifiques pour le nouveau gouvernement constitutionnel. Grâce à cette erreur, on me laissa entrer dans le royaume, et j'arrivai à Naples à l'aube du jour où le général Pepe, dont je devais plus tard être l'ami, fit son entrée avec l'armée révolutionnaire de Calabre. La ville, que je traversai avant le réveil des citoyens, était déserte, silencieuse, à peine éclairée par la triple et placide lueur de son ciel d'été, de la lune pâlissante, et de l'aube encore indécise qui se levait à l'horizon. J'admirai ce calme de la nature qui donnait l'apparence de la paix et de la sécurité à des rues et à des places publiques qui devaient, quelques heures après, déborder de citoyens ameutés et d'une armée en insurrection venant imposer des lois absolues à son souverain et à la capitale. C'est un spectacle nocturne que j'ai bien souvent contemplé depuis dans les rues et sur les places publiques de Paris, que ce contraste à la fois lugubre et solitaire entre le calme absolu de la ville à certaines heures et les tumultes immenses de rassemblement de deux ou trois cent mille hommes que je savais d'avance devoir y affluer quelques heures plus tard.

VII

J'allai descendre de voiture à la porte du duc de Narbonne, ambassadeur de France à Naples, qui, dans l'attente des ordres de son gouvernement et ne voulant ni contester sans ordre ni reconnaître sans autorisation une si formidable insurrection, s'était retiré comme un simple particulier de son ambassade, et avait remis les affaires secondaires au marquis de Fontenay, son premier secrétaire d'ambassade. Je n'apportais aucune dépêche ni aucune direction à M. le duc de Narbonne. On était loin de s'attendre, quand j'avais quitté Paris, à une éruption aussi soudaine de la révolution espagnole à l'extrémité méridionale de l'Italie.

Deux directions très-opposées, celle du ministère constitutionnel et libéral de M. Pasquier, ministre responsable des affaires étrangères à Paris, et celle de M. de Blacas, ambassadeur à Rome, favori et confident du roi

Louis XVIII, allaient se disputer le rôle de la France dans les affaires d'Italie. M. Pasquier voulait, avec raison, agir avec expectative et lenteur envers une révolution encore dynastique qui ne disait pas son nom et qui ménageait les princes. M. de Blacas était l'ennemi résolu, franc, provocateur et téméraire de l'insurrection sous toutes ses formes, et secrètement appuyé sur la confiance de son roi et de son ami Louis XVIII.

M. le duc de Narbonne connaissait cette double direction qu'il avait à subir; il en était embarrassé, penchant plutôt, par son habitude d'émigré, à obtempérer aux ordres de M. le duc de Blacas, et plutôt enclin par sa haute, solide et modeste raison, à suivre la politique de M. Pasquier. C'était un de ces hommes vertueux et sensés qui voient droit, qui sentent juste, dont la prudence est à la hauteur des événements les plus compliqués, quand ils n'écoutent qu'eux-mêmes, mais dont la timidité maladive redoute de prendre la responsabilité des choses, et qui se réfugient dans le silence et dans l'obéissance avec une subordination d'enfant. Nul n'était plus estimable dans la vie privée, nul n'était moins apte à la vie publique. Adorable dans la retraite par sa bonté, très-capable dans le jugement des situations, très-réservé sur la scène.

La duchesse de Narbonne, sa femme, qui ne l'avait pas suivi à Naples, était une petite personne, quelque peu difforme de corps, d'une physionomie intelligente, d'un esprit de repartie prompt, piquant et fin, plaisant beaucoup au roi, qui la ménageait pour n'avoir pas à la redouter contre lui-même. Elle avait obtenu cette ambassade pour son mari, et elle vivait à Paris dans l'intimité de la cour, défendant le duc de Narbonne contre les inconstances de la politique, qui pouvaient menacer sa situation.

L'ambassade était composée, sous M. de Narbonne, de M. de Fontenay, premier secrétaire, et de M. Dublinsel, ami et confident de l'ambassadeur, rentré avec lui de l'émigration.

M. de Fontenay, entré tard dans les affaires, était d'une famille distinguée des environs d'Autun, liée de longue date avec la mienne par des rapports de bon voisinage. C'était un des hommes les plus aimables, les plus vifs, les plus gracieux et en même temps les plus spirituels que le monde ait jamais prêtés à la politique. Il y était entré déjà avancé en âge, mais toujours gai, toujours jeune, toujours léger, de cette légèreté de surface qui n'enlève rien au sens exquis et caché des affaires, mais qui les rend légères et badines pour l'agrément de ceux qui les traitent. Sa physionomie portait l'empreinte de la bonté, de la cordialité, de la sévérité perpétuelles de son caractère. Les opinions n'avaient pour lui aucun fanatisme, mais seulement une honnête sincérité. Il les regardait comme une monnaie courante, selon les lieux, les temps, les pays, qu'il fallait donner et prendre avec loyauté sans en altérer le titre ou la valeur, mais aussi sans y attacher une superstition absolue en dehors de la loyauté qu'on doit à sa cause. Il n'avait aucun vice de cœur ou d'esprit, surtout aucune disposition envieuse envers ses supérieurs, ses égaux ou ses inférieurs. Il était aimé d'en haut et d'en bas, et il le méritait.

Il me reçut avec une bonté qui témoignait en lui le plaisir d'un sincère accueil. En quelques heures j'eus par lui la clef de la situation et le secret des affaires. Elles étaient très-compliquées, très-indécises. Elles exigeaient une réserve provisoire qui permît au ministère de

M. Pasquier d'observer juste et de se prononcer à propos.

Je rentrai dans mon hôtel, sur le quai de Chiaja, ces magnifiques Champs-Élysées de Naples, pour voir entrer, après la sieste, l'armée napolitaine suivie de l'armée calabraise, composée de tous les *carbonari* du royaume et commandée par le général Pepe, ce La Fayette napolitain.

VIII

Le spectacle disait assez la nature de la Révolution, d'abord militaire, puis civique. Le cortége se composait d'une armée et d'un peuple. Un général insurgé à la tête de l'armée; une secte ombrageuse et silencieuse au milieu. Une bande de paysans calabrais dans leur costume national, avec leur sayon de grosse laine brune, leurs sandales et leurs chapeaux pointus entourés de chapelets et de médailles sonnantes, précédait silencieusement l'armée. Le moine révolutionnaire Mennichini s'avançait en tête, monté sur une mule. Il avait été un des chefs latents du carbonarisme, et le triomphe de la secte était son triomphe à lui. Entouré d'une espèce de garde prétorienne, de miliciens volontaires armés de leurs longues carabines, il dominait de la taille, du geste et de la voix, cette multitude fanatique sans savoir de quoi. Vingt mille hommes de cavalerie et d'infanterie défilèrent ensuite, la tête basse, le regard indécis, ne comprenant pas davantage le cri de :

« Vivent le roi et la constitution espagnole ! » qu'on leur faisait pousser. A l'exception d'un groupe de jeunes officiers d'état-major et de sous-lieutenants encore enivrés des perspectives d'avancement que l'insurrection artificielle de leur régiment leur faisait entrevoir comme autant de Riego de Naples, ces troupes étaient mornes et comme honteuses de leur triomphe. Les spectateurs feignaient mal, par peur, un applaudissement de commande. Le roi, du haut de la terrasse de son palais, regardait avec une fausse satisfaction cette armée qui venait tout à la fois le saluer et l'asservir.

Le prince royal, son fils aîné, chargé par lui des complaisances de la royauté et des concessions constitutionnelles, passa la revue de l'armée, accompagné du général en chef Pepe.

Ce général, Calabrais lui-même, très-populaire dans ces montagnes, n'était point un conspirateur dangereux contre la monarchie. Il était un chef modérateur du mouvement, agréable aux *carbonari*, respectueux pour le roi, ne voulant rien pousser à l'extrême, n'entendant pas grand'chose aux questions constitutionnelles importées d'Espagne en Italie, fier et heureux de son rôle d'un jour qui mettait le roi, le peuple, l'armée à sa merci, mais nullement résolu à en abuser : dictateur militaire destiné à inaugurer un gouvernement représentatif *tel quel* à la place du gouvernement absolu, et à être promptement absorbé lui-même par le gouvernement qu'il venait fonder et qui ne supporte au fond aucune rivalité durable, soit dans un roi, soit dans une dictature. Je l'ai particulièrement connu et aimé depuis; je le connais bien. Rien de mauvais ne battait dans son cœur. C'était un militaire d'une figure belle et ouverte, telle que le peuple les aime, très-brave de sa personne, sans ambition, presque sans vanité, heureux seulement de voir son nom adopté par son pays comme le drapeau de sa liberté constitutionnelle, et de servir, comme celui de Washington, de date au triomphe de la raison émancipée dans Naples.

La revue terminée sans acclamation et sans trouble, l'armée fut cantonnée dans sa caserne. Mennichini, le Mazaniello calabrais, et ses bandes allèrent chez les principaux habitants recevoir l'accueil d'une hospitalité qui tremblait devant ses hôtes. Le général Pepe et son état-major allèrent rendre hommage au roi dans son palais à la suite du prince royal, nommé lieutenant général de son père, puis Pepe vint prendre son quartier général, à quelques pas de moi, dans le palais de la princesse de ***.

Tel fut le premier jour de cette mémorable demi-révolution, qui ne déplaça que des ministres.

IX

Après avoir passé huit jours à Naples, je résolus de profiter du calme qui suit toujours les premières convulsions d'une révolution, comme le calme après l'effervescence d'un fort accès de fièvre, pour aller chercher ma femme et ma belle-mère à Rome. J'y arrivai comme courrier chargé de dépêches. J'en repartis immédiatement pour

Naples. La route était couverte de postes considérables de troupes, disposés de quart de lieue en quart de lieue depuis Terracine, pour observer les mouvements de l'Europe et les incursions des paysans des Abruzzes déjà descendus des montagnes et très-hostiles aux *carbonari*.

Nos deux voitures étaient escortées d'un poste à l'autre par quelques carabiniers à cheval et par des groupes volontaires d'infanterie qui nous forçaient à aller presque au pas et qui se suspendaient aux siéges, aux courroies, aux trains des voitures. Mes conversations avec ces soldats me prouvèrent qu'ils n'avaient aucune conscience de la nature de leur révolution. Ils croyaient généralement que la France l'avait fomentée et qu'elle mettait en mouvement ses armées invincibles et très-populaires à Naples pour les soutenir.

Entre Terracine et Fondi, nous passâmes à travers les coups de fusil des paysans qui appartenaient au parti des *calderari*, ennemis organisés des *carbonari* en ce moment triomphants par l'insurrection de l'armée. A ces incidents près, si communs dans le royaume du soufre, nous arrivâmes heureusement à Naples.

Je me hâtai de jeter un coup d'œil de royaliste constitutionnel sur l'origine, la nature et le résultat probable de cette révolution intempestive qui réveillait en sursaut l'Europe déjà étonnée de la révolution d'Espagne. Voyons quelle signification elle avait aux yeux des *carbonari* qui la faisaient, de l'armée qui la secondait, et du peuple qui n'en comprenait, au fond, ni l'origine, ni le but, ni la pensée, si elle en avait une.

X

L'Italie, à l'époque de 1789, n'était rien moins que ce que le Piémont, toujours ambitieux, et les journaux français, toujours engoués de quelque chose, nous la représentent aujourd'hui. A l'exception de la dynastie piémontaise, alliée presque éternelle de l'Autriche et de la papauté, ennemie acharnée de la philosophie et des réformes politiques en Europe, tous les gouvernements y étaient libéraux par les princes, par les vice-rois, par les ministres.

Le comte Firmian, ministre progressiste de la maison de Lorraine-Autriche, le philosophe Beccaria, l'écrivain moraliste Verri, avouaient hautement et pratiquaient résolûment les doctrines administratives et économiques de la liberté la plus éclairée.

Parme, gouvernée par un Bourbon d'Espagne, déclarait la guerre aux monopoles du clergé propriétaire, et remettait les rênes de son administration à un Français philosophe, le marquis Felino, naturalisé Italien.

Venise ne comptait plus que comme une ruine de république aristocratique près de s'écrouler entre les mains de sa police et de ses sénateurs.

La Toscane était régie et on peut dire régénérée par

l'archiduc autrichien Léopold, successeur des Médicis. Ne pouvant la faire libre, il la faisait riche. Il lui donnait les lois de Saluste. C'était le philosophe sur le trône de ce petit peuple, s'exerçant à régner par la raison sur le vaste empire d'Autriche. L'admiration de l'Europe et l'amour de Florence y rappelaient les temps de Léon X. Sur aucun point de l'univers il n'y avait autant de liberté.

Rome, sous le règne de Pie VI, le bon et indulgent Bruschi, tendait à devenir la capitale des arts sous la tutelle d'un pontificat religieux plus politique que sacerdotal.

Le marquis Tanucci, le Choiseul ou le Pombal napolitain, faisait à Naples aimer la dynastie espagnole par l'affranchissement graduel du peuple des mains de la noblesse et du clergé. Le roi Ferdinand IV y venait régner, à dix-sept ans, avec une jeune princesse autrichienne, sœur de Marie-Antoinette, reine de France, tout imbue alors du libéralisme de la cour de Vienne, de l'esprit économique de Léopold de Toscane et de l'esprit philosophique de Joseph II. Tanucci, le ministre réformateur, trouva en elle un appui tout-puissant dans son influence. Elle fut la première révolutionnaire de son royaume, tant que la France ne menaça pas sa maison de dépossession du trône. Le roi Ferdinand IV, son mari, la laissait régner, pourvu qu'elle le laissât se livrer, comme un *lazzarone* couronné, à toutes les oisivetés et à tous les amusements d'un esprit paresseux, très-fin cependant, mais très-insouciant, pour qui régner c'était jouir. L'amour, la chasse, la pêche sur ses beaux rivages, occupaient son besoin d'activité. Sa jeune femme, mêlant la faveur à la politique, choisissait ses ministres parmi ses favoris; mais le sens de ce gouvernement était l'émancipation de la Sicile et du royaume de Naples des abus de l'ancien régime. Le règne de Louis XVI, si favorable au peuple et si novateur en institutions égalitaires, ne tentait pas des améliorations plus hardies que celles de la reine de Naples. Les utopistes même les plus aventureux et les plus chimériques n'égaaient pas la législation que le roi Ferdinand donnait à sa colonie pastorale de San-Leucio, auprès de son palais de Caserte, Versailles de l'Italie. C'était une page de Fénelon empruntée à Télémaque et écrite en code pour l'exemple des sujets et des rois. La page était absurde, mais l'intention du souverain était assurément libérale jusqu'à la démence et chimérique jusqu'à la fantaisie. La littérature sérieuse n'était, sous les commencements de ce règne, ni moins libre ni moins encouragée que la politique. Naples, le pays de l'esprit philosophique depuis Vico, le premier des philosophes italiens, produisait en ce moment des génies transcendants : l'un, égal en bon sens et en facétie sérieuse à Voltaire, l'abbé Galioni, le plus solide des économistes ; l'autre, Filangieri, égal souvent à Montesquieu. Que n'avait-on pas à attendre d'une telle coïncidence d'esprits supérieurs avec les commencements d'un règne qui devait durer soixante-quatorze ans ?

La maison d'Autriche était véritablement alors la philosophie couronnée dans presque toute l'Europe. Marie-Antoinette en France, sa seconde sœur à Madrid, la reine de Naples en Italie, l'archiduc Ferdinand à Milan, Léopold en Toscane, Joseph II à Vienne et dans les Pays-Bas, étaient les novateurs salués partout par l'esprit philosophique du dix-huitième siècle. Qui eût dit alors que la révolution se retournerait également contre ces novateurs couronnés? que la Toscane, lasse de son bonheur, chasserait deux fois les descendants de Léopold et de Ferdinand? que Milan s'insurgerait contre l'Autriche, initiatrice de ses progrès et de ses richesses? que Naples poursuivrait de sa haine sa jeune et belle souveraine qu'elle adorait alors? que Marie-Antoinette expierait sur l'échafaud sa précoce popularité et ses bons mais légers instincts d'amélioration? que Madrid, après s'être soulevée contre sa reine, la livrerait à l'ostracisme des Français, et qu'enfin, à l'exception de Venise, qui n'avait plus que l'ombre de son antique importance, et du Piémont, protégé et mutilé par la France en Savoie, Milan, Modène, Parme, Florence, Naples elle-même et Rome peut-être passeraient, en une seule bataille française, de ces dynasties libérales dans les mains de la moins libérale et de la moins française de ces dynasties, la maison de Savoie?

Les peuples italiens se trompent en se donnant. C'était à eux de se reconquérir et de s'organiser eux-mêmes en fédération invincible, en revendiquant leurs nationalités générales sans abdiquer leurs nationalités distinctes et historiques. L'annexion n'est ni la sûreté, ni la dignité de la liberté. Jamais Naples elle-même n'a pu s'annexer solidement la Sicile qu'elle touche par l'extrémité de la Calabre. Unis, oui; annexés, non. C'est la nature de ces peuples, républiques héréditaires de nations. Ils se déchireront sous l'ambition disproportionnée de la maison de Savoie. Ils ne dureront libres et forts que sous l'unité fédérative.

XI

Mais, en 1792, aussitôt que la France révolutionnaire eut expulsé Louis XVI, outragé Marie-Antoinette, sa femme, jeté dans la prison du Temple les souverains de Versailles, et enfin immolé la maison royale sur l'échafaud, la reine de Naples s'aperçut qu'elle allait courir les mêmes périls en fomentant les mêmes doctrines dans ses États. Elle répudia énergiquement les principes qu'elle avait jusque-là favorisés. Elle se ligua, dans l'intérêt commun, avec la cour de Vienne; avec le pape Bruschi, combattu par elle au commencement; avec le grand-duc de Toscane; avec le Piémont surtout, le plus voisin et le plus acharné des ennemis de la France; avec Milan, avant-garde de l'Autriche en Italie. Venise seule, puissance équivoque, aussi intimidée devant l'Autriche sa voisine que jalouse de Naples, qu'ennemie des papes, que timorée et expectante devant la France, Venise seule, comptant sur son inviolabilité, refusa d'entrer dans la ligue offensive et défensive de l'Italie, provoquée par la reine de Naples. Elle s'en repentit trop tard, quand Bonaparte, vainqueur de Beaulieu et de Wurmser, s'annexa cette fausse république pour la troquer avec l'Autriche contre la paix dont il avait besoin comme d'une halte pour ses desseins.

Le cabinet de Naples, intimidé à son tour par l'arrivée

de la flotte de l'amiral Latouche-Tréville, désavoua la ligue, signa une humble amnistie avec la France, et subit dans sa capitale même les insolences et les conjurations des Jacobins d'Italie. Bientôt après le départ de la flotte française et les préparatifs de la coalition piémontaise, Autrichienne, russe, anglaise, hollandaise contre nous, la reine Caroline reprit son ascendant et sa haine ouverte contre la révolution. Elle remplit les cachots de Naples de ses sujets les plus distingués qui avaient donné des gages aux révolutionnaires français pendant la présence de la flotte. Un vaste système de police patente et cachée enlaça dans ses filets tout le royaume. La guerre extrême, la guerre implacable fut déclarée par elle au jacobinisme français. Elle appela aux armes toute la population militaire des deux royaumes; elle forma une armée de quarante mille hommes dévoués et une milice dont le clergé échauffa l'ardeur contre-révolutionnaire. Le pape reçut sa visite, joignit ses troupes à celles de la reine, et s'avançait sur le Pô pour rejoindre l'armée autrichienne, quand de secondes victoires de la France rompirent le faisceau et firent rétrograder de nouveau les troupes vers Naples. Une seconde soumission forcée du pape et de la reine Caroline fut signée dans un traité de paix encore nécessaire à Bonaparte pour conquérir le titre de pacificateur à Naples et de conciliateur à Rome. Cet état de choses dura jusqu'au consulat. Bonaparte, redescendu en Italie, perdit le matin, gagna le soir, la bataille de Marengo, où la fortune cette fois le servit plus que la victoire. Naples consternée revendiqua de nouveau sa neutralité du directoire. Bonaparte partit pour l'expédition d'Égypte, et les Anglais, maîtres de la Méditerranée, atteignirent la flotte française à Aboukir.

La reine, informée des désastres de la marine française, fêta cette victoire des Anglais comme sa propre victoire. Nelson, vainqueur, revint triompher à Naples. L'accueil qu'il reçut du roi et de la reine, accompagnés de la célèbre lady Hamilton, courtisane immortelle devenue épouse de l'ambassadeur d'Angleterre à Naples et favorite de la reine, rappela dans les temps modernes ce que la beauté de Cléopâtre avait inspiré à César et à Antoine en Égypte. L'amiral anglais Nelson trouva dans la passion, moitié politique, moitié sensuelle, de cette femme étonnante, la séduction, le délire, l'entraînement et jusqu'à la férocité de son dévouement aux vengeances de la reine. La terreur sanguinaire de la cour de Naples égala presque les forfaits de la terreur populaire de Paris. Tous ses ennemis, et même toute la noblesse suspecte de sentiments libéraux, périrent par les mains du bas peuple napolitain, devenu le bourreau des partisans des Français.

Une armée imposante et nationale recrutée par l'enthousiasme, au nombre de soixante-cinq mille hommes, fut confiée par le roi à un général malheureux, quoique habile, le général Mack, Allemand, dont les défaites savantes n'avaient pu détruire la renommée. Le roi et la reine marchèrent avec lui sur Rome pour rassurer et soutenir le pape, et lancèrent de là, en trois colonnes, l'armée sur la basse Italie, défendue par les troupes françaises, peu nombreuses, mais commandées par les meilleurs généraux de la république. Ces généraux, tels que Duchesne, Kellermann, Championnet, se rejoignirent, battirent une à une les colonnes des Napolitains, entrèrent dans Rome, en chassèrent le roi de Naples, marchèrent par trois routes sur Naples, se réunirent devant Capoue, y firent capituler les restes en déroute de la formidable armée de Mack, et se crurent assurés d'entrer sans résistance dans la capitale, dégarnie de troupes de ligne.

Le roi, la reine, le gouvernement, la cour, s'étaient enfuis sur la flotte, en Sicile, avec les trésors et les musées de Naples. Mais le peuple, et surtout les *lazzaroni*, plèbe endémique de ces beaux climats, plus attachée à l'honneur du pays que la cour elle-même, se retrouva avec sa sauvage énergie au fond de cette capitale abandonnée. Les *lazzaroni*, au nombre de cinquante mille hommes dévoués et irrités, remplacèrent en trois jours l'armée fugitive, s'organisèrent militairement sous des chefs moitié plébéiens, moitié princes, marchèrent au-devant de l'armée française, la firent un moment reculer, puis, se repliant eux-mêmes sur les faubourgs et sur les forts de la ville, en disputèrent l'entrée aux Français avec un courage de Spartiates. Preuve irrécusable de la valeur intrinsèque d'un peuple trop légèrement accusé de lâcheté quand des gouvernements amollis l'abandonnent à sa nature. Ils tuèrent quatre mille hommes à l'armée de Championnet, et périrent eux-mêmes, sans compter leurs morts, sur le seuil de leur capitale. Trahis par les républicains de Naples qui s'étaient enfermés dans les forts sous prétexte de les défendre et qui les livrèrent aux Français, foudroyés par leurs propres canons du haut de ces forts, ils capitulèrent aussi et laissèrent entrer l'armée française sur les cadavres de leurs frères. Cette trahison laissa dans les souvenirs de cette plèbe héroïque des ressentiments contre la noblesse et contre les princes du peuple convaincu de lâcheté et de perfidie, qui firent plus tard une explosion vengeresse par des forfaits célèbres en Italie.

On ne livre pas impunément sa patrie à des étrangers, même usurpant le nom de libérateurs. Le premier des principes, c'est l'indépendance. Voilà pourquoi Naples et la Sicile se révolteront éternellement contre les armes du Piémont, même appuyées par celles de la France. Tout mouvement qui ne naît pas de lui-même et du sol national est un faux mouvement qui ne produit qu'une convulsion oppressive et une réaction légitime.

XII

Les Français, entrés dans la capitale par la trahison du petit nombre des républicains nobles de Naples, établirent, sous le nom de république parthénopéenne, un simulacre de république dont le général Championnet conserva, comme conquérant et protecteur, la dictature militaire. Il frappa, quelques semaines après, un impôt de cent millions de guerre payables en argent disparu, ou en bijoux et argenterie arrachés au trésor de famille des maisons opulentes. Les républicains commencèrent à rougir et à protester. « Malheur aux vaincus ! » leur répondit le nouveau Brennus. Un des chefs républicains, indigné, osa lui répliquer en termes que l'histoire a conservés : « Général, lui dit-il, tu as bien vite oublié que nous ne sommes pas, toi un vainqueur, et nous des vaincus ; que ce ne sont ni des combats ni des victoires qui t'ont amené ici, mais que tu y es venu à la faveur de notre secours et par notre volonté; que c'est nous qui t'avons donné les forts; nous qui, animés par l'amour sacré de la patrie, avons trahi tes ennemis; que tes faibles bataillons n'auraient pas suffi pour soumettre cette immense cité, et qu'ils ne suffiraient pas pour la contenir, si nous nous détachions de ton parti. Veux-tu en avoir la preuve? Sors de la ville et rentre, si tu peux. Quand tu seras rentré, alors tu auras le droit d'imposer une taxe de guerre, de commander en conquérant, et de répéter, puisqu'il te plaît, le mot impie de Brennus. » Le général, en congédiant la députation, répondit qu'il aviserait.

Dès ce moment, Championnet conçut de la défiance pour les républicains, et les républicains de l'aversion pour les Français.

XIII

L'anarchie, la spoliation mutuelle, l'oppression étrangère, ne tardèrent pas à avilir la république. Un commissaire du Directoire, nommé Faypaul, arriva, investi de pouvoirs acerbes, pour accuser et arrêter Championnet, coupable de modération et de mollesse dans les mesures spoliatrices. Obligé de céder et de se rendre à Paris, il remit à Macdonald l'armée française. Il fut absous, et mourut pauvre peu de temps après, à Valence, sa patrie; meilleure preuve de son patriotisme et de son désintéressement.

XIV

Pendant ce malheureux essai de république à Naples, l'armée française envahit la Toscane, qui lui fut remise sans combat et sans trouble par le grand-duc Ferdinand. La république napolitaine se crut invincible, protégée par de telles forces. Mais la sédition était dans les cœurs, et les provinces commençaient à s'insurger contre les Français.

Le pays entier, se voyant livré et attaqué tout à la fois dans sa nationalité indépendante, dans sa religion, dans ses souverains, frémit sous les pieds de son gouvernement, républicain, mais étranger. La reine Caroline fomenta alors, du sein de la Sicile, les deux sociétés secrètes des *carbonari* et des *calderari*, que la haine contre les Français ralliait à ses desseins.

Les *carbonari*, composés surtout de bourgeois des villes et de propriétaires aisés des campagnes, ressemblaient beaucoup, par leur organisation et par leurs idées, à la première société des Jacobins formée en France, sous le nom d'Amis de la Constitution : hommes éclairés, modérés, personnification de la philosophie politique du dix-huitième siècle, amis des réformes, nullement radicaux au commencement, et surtout nullement ennemis d'une monarchie libérale.

Les *calderari*, pris dans une région sociale très-inférieure, envieux des *carbonari*, soulevés, enrôlés, guidés par les moines, fanatisés par les prédications des prêtres, faisaient cause commune alors avec les *carbonari*, dont l'indépendance nationale était le premier dogme, et l'horreur des révolutionnaires francisés la plus ardente passion.

Ces deux sectes présentaient un double appui à la reine de Naples pour rentrer dans ses États et pour y exterminer les républicains.

Un homme d'un esprit aventureux, d'un caractère entreprenant, d'un génie éminemment approprié aux circonstances, aux mœurs, à la nature fanatique des habitants de la Calabre, se dévoua à la reine pour tenter la fortune d'un débarquement dans cette province. Calabrais lui-même, il avait, dans ce pays à demi sauvage, une clientèle toute faite parmi ses anciens vassaux. Il voulait et il pouvait être le Monk de cette restauration. C'était Fabrizio Ruffo, d'une noble race, d'une fortune compromise par les désordres de sa première jeunesse, mais d'un génie propre à tout réparer. Réfugié à Rome après l'expulsion des Bourbons par les Français et les républicains, il y avait embrassé et servi utilement la cause du pape, qui l'avait récompensé par la dignité de cardinal. Ce titre sacré l'avait rendu plus imposant aux yeux des Siciliens et des Calabrais. Il avait rejoint ses souverains dans leur exil à Palerme et leur avait consacré ses talents et sa vie.

La reine Caroline avait eu la divination du bon sens et du génie de Fabrizio Ruffo. Elle lui confia quelques troupes pour traverser le détroit et lever l'étendard royal en Calabre. Débarqué à Bagnara, sous les auspices de la patrie, de la monarchie nationale et de l'Église, il y fit faire explosion, sous ses premiers pas, au peuple de la ville et des alentours. La nouvelle de sa descente rallia en peu de jours autour de lui les nombreux volontaires des villes et des campagnes voisines, conduits par les moines, par les gentilshommes et par les chefs de la bourgeoisie des Calabres. Il accrut la force de ce noyau d'armée par le mouvement qu'il lui imprima dès le premier jour. Sa marche rapide entraîna tout sur ses pas. Nommé par la reine son lieutenant général dans le royaume, il soumit tout sur son passage, plus par l'enthousiasme que par la force. Son armée, bientôt composée de soixante-dix mille hommes, reçut de sa main la croix blanche d'une croisade et la cocarde rouge des Bourbons d'Espagne. Le peu de résistance qu'il rencontra de la part des troupes républicaines, dans quelques villes fortes sur la route, céda presque sans combat à ce mouvement irrésistible. Pendant qu'il s'avançait ainsi vers la capitale, les escadres anglaises soulevaient et encourageaient d'autres soulèvements sur ses flancs. Les Turcs et les Russes, alliés de la reine et des Anglais, formèrent à Corfou une expédition combinée de trente mille hommes, et débarquèrent sur les côtes de Naples pour se joindre au cardinal Ruffo.

Les Français, auxiliaires de la république, combattirent valeureusement pour arrêter la marche du cardinal; mais, vaincus par le nombre et rappelés par les désastres de nos généraux vers le Milanais, ils se retirèrent, sous les ordres de Macdonald, abandonnant à son sort un royaume qu'ils ne pouvaient contenir. Cet abandon entraîna la chute de ce qui restait de république.

Le jeune général Rocca Romana, d'une bravoure antique et d'un caractère chevaleresque, qui avait formé un corps de cavalerie attaché à l'armée française sous la république, voyant les Français en retraite sortir du royaume et la république tomber faute de républicains dans la capitale, se rallia avec son corps aux troupes nationales du cardinal Ruffo et à la cause de ses anciens souverains pour comprimer une anarchie fatale à la nation tout entière. Naples était étouffée sous le flux des forces royales.

Le 13 juin, le cardinal Ruffo fit élever un autel à la vue des murs, et, après y avoir célébré les saints mystères au milieu de son armée, revêtu la cuirasse et ceint l'épée, lança en plusieurs colonnes l'armée libératrice sur la ville. La population nombreuse des *lazzaroni* faisait cause commune avec les assaillants. Les républicains, en petit nombre, et la garnison française, sous les ordres de Méjean, capitulèrent.

Le cardinal régna pendant quelques jours à Naples, au nom du roi, du peuple, de la religion ; et, il faut le dire, le peuple régna au nom de la vengeance. La terreur qui, en France, avait immolé au nom de la démocratie sanguinaire, immola à Naples, au nom de la monarchie, tous ceux qui avaient trempé dans la république. La reine, en arrivant sur la flotte de Nelson, n'eut qu'à jouir de la réaction volontaire qui avait précédé les arrêts de la cour. Les *lazzaroni* étaient les exécuteurs de ces aveugles ressentiments du peuple. La reine trouva la terreur toute faite.

Nelson, de plus en plus infatué de sa passion pour lady Hamilton, amie de la reine, ne lui refusa aucune des vengeances par lesquelles il présumait flatter la cour de Naples. Le meurtre de l'amiral napolitain Carraciolo, pendu à la vergue du vaisseau qu'il avait commandé sous la république, fut la plus cruelle de ces complaisances. Elle laissa sur le nom du héros des mers anglais une tache que sa gloire n'a pu effacer, même après Trafalgar.

XV

Débarqué à Naples, après quelques jours passés à bord dans la rade, comme pour laisser au peuple la liberté et la responsabilité de ces vengeances, le roi reprit, au nom du droit de conquête, la souveraineté absolue et pour ainsi dire dictatoriale de tout le royaume. Sa volonté devint la seule institution. Des commissions judiciaires achevèrent ce que la fureur du peuple avait commencé. Tout fut coupable de ce qui avait trempé ou seulement vécu sous les Français, ou servi l'État sous la république. L'aristocratie presque entière, les classes éclairées, les richesses, le talent, furent décimés pendant plusieurs mois par ces tribunaux de sang. La mort sur l'échafaud, l'exil sur les écueils de la mer de Sicile, l'emprisonnement dans les châteaux forts du royaume, purgèrent la ville, aux applaudissements des *lazzaroni*. La royauté eut ses Fouquier-Tinville et son comité de salut public qui lui désignait ses victimes. Le roi et la reine n'eurent pas besoin de provoquer ces sévices ; ils n'eurent qu'à les accepter et souvent même à les modérer par l'exercice de leur droit de grâce. Ces crimes impunis firent accuser plus tard Ferdinand et

Caroline d'une soif de sang qui n'était ni dans leur nature, ni dans leur volonté. Ils s'éloignèrent même pour un temps de ces scènes de spoliation et de meurtre, pour aller triompher en Sicile et y récompenser Nelson par le titre de duc de *Bronte* et par la concession d'immenses domaines de la couronne.

Pendant ce voyage, les Français abandonnèrent Rome ; les Napolitains y rentrèrent sur leurs pas. La république y succomba comme à Naples, et le peuple romain, regrettant le pape, traîna dans les rues les bustes de Brutus, et se vengea cruellement de ceux de ses concitoyens qui avaient voulu ressusciter une république reine du monde avec les populations rares et corrompues d'une théocratie vieille de deux mille ans. La populace couvrit d'opprobre les deux consuls de la république romaine, Zaccaleoni et de Matheis. Le général napolitain Naselli s'empara du gouvernement, légalisa les confiscations et les proscriptions. Pendant qu'on invoquait son retour au Vatican, le pape mourait à Valence, et les généraux français succombaient presque simultanément dans la basse Italie.

XVI

Le retour de Bonaparte d'Égypte, son arrivée à Paris, la facilité avec laquelle il renversa au 18 brumaire le gouvernement du Directoire, dont l'inconstance française était déjà lasse, l'institution du Consulat, la bataille de Marengo, l'évacuation des Autrichiens, jetèrent de nouveau la cour de Naples dans la terreur. La reine partit pour Vienne, afin d'y surveiller ses intérêts auprès des ministres de l'empereur, son frère. La présence à Vienne de la reine Caroline sauva en effet son royaume. Elle employa le crédit naissant de l'empereur de Russie sur Bonaparte, pour obtenir de ce général diplomate, après Campo-Formio, le respect de ses États. Bonaparte pardonna et accorda tout pour se concilier la Russie. Murat, à la fois général et ambassadeur, se rendit de Florence à Naples, et reçut de la cour napolitaine l'accueil et les fêtes décernées par les souverains qu'il devait un jour remplacer.

XVII

La rupture de la paix d'Amiens, la guerre d'Autriche, l'élévation de Bonaparte à l'empire, son couronnement à Paris par la main du pape Pie VII, la couronne de Lombardie décernée par la basse Italie à l'empereur des Français, la campagne d'Austerlitz, la déroute de la flotte française par Nelson à Trafalgar, abattirent et relevèrent tour à tour l'esprit de la cour de Naples. Bonaparte résolut de mettre fin à ces alternatives d'alliance forcée et de guerre dangereuse qui menaçaient ses desseins en Italie, par l'occupation définitive du royaume. Masséna fut chargé de le conquérir.

A son approche, le roi partit pour la Sicile. Ses deux fils, François et Léopold, se replièrent en Calabre avec l'armée napolitaine, toujours fidèle au roi, sous le commandement de M. de Damas, habile et courageux émigré français. La reine rejoignit le roi à Palerme.

Bonaparte nomma son frère Joseph roi de Naples. Ce prince improvisé par la victoire fit poursuivre l'armée de Calabre par le général Régnier, à la tête de dix mille Français. Ces troupes d'élite rejetèrent en Sicile les deux premiers fils de la reine et les valeureux débris de leur armée. Les chefs de bandes napolitaines soutinrent seuls la guerre des partisans dans les provinces. Ces campagnes de *guerillas* conviennent mieux que les grandes guerres à ce peuple, parce que, peu propres à la discipline, ses soldats portent plus de passion personnelle et d'exploits héroïques dans les combats que de constance dans les longues campagnes. Le royaume de Naples n'est qu'une Vendée toujours vaincue, jamais soumise. Le prince de Hesse, Philipstad, rendit son nom immortel par la défense désespérée de Gaëte.

XVIII

Bientôt après avoir donné à son frère le trône de Naples, Bonaparte, voulant élever encore ce frère dans la hiérarchie des trônes, le rappela de Naples pour lui donner le vaste empire d'Espagne et des Amériques. Il nomma à sa place l'époux de sa sœur, l'aventureux et intrépide Murat, dont l'ambition fut mal satisfaite, parce qu'il avait espéré régner à Madrid. Mais Murat était un héros; Joseph n'était qu'un roi d'aventure.

Les Napolitains reçurent Murat avec un honorable orgueil qui leur promettait un règne militaire et qui semblait les associer d'avance aux exploits du soldat couronné qu'on leur donnait. Ce roi, un peu théâtral et un peu chevaleresque, leur rappela, en effet, pendant tout son règne, l'antiquité romaine et la chevalerie espagnole qui forment le fond de leur souvenir national. Il fut brillant et il fut aimé. Il mérita de l'être par la magnanimité de son caractère. L'ingratitude seule envers celui qui lui avait donné la couronne ternit la fin de son règne. On sait comment, après la déroute de Moscou, campagne dans laquelle il avait fait des prodiges de valeur, il abandonna les restes de l'armée française laissés en Allemagne à la merci des défections et des éléments, et revint à Naples négocier secrètement avec les Anglais pour sauver ses sujets et sa couronne des désastres de Napoléon. On connaît sa campagne équivoque et concertée avec les Autrichiens dans la basse Italie contre Eugène de Beauharnais, vice-roi de Milan, sa défaite, son retour à Naples, son détrônement, sa fuite de Naples en 1815, son entreprise aventureuse pour reconquérir ses États, sa mort tragique mais toujours héroïque sous les balles des Bourbons à Pizzo. Le roi Ferdinand, féroce comme la peur, ne comprit pas dans cette occasion la grandeur de la magnanimité qui lui conseillait de voir dans Murat un rival et non une victime.

XIX

Le roi Ferdinand, toujours secondé par les Anglais, lança de Palerme une proclamation qui lui soumit le royaume. Son second fils, Léopold, entra triomphalement à Naples avec les Autrichiens et les Siciliens.

Le règne des souverains détrônés n'eut point de prétexte aux vengeances. Il fut doux, heureux, bien administré jusqu'en 1820. Les restes des brigands seuls exercèrent des sévices dans quelques provinces contre les familles entachées d'esprit français. Cependant le prince de Canosa, ministre de la police, luttant d'influence avec le chevalier de Medici, ministre des finances, donna à quelques années de ce règne un aspect et une renommée de rigueur dont on accusait moins le vieux roi que sa femme et son ministre. La société secrète des *calderari*, fanatiques de la plus basse classe du peuple, fut particulièrement ravivée par la cour. La société plus élevée des *carbonari*, d'abord persécutée par Murat, puis fomentée contre les Français par la reine, puis enfin aliénée de la cour par haine et par jalousie contre les *calderari*, commença à s'étendre dans le royaume et à chercher des complices dans l'armée.

La reine était morte à Vienne; femme politique supérieure, éprouvée toute sa vie par l'excessive prospérité ou par l'excessive infortune. Le vieux roi avait épousé avec un demi-mystère une Sicilienne d'une rare beauté, la duchesse de Floridia. Elle ne signalait son influence que par son dévouement au roi et par sa libéralité envers le peuple. Très-réservée sur la politique, la duchesse de Floridia ne paraissait inspirer d'ombrage ni à don Francesco, fils aîné du roi, ni à la princesse royale son épouse, ni au prince Léopold, second fils de Ferdinand, uniquement occupé de ses plaisirs.

Don Francesco, destiné à succéder à la couronne, était un prince sédentaire, valétudinaire, instruit, adonné à l'étude, vivant dans l'isolement de la cour et des factions, au milieu de sa belle et nombreuse famille dans le fond du palais. Il avait pour le vieux monarque son père un respect et une déférence qui rappelaient les temps bibliques ; prêt à se compromettre pour lui dans les temps difficiles et à porter la responsabilité du malheur ou des fautes, prêt à rentrer dans l'obscurité quand les circonstances étaient calmes et régulières.

Sa fille aînée, la charmante princesse Christine, destinée au roi d'Espagne Ferdinand, son cousin, était par sa grâce, par sa beauté et aussi par son intelligence précoce, la décoration de cette cour. Ses malheurs, son héroïsme, ses amours, son habileté depuis en Espagne et l'immense fortune qu'elle a su acquérir ou conserver en descendant du trône et en se créant de royales retraites à l'étranger, ont assez prouvé qu'elle était capable de rivaliser à la fois avec les femmes les plus éminentes par le génie et par le charme sur un trône ou dans la vie privée. Il était dès lors impossible de la contempler sans admiration de sa beauté et sans pressentiment de sa grandeur.

XX

Rien n'annonçait le moindre orage dans le ciel éclatant de Naples. Un ministère sage et habile, à la tête duquel on remarquait un homme d'esprit profondément versé dans les finances, avait rétabli le trésor et suffisait aux besoins modérés d'une armée peu nombreuse, mais fidèle, en partie composée de Siciliens de la reine Caroline et d'anciens officiers et soldats de Murat épurés avec indulgence par des comités militaires. A peine quelques légers bruits d'association secrète, dans les corps qui la composaient et dans les provinces, éveillaient sans la troubler la surveillance du gouvernement.

Mais la récente révolution d'Espagne, qui venait d'éclater à la suite d'une insurrection toute militaire dans l'île de Léon, et les premiers succès de Riego et de Guiroga, officiers ambitieux à tout prix de cette armée, portés tout à coup des rangs secondaires au sommet de la popularité et du commandement, venaient de produire une agitation sourde dans les rangs des états-majors de l'armée napolitaine. Elle était cantonnée en Calabre et dans les places de guerre voisines. Le roi avait eu quelques indices de cette conspiration ; mais, rassuré par le ministre Medici, il avait hardiment ordonné à Sessa un rassemblement considérable de ces troupes, sous prétexte de les passer en revue. C'était imprudent sans doute, puisque le feu allumé dans une poignée de matières combustibles peut se communiquer plus aisément dans une masse incendiaire. Mais on présume que la pensée de la cour était une pensée politique comminatoire contre les États du pape, à Bénévent et dans les Romagnes. On n'a jamais su le motif secret de ce camp de Sessa. Avait-il été inspiré au roi par ses amis ou par ses ennemis? On ne peut l'affirmer. Quoi qu'il en soit, il alla au camp avec toute sa cour. Il y fut bien accueilli. Les menées d'opposition y parurent déconcertées par la présence et par la familiarité de ce vieux monarque se confiant aux enfants de son peuple. Il revint à Naples et il y parut plus aimé que jamais. Il y retrouvait dans les chasses, la pêche; les cérémonies religieuses et dans un intérieur soumis et affectueux, les souvenirs des belles années de sa vie et la sérénité d'un beau soir.

Patriarche des rois, il était à la fois simple et bon dans ses mœurs, très-fin et très-spirituel dans ses propos et très-roi dans son aspect. La tyrannie dont il avait quelquefois donné ou permis les rigueurs était morte avec sa première épouse, la reine Caroline. Tout promettait au royaume une fin de règne douce, heureuse et aussi libérale que l'autorité absolue le permettait. On parlait même assez hautement de ses dispositions à donner de lui-même à ses peuples une constitution représentative compatible avec l'autorité royale.

XXI

Le camp de Sessa, comme nous l'avons dit, avait fourni aux *carbonari* une occasion de se compter et de s'entendre. Ils avaient néanmoins, faute de motifs, ajourné toute manifestation factieuse à un meilleur temps. Les différents corps étaient rentrés dans leurs cantonnements sans rien résoudre. Un hasard d'audace fit éclater la révolution du 2 juillet 1820.

Deux jeunes officiers, du régiment de Bourbon-cavalerie, affiliés aux *carbonari*, résolurent, dans un conciliabule nocturne, de hasarder l'insurrection, afin de la faire naître d'elle-même si leur exemple entraînait l'armée, ou de fuir s'ils échouaient dans une entreprise prématurée. Ils firent monter à cheval, avant le jour, cent vingt cavaliers de leur régiment, dont quelques-uns avaient seuls le secret de leur plan. Accompagnés du moine Mennichini, et d'une vingtaine de carbonari de la ville, ils prirent ensemble le chemin d'Avellino, où les attendaient d'autres *carbonari* exilés peu de jours auparavant de Salerne. Leur cri de guerre, de nature à rassurer le peuple des campagnes, était : « Vive Dieu ! Vive le roi ! Vive la constitution ! » Dieu et le roi les firent bien accueillir sur la route. La constitution n'était pas comprise, mais ne répugnait à personne avec ce double commentaire qui garantissait la religion et la dynastie, ces deux loyautés du peuple. Le détachement de Morelli ne trouva qu'un écho universel sur sa route.

Arrivé à Morigliano, ville intermédiaire entre Nola et Avellino, Morelli écrivit au lieutenant-colonel de Conciliis, qui commandait à Avellino, pour lui faire part de son entreprise et l'engager à se rallier à sa pacifique insurrection. Ce n'était, lui disait-il, qu'une manifestation du désir général du pays pour obtenir du roi une constitution libérale mais monarchique, à l'exemple des Espagnols.

De Conciliis, *carbonaro* lui-même, mais né à Avellino, où sa famille noble occupait le premier rang dans la province, vit avec effroi la témérité de Morelli; il temporisa, il hésita, il voulut garder un juste milieu entre la loyauté et la révolte. Il s'échappa la nuit d'Avellino pour avoir une entrevue secrète avec Morelli. Il paraît que cet entretien de de Conciliis avec le chef des insurgés eut pour résultat une convention confidentielle qui laisserait les choses dans le *statu quo* et dans l'indécision à Avellino jusqu'à l'arrivée des ordres de Naples.

XXII

La nouvelle de la manifestation armée de Morelli était arrivée rapidement au ministère napolitain. Elle le trouva en pleine sécurité. Le roi était en mer, monté sur le vaisseau amiral de sa flotte, pour aller à la rencontre de son fils qui revenait de Sicile. Les quatre ministres politiques Medici, Tomasi, le marquis de Circello et le ministre de la la guerre Nugent, général autrichien naturalisé à Naples, se rassemblèrent à l'instant dans la plus grande émotion et se concertèrent sur la manière d'informer le roi et de lui faire envisager l'échauffourée de Nola. Le roi, mal rassuré, voulait attendre prudemment en mer le résultat de l'événement. On le convainquit difficilement de la nécessité de débarquer dans le port de Naples. Son instinct, plus habile que la témérité de ses ministres, lui disait qu'il embarrasserait davantage les *carbonari* indécis en restant à l'abri de leur pression sur son vaisseau prêt à le transporter sur les points du rivage où il pourrait faire appel à la loyauté de son peuple et aux troupes restées fidèles, qu'en rentrant dans son palais, exposé à toutes les insurrections de sa capitale et à toutes les exigences des révoltés.

Il céda à regret aux assurances de ses ministres et débarqua avec son fils dans la ville, déjà agitée par les *carbonari*, mais encore fidèle.

Le général Nugent envoya chercher le général Guillaume Pepe, jeune militaire de l'armée de Murat, brûlant de se signaler par une action d'éclat, commandant la province d'Avellino, et le chargea de la répression des désordres de Nola. Pepe n'hésita pas à accepter. Mais à peine était-il nommé que les représentations les plus ombrageuses assaillirent le général Nugent, le roi, la cour, et leur persuadèrent facilement que cette nomination était une imprudence propre à donner un chef plutôt qu'un adversaire à la sédition. On désigna à la place de Pepe le général Carascosa, homme d'une renommée supérieure, ayant conquis sa popularité militaire dans les campagnes de Murat, mais d'une fidélité ancienne et récente à la restauration des Bourbons de Naples.

Cependant Pepe, secrètement favorable aux *carbonari*, et s'apercevant déjà de la défiance qu'il inspirait, se préparait à partir sans ordre de Naples et à aller jouer à Avellino le rôle ambidextre et équivoque de La Fayette à Paris en 1789 entre le roi, auquel il devait son commandement, et le peuple au nom duquel il voulait imposer au roi la constitution des *carbonari*.

XXIII

Pendant ces hésitations, bien naturelles à un pouvoir peu sûr de son armée, et qui craint, en lui choisissant un chef, de poser le doigt sur un traître. Carascosa, quoique fidèle, hésitait lui-même à attaquer les révoltés.

De Conciliis, commandant d'Avellino, avait été les rejoindre hors de la ville et il était revenu en triomphe, à la tête de l'escadron de Morelli et des nombreuses bandes de *carbonari*, au chef-lieu de son commandement. Il y avait été reçu, moitié de peur, moitié de complicité, par l'évêque d'Avellino, par les autorités royales, par les magistrats et par la foule, au cri à la fois inoffensif et révolutionnaire de : « Vive Dieu! Vive le roi! Vive la Constitution! » Morelli lui avait respectueusement remis le commandement de son escadron et la direction complète du pouvoir qu'il se glorifiait d'avoir commencé et abdiqué au seul nom du patriotisme.

Les provinces circonvoisines de la Basilicate et de la Capitanate s'étant insurgées immédiatement sous l'influence des *carbonari*, Carascosa n'osait s'avancer contre des populations entières à la tête d'un si faible détachement de troupes prêtes à l'abandonner lui-même au premier contact avec le camp des insurgés. Tout était indécis et inquiet. Cette suspicion générale donnait du temps à la révolte; chaque heure en grossissait les éléments. Les régiments envoyés de Naples étaient embauchés en arrivant et désertaient pour se joindre à l'armée de Monteforte.

Pepe et Napolitani, deux généraux muratistes, se présentent enfin eux-mêmes à la caserne de la Maddalena, faubourg de Naples, et enlèvent un régiment de cavalerie et quelques compagnies d'infanterie, pour les conduire au-devant de l'armée. A cette nouvelle, une poignée de *carbonari* forcent la porte du palais du roi et demandent, avec l'autorité de négociateurs, un entretien avec le prince royal. Ils lui imposent la proclamation immédiate de la constitution, le doigt sur l'aiguille de sa montre, et le menacent d'un soulèvement général du peuple, si l'heure désignée s'écoule sans que le roi ait accompli ce qu'on lui conseille. Le vieux marquis de Circello, le ministre de sa confiance, se jette à ses pieds pour le supplier de céder à la nécessité. « La nation des Deux-Siciles, écrit le roi sous la dictée de ses ministres, ayant manifesté généralement le vœu de jouir d'un gouvernement constitutionnel, de notre pleine volonté nous déclarons y consentir et nous promettons d'en publier les bases dans l'espace de huit jours. » Par un décret simultané, le roi choisit de nouveaux ministres qu'il suppose plus agréables à l'opinion, et, sous prétexte de sa santé affaiblie par l'âge, il nomme le duc de Calabre, son fils aîné, lieutenant général du royaume et son *alter ego*, pour supporter tout le poids de la révolution.

XXIV

Cependant le général Pepe prit la direction des forces militaires et populaires qui existaient encore à Naples et dans les environs, acheva et tempéra le mouvement. Le roi, menacé par l'agitation générale de la ville, proclama d'urgence la constitution d'Espagne, dont il n'existait même pas un exemplaire à Naples. On la proclama de confiance comme l'institution la plus républicaine émanée non du roi, non du peuple, mais d'une armée en insurrection contre le souverain.

Un habile homme, ancien ministre de Murat, le marquis Zurlo, quoique ancien persécuteur des *carbonari* sous ce règne, fut nommé, par l'injonction des *carbonari* eux-mêmes, ministre de l'intérieur. Le comte Ricciardi, libéral, éclairé et éloquent; le duc Campo Chiaro, diplomate souple et temporisateur; le général Carascosa, excellent soldat, et le chevalier Macedonio furent investis, avec un assentiment assez universel, des autres ministères. La révolution gagna de proche en proche sans résistance.

Le général Pepe, accouru au camp de Salerne, y reçut

les adhésions fanatiques des députations des deux royaumes. Il s'entendait avec la cour pour modérer et régulariser l'insurrection morale, avec les *carbonari* pour la grossir et la diriger. Il résolut témérairement d'amener triompher la secte à Naples en présence du roi, au risque des dangers qui pouvaient en résulter pour la ville et pour la cour. Il y joignit l'armée, toujours disciplinée sous ses ordres, afin d'y constater sa dictature militaire et de montrer au peuple et au roi, réunies dans la même main, la force explosible dans les *carbonari* et la force répressive dans les troupes. Le roi, n'ayant pu le faire renoncer à ce projet d'entrée triomphale à Naples, ne trouva d'autre moyen de l'enchaîner que de lui décerner le commandement de l'armée tout entière et des gardes civiques. La révolution s'appela dès ce jour-là *Pepe*.

XXV

Ce fut le 9 juillet 1820 que j'arrivai le matin à Naples. Ce fut le même jour, à cinq heures du soir, que je vis entrer cette multitude de *carbonari* des provinces, sous le drapeau dévoilé de la secte, et l'armée sous les ordres du général Pepe. Quoique menaçante pour la cour et pour la capitale, rien n'était plus imposant que cette marche et que cette revue grossie de cent mille spectateurs, faisant résonner sous leurs pas les bords de la mer de Naples sous ce ciel dont la sérénité et la joie semblaient contraster avec ces couleurs sombres des vêtements des *carbonari* calabrais, conduits par leurs chefs et par leurs prêtres à l'inconnu terrible des révolutions populaires. La cour les flattait pour les adoucir ; l'armée, humiliée de leur supériorité civique, semblait rougir de leur association à ses uniformes. Le peuple les acclamait à demi-voix et sans enthousiasme, comme se défiant de cette secte qui venait à la fois le délivrer et le menacer. La joie, sur tous les visages, semblait plus feinte et plus commandée que réelle. C'était une révolution qui ressemblait plus à une conjuration dévoilée qu'à une explosion nationale.

Les *carbonari* cependant étaient modestes dans leur premier triomphe ; ils s'étonnaient de la victoire ; ils se demandaient si tout ce peuple subirait longtemps l'ascendant d'un petit nombre d'heureux conjurés. Aussi ne se montrèrent-ils nullement exigeants au premier moment. Le général Pepe, après la revue, conduisit au roi leur députation pour exprimer à ce prince leur dévouement conditionnel et pour leur faire exprimer par le roi lui-même l'adhésion forcée à l'insurrection qui le détrônait en l'honorant. La double comédie de cette présentation à la cour s'accomplit avec la sincérité apparente, cachant les pensées secrètes, dont ce peuple a reçu de la nature le don italien. Le roi, les princes, les princesses, les courtisans, dans un enthousiasme de circonstance, tressèrent des cocardes et brodèrent des drapeaux aux couleurs des *carbonari*, en signe d'union avec leur secte. Les *carbonari*, de leur côté, se montrèrent décents, modérés et fidèles dans leur triomphe, tant ce peuple intelligent et bon a le sentiment inné des hautes convenances. Ils voulaient que leur victoire parût douce à leur vieux monarque, et ils s'associèrent merveilleusement le triomphe et le respect.

Pepe lui-même, qui manquait de génie, mais non de bonté, se contenta d'une victoire de vanité qu'il venait de conquérir à la fois sur la révolution et sur la royauté. Il demanda prématurément à déposer sa dictature, et s'humilia presque devant les généraux de l'armée, plus âgés et plus véritablement militaires que lui, d'un commandement général qui seyait mal à sa jeunesse et à son infériorité. Le soin de l'ordre à ménager dans la capitale entre tant de passions contenues reposa en entier sur lui. Le lieutenant général duc de Calabre et les ministres concertèrent avec lui les mesures les plus propres à donner la transition si difficile de l'ordre absolu à l'ordre volontaire de la liberté.

XXVI

Cependant le peuple de Naples ne se croyait sûr de la constitution qu'autant que le roi l'aurait jurée. Ce peuple est si religieux qu'il veut mêler Dieu à tous les événements humains. Le roi se prêta complaisamment à ce désir, et il ajouta même à son serment solennel sur l'Évangile des paroles en apparence spontanées, par lesquelles il provoquait la vengeance du ciel sur sa tête, s'il venait jamais à fausser son serment. Nul ne joua mieux la conviction, quand au fond du cœur toutes les pensées et toutes les habitudes d'un long règne lui faisaient une comédie précaire de cette constitution d'Espagne apportée par le vent à Naples : engouement d'une secte qui avait embauché une armée dont l'Europe ne souffrirait pas l'établissement en Italie, et dont le peuple, qui l'acclamait froidement aujourd'hui, ne se souviendrait pas demain. Ferdinand, qui connaissait ce peuple, ne prenait pas au sérieux ces clameurs, et ne se servait d'un serment plein de réticences et de nullités que comme d'un expédient propre à échapper au présent sans engager sa conscience pour l'avenir.

XXVII

Le spectacle d'une révolution si théâtrale et si dramatique le jour même où j'arrivais à Naples, à mon début dans la carrière diplomatique, m'intéressait vivement. Le duc de Narbonne, comme je l'ai dit, dans l'incertitude des ordres qu'il allait recevoir de son gouvernement, avait pris le parti sage d'abdiquer provisoirement ses fonctions d'ambassadeur en famille et de remettre les affaires au premier secrétaire, M. de Fontenay, homme d'une capacité aussi consommée que du caractère le plus aimable.

La discrétion la plus sévère, l'abstention la plus complète de toute intervention politique jusqu'à nouvel ordre était la loi de M. de Fontenay et de toute la légation. Regarder et se taire, informer notre gouvernement de tous les événements si rapidement consommés et se développant d'heure en heure, continuer avec le roi et le duc de Calabre des rapports de famille et des témoignages d'intérêt essentiellement confidentiels, c'était tout le rôle de M. de Fontenay. Il s'en acquittait en homme d'esprit, agréable aux deux partis. Sans tremper en rien dans le carbonarisme suspect, redouté et méprisé de tous les hommes d'État, il n'était nullement éloigné de ces tendances constitutionnelles qui pouvaient se manifester à Naples et mettre ce royaume bourbonien en rapport plus intime et plus libéral d'institutions avec la France. Il aurait certainement, s'il eût été libre, proposé son intervention et sa médiation conditionnelles au roi et à la révolution constitutionnelle modérée. C'était aussi ma pensée. M. de Fontenay et moi, nous pensions à deux. Ma jeunesse, mon inexpérience et mon rang secondaire ne m'auraient pas permis d'avoir un avis, si sa modestie, son intimité, sa grâce ne m'avaient autorisé à émettre mon opinion, conforme en tout à la sienne. Nous étions de même origine, royalistes raisonnables tous les deux. Il était de ma province. Gentilhomme non émigré, mais entré cinq ans avant moi dans la diplomatie, sous les auspices de M. Courtois de Pressigny, ambassadeur à Rome, évêque diplomate de beaucoup d'esprit et qui a laissé une trace de sagesse et d'habileté dans nos affaires.

XXVIII

Les instructions sommaires que nous commencions à recevoir de Rome, par les dépêches du duc de Blacas, bien qu'elles ne fussent pas définitives et impératives, nous imposaient encore plus de réserve et penchaient évidemment vers une attitude décidément hostile à la révolution de Naples. Le duc de Blacas, dont tout le monde connaissait les opinions et la vie entièrement aristocratiques et ultrà-monarchiques, avait reçu du roi Louis XVIII, dont il était le favori regretté, avec le titre d'ambassadeur à Rome, une sorte de direction générale de toute la politique française en Italie. Nos instructions portaient de l'informer de tout et de ne prendre parti sur rien, sans l'avoir consulté et sans tenir compte de ses instructions.

D'un autre côté, la France constitutionnelle, très-agitée et très-jalouse de sa politique parlementaire, au milieu de l'année 1820 et des émeutes formidables de Paris, imposait au ministre des affaires étrangères une réserve et une responsabilité extrêmes. Même en servant la politique conservatrice de Louis XVIII, des Bourbons et des royalistes, il fallait associer cette politique avec les exigences libérales de la Chambre des députés et de l'opinion en majorité en France.

Un homme de beaucoup d'esprit, de beaucoup de souplesse et cependant d'une fermeté courageuse dans les cas extrêmes, M. Pasquier, tenait seul alors le gouvernail des affaires étrangères en France et résistait seul à la turbulence des partis révolutionnaires secondés par les partis fanatisés de la jeunesse et par les partis démagogiques de la rue ; enfin soutenait seul, avec une éloquence fluide et intarissable à la tribune, l'assaut du parti bonapartiste, du parti jacobin et du parti ultrà-royaliste dans la Chambre. Ce furent là les années héroïques de M. Pasquier, qui cependant n'était pas un héros et qui prêta depuis au gouvernement orléaniste triomphant sous ce nom de chancelier un appui trop complaisant à tout ce qui s'appelait pouvoir. Il était de ces hommes qu'on ne peut blâmer, parce qu'ils servent l'ordre et la société sous tous les régimes, et que l'ordre et la société sont toujours méritoires ; mais il était de ces hommes qu'on ne saurait louer sans réserve, parce qu'en soutenant les gouvernements, ils soutiennent les fortunes et les honneurs dont ces régimes soldent généreusement leurs services. On les estime justement pour leurs services, on ne peut honorer du même prix leur constance. Les parlementaires d'avant 1789, les émigrés de 1792, les bonapartistes de 1800, les Bourbons de 1814, les orléanistes de 1830, ont eu également à se louer de M. Pasquier. Je ne le blâme pas d'avoir consacré son instinct de gouvernement à ces différents pouvoirs, sans en trahir aucun et en les conseillant sagement et fortement ; j'honorerais même, comme le font les restes de tous ces règnes, sa verte vieillesse ; mais la société ne doit d'estime sans réserve qu'aux services gratuits, inspirés et récompensés par la conscience seule. Les gouvernements, dans les temps d'agitation où nous vivons, ont besoin qu'on se dévoue à leur défense, car ils abritent derrière eux l'ordre social tout entier ; mais ce qui est beau, c'est de les défendre avec désintéressement de toute ambition personnelle.

XXIX

M. Pasquier donc, ministre des affaires étrangères et premier ministre de fait, parce qu'il combattait pour tous ses collègues, fut probablement très-contrarié par l'explosion des sociétés secrètes de Naples.

Aux yeux du roi Louis XVIII et de sa cour, laisser aux peuples espagnols, napolitains, piémontais, ce fatal exemple du triomphe des conspirations anonymes, trahissant, opprimant ou renversant leurs gouvernements restaurés par la sainte-alliance, c'était un tel encouragement aux factions patentes ou occultes partout, et surtout à Paris, qu'aucun trône n'était sûr du lendemain. D'un autre côté, déclarer la guerre à Naples, quand le souverain lui-même couvrait de son acquiescement et de son impunité la révolution, c'était un acte en apparence si illibéral que le libéralisme français dans les Chambres, dans la presse, dans les élections parlementaires, réputait cet acte équivalant à une félonie du ministère et de la cour. De grands ménagements de paroles et de conduite étaient donc commandés à M. Pasquier, pour laisser au congrès de Troppau, formé de l'Autriche, de la Prusse et de la Russie, la faculté de s'inscrire en faux et de protester par les armes contre les concessions forcées du roi de Naples.

Nos dépêches de Paris, conçues en termes conciliants et ambigus, nous laissaient donc dans une incertitude de direction qui nous commandait une abstention assez bienveillante pour le nouveau régime napolitain. Nous pouvions même lui faire espérer une médiation française de famille, pourvu qu'il renonçât aux exigences démagogiques de la constitution d'Espagne, et qu'une assemblée constituante ramenât les esprits et les institutions à quelque chose d'analogue à la constitution française ou même à la constitution anglaise, compatibles avec les libertés monarchiques. C'est ce que nous nous efforcions d'insinuer au duc de Calabre, aux ministres nouveaux, et confidentiellement aux principaux chefs de la révolution modérée dans le parti vainqueur. Nous étions secondés dans ces loyales tentatives par le marquis de Salvo, Sicilien remuant, homme de beaucoup d'esprit, agréable à la fois aux deux partis, et porteur de paroles non compromettantes entre les ambassades étrangères, la cour et les hommes d'État du nouveau régime. On ne peut douter que cette conduite ne fût de nature à consolider la réforme gouvernementale à Naples, à éviter tout scandale à Paris, à enlever à l'Autriche tout prétexte d'une intervention oppressive en Italie, et à donner à la France dans la Péninsule un rôle de conciliatrice, de pacificatrice et de patronne constitutionnelle des peuples et des rois.

XXX

Mais M. de Blacas, à Rome, donnait en son nom, et peut-être au nom du roi de France dont il était resté l'ami et dont la confiance semblait autoriser les paroles, des directions toutes contraires. Esprit absolu et téméraire, nourri dans les illusions de l'émigration, nullement corrigé par la fatale issue de son premier gouvernement terminé par la catastrophe du 20 mars 1815, tout ce qui lui rappelait une révolution était pour lui un objet de mépris et de haine. Longtemps ambassadeur à Naples, il avait conservé pour ce peuple, charmant mais inconsistant et gai, un dédain politique qui ne lui faisait prendre au sérieux aucune des jactances des *carbonari*. Il était persuadé que cette révolution serait dissipée et confondue avec la même facilité qu'elle s'était imposée à la couronne. Il ne daignait pas négocier avec elle. Lié d'opinion avec le prince de Metternich, à qui la principale influence en Italie appartenait alors comme une oppression légitime, il ne songeait nullement à susciter la moindre révolution pour la lui disputer. Il lui suffisait que les tiares et les couronnes italiennes restassent intactes sur les têtes des souverains italiens, sous la sauvegarde de l'Autriche, pour que la France se déclarât satisfaite. Les lettres que M. de Fontenay recevait de Rome étaient toutes dans ce sens. Il fallait longtemps pour que les dépêches officielles de M. Pasquier, de Paris, nous rendissent assez de confiance et de liberté pour nous permettre de tenir avec quelque autorité le langage un peu aventuré de médiateurs.

Ce langage même, tout éventuel et tout timide qu'il fût, était agréable au duc de Calabre et aux ministres, mais mal accueilli des chefs du carbonarisme vainqueur et illusionné par la facilité de son triomphe.

D'ailleurs l'Angleterre, par son habitude de toujours contrarier la politique française, et aussi par la nécessité de paraître dans son parlement protéger les libertés des peuples en insurrection Madrid, à Naples, en Grèce, partout où elle n'était pas intéressée à les maintenir dans la servitude, l'Angleterre avait dans sir William A'Court, son ambassadeur à Naples, un diplomate habile, à double visage, à langage équivoque, mais hardi, qui donnait contre nous confiance et espérance illimitées aux *carbonari*, tout en les méprisant profondément et en se jouant d'eux sous cape. Ses promesses, ses encouragements à tout attendre de l'Angleterre furent certainement le principal obstacle à ce que la médiation française fût acceptée. Il alla bientôt après à Madrid jouer auprès des *Cortès* le même jeu qu'à Naples, cherchant de la popularité pour M. Canning et pour lui-même auprès des insurgés les plus violents, et abandonnant sans pudeur, à Madrid comme à Naples, les deux pays et les deux causes à la vigoureuse répression de l'Europe coalisée.

XXXI

Les désordres les plus graves n'avaient pas tardé à suivre la révolution sectaire du 9 juillet, comme le contre-coup suit le coup. La Sicile, à son ordinaire, s'était insurgée sous ses princes féodaux contre Naples. Palerme et Messine avaient chassé les Napolitains ; le peuple avait inondé de sang ces deux villes. Le gouvernement du roi et les *carbonari*, qui lui imposaient leur ressentiment, avaient été d'accord pour soumettre l'île par la force. Ils avaient donné le commandement de l'armée d'expédition à un général universellement estimé comme citoyen loyal et comme militaire éprouvé : c'était le général Florestan Pepe, du même nom que Guillaume Pepe, le dictateur de la révolution, mais infiniment plus considéré de la cour, des soldats et du peuple. Florestan Pepe avait promptement reconquis l'île et signé avec les princes, chefs du peuple, une convention honorable qui rattachait la Sicile à l'unité nationale des Deux-Siciles, mais qui lui accordait un parlement distinct. La nouvelle de cette concession faite à la Sicile après l'avoir reconquise exaspéra les *carbonari* de Naples, qui refusèrent de la ratifier. Florestan Pepe, vainqueur, fut désavoué, destitué, rappelé à Naples, où il faillit être accusé par l'ingratitude de ses concitoyens.

Le général Colctta, qui, depuis, écrivit en style de Tacite ces événements dans une histoire abrégée et monumentale, alla remplacer à Palerme le pacificateur désavoué. Coletta se conduisit avec vigueur et adresse, révoqua la concession du double parlement qui rendait tout gouvernement commun impraticable, et parvint, sans effusion de sang, à réduire et à calmer la Sicile.

Les *carbonari* de la capitale, dont le général Guillaume Pepe s'était déclaré le chef, au lieu de rester le chef de l'armée, accrurent leurs exigences et les firent régner sur le gouvernement. Leurs réunions turbulentes dans les divers quartiers donnèrent à leurs partisans des soubresauts et des convulsions qui firent trembler les bons citoyens, commandèrent des déclarations de guerre insensées et des défis ridicules à l'Europe. L'assassinat à domicile d'un père de famille, ancien directeur de la police, arraché nuitamment des bras de sa femme et de ses enfants, et assassiné sur le seuil de sa maison par une bande armée et masquée de quatorze *carbonari*, exécuteurs des jugements de leur secte, répandit la terreur muette dans la ville.

Les anciens ambassadeurs de Naples dans les grandes cours furent révoqués; les nouveaux envoyés ne purent parvenir à se faire recevoir dans les pays où ils demandaient à s'expliquer. De tous côtés arriva à la cour la nouvelle de la réunion du congrès de Troppau pour combiner les hostilités des grandes puissances contre le carbonarisme napolitain. La France s'y tut; l'Angleterre refusa d'y paraître. La Prusse et la Russie autorisèrent l'Autriche à intervenir en leur nom en Italie, pour rétablir la liberté d'un gouvernement légitime opprimé par une secte. Ces puissances écrivirent au roi Ferdinand pour l'inviter, comme premier intéressé, à venir assister au congrès pour y faire valoir ses droits.

A cette invitation des puissances, les *carbonari* élevèrent leur terreur et leur fureur jusqu'à la sédition ouverte. En permettant à leur roi prisonnier dans son palais de s'éloigner, ils craignirent avec raison que ses serments du 13 juillet à la constitution imposée ne fussent trahis aussitôt que Ferdinand se sentirait libre. Le roi, impatient d'échapper à ses geôliers, redoubla de témoignages de sincérité et jura de nouveau qu'il ne demandait à se rendre au congrès que pour défendre les volontés de son peuple devenues les siennes et pour écarter du royaume les calamités de la guerre.

Les ambassadeurs étrangers, et nous particulièrement, se rendirent secrètement auprès du roi pour lui offrir de s'interposer entre son peuple et lui. Ils agirent également par des conseils confidentiels auprès des principaux membres du parlement et des chefs modérés du carbonarisme, pour les décider à protéger la liberté du roi, à se fier à sa parole et à attendre de sa présence au congrès quelques offres de transactions favorables à la liberté constitutionnelle de l'Italie. Une séance du parlement fut fixée pour la délibération sur cette grave circonstance. Des *carbonari* violents entourèrent de groupes menaçants la salle des séances et firent entendre des cris de mort contre ceux des orateurs qui parleraient en faveur de la mesure proposée par le roi.

XXXII

Les élections, quoique faites sous la pression des *carbonari* dans le premier moment de leur triomphe, avaient montré combien ce peuple était mûr pour le gouvernement représentatif et combien cette Italie méridionale si calomniée était, ainsi que la Toscane, plus à la hauteur des institutions libérales par l'intelligence, le caractère et le talent, que le rustique Piémont, retardé par la maison de Savoie, le plus arriéré des gouvernements italiens. Le gouvernement de la maison d'Espagne, sous le ministre Tanucci, sous la reine Caroline, sous le ministre Acton lui-même, ministre odieux par son caractère d'étranger, mais très-progressiste, avait fait faire à la noblesse et à la bourgeoisie des provinces méridionales des progrès très-prompts et très-réels vers la liberté représentative. Le régime constitutionnel, introduit par les Anglais en Sicile pendant les dernières années de leur suprématie dans l'île, avait passé le détroit, s'était propagé jusque chez les barons du royaume : féodalité municipale acceptée du peuple. Enfin le règne tout français de Murat, prince militaire, héroïque, chevaleresque et bon, avait façonné le royaume à l'imitation des gouvernements libéraux revenus en France avec la Restauration. Les mœurs s'étaient libéralisées, l'administration s'était régularisée, les habitudes de libertés municipales s'étaient enracinées : tout était préparé par l'influence même des *carbonari* aux élections éclairées et modérées propres aux premiers moments d'une révolution en ordre. Cette basse envie des démocraties prolétaires qui ne veulent qu'abaisser ce qui les dépasse, ce qui les protége et ce qui les guide, n'avait pas eu le temps de naître et de se pervertir dans les populations sans industrie et par conséquent sans prolétaires de l'Italie. Les élections dans le scrutin de la noblesse, de la bourgeoisie et du peuple agricole étaient saines comme ces classes. Le parlement était l'honneur de la révolution, et conservateur comme l'esprit conservateur dont il était sorti. Tout ce qu'il y avait de hautes existences, de grands noms et de talents remarquables dans la magistrature, dans l'armée, dans la cour et dans le barreau, y formait une majorité régulatrice et respectée. La populace seule, nombreuse à Naples, et soulevée par les émotions du carbonarisme, s'était formée en club et organisée en faction impérieuse contre la sagesse parlementaire.

XXXIII

Cette populace agitée s'était portée en masse dans les tribunes et autour de la salle des séances du parlement, le jour où les ministres lui soumirent la demande du roi de s'absenter du royaume pour se rendre à l'invitation suspecte du congrès de Troppau. La plus haute éloquence d'État, représentée par Borelli, par le baron Poerio, par le colonel Pepe, autre officier d'un grand mérite, du même nom que le général Guillaume Pepe, et que Florestan Pepe, vainqueur de la Sicile, parlèrent, sous les menaces et les vociférations des *carbonari*, avec le calme, la grandeur et l'impassibilité des orateurs de Rome devant Catilina. Ils emportèrent, chacun par des motifs différents, une résolution noble et respectueuse qui, en imposant au vieux roi des conditions patriotiques et des serments suspects, l'autorisait cependant à se rendre à Troppau.

Les *carbonari*, indignés, firent accourir des provinces les plus rapprochées les milices révolutionnaires à leurs ordres, prêtes à s'opposer par la force à l'exécution du vote du parlement. Naples, pendant quelques jours, présenta l'apparence de deux camps, prêts l'un à attaquer, l'autre à défendre le palais. La garde royale se montra résolue à faire observer à la fois le vote du parlement et l'indépendance de la majesté royale. Le duc de Calabre se conduisit en politique consommé, protégeant d'un côté son père et son roi, et d'un autre côté négociant l'obéissance raisonnée avec les chefs du parlement comme avec les chefs des *carbonari*, devenus plus maniables dans la main des hommes à deux faces qu'on était parvenu à gagner.

M. de Fontenay et moi-même, nous fûmes appelés secrètement au palais à des entretiens confidentiels avec la famille royale pour sonder les vues de notre gouvernement et pour prêter au départ du roi les conseils et les assistances diplomatiques que cette difficile démarche demandait. Ce fut dans ces crises de la cour de Naples alarmée, mais toujours digne, que j'appris à modifier mes opinions sur la prétendue puérilité du vieux monarque et sur la duplicité de sa famille. C'était un préjugé de la haine jacobine contre cette cour. Son chef, le vieux roi, montrait dans ces entretiens une politique innée et expérimentée qui jugeait très-sainement et même très-jovialement l'inconsistance de son peuple, et qui raillait très-spirituellement ses démonstrations héroïques. Le duc de Calabre, le prince Léopold, la princesse son épouse et sa fille aînée, nous inspiraient autant d'intérêt pour leur cause, que la beauté de celle qui, depuis, fut la reine d'Espagne inspirait de respectueux attrait aux regards du corps diplomatique.

Le chargé d'affaires du Piémont, M. de La Marguerita, représentait alors à Naples l'opposition la plus conservatrice et la plus passionnée contre les *carbonari*, si bien servis aujourd'hui par Charles-Albert et par son fils Victor-Emmanuel. La maison de Savoie, tour à tour autrichienne jusqu'à la trahison, jacobine jusqu'à la démagogie, lui a fait successivement une vertu ou un crime de ses services. Il a gouverné depuis, sous le règne contradictoire de Charles-Albert au gré du parti sacerdotal, la politique du Piémont. Aujourd'hui proscrit des conseils et des affaires par le même roi, il s'oppose vainement comme orateur aux complicités de sa cour avec les successeurs des *carbonari*. Comme Alfieri, son compatriote, La Marguerita écrivait alors des tragédies nombreuses dont nous relisions les scènes le soir dans ma petite maison à Chiaja, au milieu des scènes tragiques d'une révolution que nous étions chargés l'un et l'autre de surveiller et de combattre.

XXXIV

Tels furent mes débuts dans la diplomatie extérieure. Je n'eus à y déployer que du bon sens et de la conformité sans mérite à M. de Fontenay, conformité qui ne me coûtait rien, car, indépendamment de son aimable accueil, de son agréable esprit et de son charmant caractère, c'était le bon sens français dans toute sa gaieté et dans toute sa grâce. J'ai été assez heureux, en 1848, pour le sauver des désastres de sa mauvaise fortune qui l'avaient atteint, au commencement de ses jours avancés, dans une banqueroute enlevant à ses enfants tout l'héritage de leur mère. Madame de Fontenay était Anglaise et elle passait pour être la fille naturelle de Charles X.

XXXV

Le roi de Naples, affranchi, non des soupçons, mais des obstacles que la colère des *carbonari* voulait opposer à son départ, se hâta de s'embarquer nuitamment sur un vaisseau de guerre anglais, avec la duchesse de Floridia, son épouse, et quelques serviteurs. Ce vaisseau était le *Vengeur*, qui avait reçu déjà Napoléon fugitif après Waterloo, à Rochefort. Une violente tempête signala cette nuit sinistre. Le *Vengeur*, en sortant de la rade, fut jeté par les vagues contre un autre vaisseau de l'escadre et subit des avaries qui le mirent en péril de sombrer. On parvint avec peine à le conduire dans le port le plus rapproché de Naples, à Baïa, pour le réparer.

La cour, les autorités, les chefs *carbonari* eux-mêmes, se rendirent le lendemain à bord du *Vengeur* pour féliciter Ferdinand de son salut. On le pria de descendre à terre pendant les réparations du vaisseau. Il se garda bien d'y consentir. On fut édifié de le voir porter encore, quoique sur un vaisseau étranger, la médaille insigne du carbonarisme attachée à son habit. On en conclut qu'il partait avec l'intention d'accomplir loyalement ses promesses de défendre au congrès la constitution espagnole dont on lui avait confié la garde.

XXXVI

Après que le vaisseau eut remis à la voile, les *carbonari* parurent se repentir d'avoir rendu la liberté au roi. Ils se répandirent en accusations contre les ministres et contre le jeune général Filangieri, commandant de la garde royale.

Filangieri, fier d'avoir fait son devoir et indigné de ces accusations anarchiques, envoya sa démission au duc de Calabre, qui refusa de la recevoir.

Ce soulèvement du parti contre un brave officier illustré sous Murat, aimé de l'armée, estimé du peuple, rendit ses accusateurs odieux et commença la juste impopularité des *carbonari*. Ils devinrent plus modestes en se sentant abandonné, et rendirent plus facile au duc de Calabre le gouvernement embarrassant dont il était chargé.

XXXVII

Cependant le roi poursuivait son voyage jusqu'à Laybach, où le congrès avait été transporté. La première lettre qu'il écrivit de Laybach à son fils pour être communiquée à son peuple affectait une indifférence d'esprit des intérêts de son royaume et une légèreté de ton sur ses propres affaires qui allaient jusqu'au mépris de son peuple. Il n'y disait pas un mot du congrès, mais il y parlait de ses chiens de chasse qu'il avait emmenés avec lui en Bohême, et il y vantait leurs exploits en vieux chasseur plus occupé de leur supériorité que de l'héroïsme contesté de ses sujets.

Ces lettres commencèrent à faire réfléchir les *carbonari* de Naples sur le royal ambassadeur qu'ils avaient chargé de défendre, devant les souverains absolus et armés, les intérêts d'une révolution qui ne méritait même plus d'être mentionnée dans de telles dépêches.

XXXVIII

Le duc de Calabre et les ministres continuaient avec ardeur les préparatifs contre une guerre qui ne paraissait plus douteuse. La France se taisait, mais son entente muette avec la Russie, l'Autriche et la Prusse, ne laissait pas douter de sa neutralité malveillante contre le gouvernement insurrectionnel des *carbonari*. La Russie retirait ses ambassadeurs et faisait hautement profession de la sainte-alliance, cette garantie réciproque des trônes. La Prusse, travaillée elle-même par les sociétés secrètes qui avaient tant contribué à soulever l'Allemagne du Nord contre la France, croyait frapper à Naples les révolutionnaires de Berlin. L'Angleterre, selon son habitude, soufflait l'audace aux *carbonari* en leur promettant, comme elle le faisait en Espagne, des principes de non-intervention qu'elle ne soutenait qu'en paroles et des flottes qu'elle ne montrait jamais. Enfin, l'Autriche faisait passer soixante mille soldats bien commandés dans la basse Italie, les réunissait sur les rives du Pô, prêts à passer ce fleuve et à marcher sur Naples et sur Rome.

XXXIX

Naples répondait à ces menaces par des armements imposants de troupes de ligne et de milices qui fascinaient par leur nombre et par leur beauté les yeux des *carbonari*. On ne vit jamais de plus belles troupes et en apparence de plus patriotiques partir pour la frontière.

Carascosa, général consommé, commandait la première armée, dont le rôle était de défendre le Garigliano sur la route directe de Rome. Il s'était couvert de retranchements et voulait avec raison se borner à fermer les passages dans les défilés de Fondi, de Gaëte, et la traversée du fleuve. Convaincu de l'infériorité de ses soldats, il voulait profiter des obstacles matériels, les faire reculer, peu à peu les enfermer momentanément dans les places fortes, telles que Gaëte et Capoue, puis les replier en négociant jusqu'aux faubourgs de Naples, s'y rallier avec son collègue, dont l'armée défendrait de même, pied à pied, la route des Abruzzes, et obtenir ensemble, par des efforts suprêmes et par des concessions raisonnables, de glorieuses capitulations en faisant eux-mêmes des rectifications volontaires à l'absurde constitution d'Espagne. C'était le plan d'un bon patriote et d'un bon militaire.

XL

Le jeune et inhabile général Guillaume Pepe, qui s'était donné de bonne foi aux *carbonari* et qui croyait aux miracles du patriotisme déclamatoire de la populace napolitaine, avait pris le commandement de l'armée des Abruzzes, beaucoup plus nombreuse que l'armée de Carascosa. Il s'était avancé, plus qu'il ne convenait à la sûreté du royaume, jusqu'aux frontières de Rome, méditant des plans et rêvant des victoires.

Une seconde dépêche du roi au duc de Calabre, son fils, arriva alors et déclara son impuissance à modifier les résolutions hostiles du congrès; l'abolition radicale de la constitution d'Espagne était exigée sous peine d'invasion, et le roi faisait espérer, après la soumission du royaume, des institutions volontaires et presque représentatives, gages de progrès dans l'administration et d'indépendance dans la nation. Cette dépêche répandit la terreur et la fureur dans Naples.

Le parlement, quoique convaincu de l'inutilité d'une guerre de principes démagogiques contre les armées inépuisables, disciplinées et coalisées de toute l'Europe, feignit de délibérer sous la pression des *carbonari* la guerre extrême d'honneur et de dignité nationale. Il apaisa ainsi les séditions des *carbonari* dans Naples, et tout le monde, princes, généraux, nobles, soldats, miliciens, partit de la capitale pour aller rejoindre Pepe ou Carascosa et combattre avec eux pour la patrie. Excepté de la part de Pepe et de quelques *carbonari* trop compromis, rien n'était sincère dans ces folles et héroïques démonstrations; mais jamais le peuple le plus spirituel de l'Italie méridionale ne joua avec plus d'unanimité et d'enthousiasme la comédie des Spartiates, pour se convaincre réciproquement d'un héroïsme que personne ne songeait sérieusement à déployer au jour de la désillusion générale. Pepe seul ne voulait qu'un jour glorieux pour lui, une victoire, la mort ou l'exil. Il méditait d'entraîner son pays malgré lui à une action d'éclat, peu soucieux ensuite de la situation du pays, du parlement et du trône.

XLI

Un journal napolitain, organe des plus violents *carbonari*, en date du 14 février précédent, révéla que ce général, plus aventureux que capable, avait annoncé d'avance au duc de Calabre qu'il livrerait bataille aux Autrichiens, en les attaquant lui-même, malgré les décrets du parlement, et il alla jusqu'à désigner Rieti comme le champ de bataille où il les vaincrait. En effet, le major général Cianculli, expédié par le général Pepe, arriva à Naples le 9 juillet au milieu de la nuit, et apporta les sinistres nouvelles de ce qu'il appelait la bataille et qui ne fut que la déroute d'Antrodocco. Au seul aspect des Autrichiens, les conscrits napolitains avaient hésité, fléchi, tourné le dos, pris la fuite, et, entraînant dans leur panique les vétérans, avaient disparu aux premières décharges lointaines et inoffensives du champ de bataille. Avant d'avoir combattu, toute l'armée avait cessé d'exister. Pepe lui-même, brave mais présomptueux, et puni de sa présomption par sa défaite, avait devancé l'armée dans sa fuite. Ni Aquila, ni Pepoli, ni Salmona ne purent l'arrêter. Il voulut, à l'exemple de Napoléon après Waterloo, arriver jusqu'à la capitale, y précéder le bruit de son désastre, et y demander, au nom des dangers de la patrie et de sa popularité patriotique, le commandement de l'armée de Carascosa pour couvrir Naples sur la route de Rome. Mais, pendant qu'il affichait au nom des *carbonari* ces prétentions insensées, la rumeur de sa défaite se répandait dans la ville et mettait ses jours en danger. Il fut obligé de se cacher en sortant du palais et de chercher un asile sur un navire d'où il se réfugia en Amérique, patrie adoptive des émules de La Fayette.

XLII

Ainsi s'écroula en une heure cette révolution napolitaine, la trente-deuxième révolution de ce pays d'élan et d'imagination depuis le moyen âge. Tramée à l'ombre par une secte, elle s'évanouit, comme toutes les pensées de sectes, au grand jour.

Carascosa, coupé par les Abruzzes, se replia sur Capoue, qu'il trouva déjà désertée par les troupes démoralisées, entraînées dans la fuite avec le torrent de l'armée fugitive des Abruzzes.

Le parlement, qui avait toujours été plus raisonnable et plus politique que la secte irresponsable des *carbonari* dont il subissait à regret la pression, envoya au roi, qui était alors à Rome, prêt à reprendre son règne entier, une adresse digne et modérée qui fut portée à ce prince par le général Faidella. Le duc de Calabre intercéda auprès de son père en faveur de son royaume; les *carbonari* eux-mêmes, dont on craignait un accès de vengeance désespérée, s'apaisèrent, cherchèrent à se faire pardonner par leur soumission à la victoire. La fortune leur parut un assez bon juge des événements.

Tout se passa avec cette sagesse italienne consommée qui prévient les grandes catastrophes par les ménagements et les transactions. L'armée revint au roi qu'elle n'avait jamais perdu de vue comme le régulateur suprême des extrémités. Les Autrichiens en petit nombre occupèrent les places et les châteaux de terre et de mer. On proclama l'amnistie, qu'on interpréta depuis au gré des ministres plus ou moins exaspérés contre les *carbonari*. Le patriotisme incandescent de la capitale et des provinces s'éteignit comme il s'était allumé, par semblant plus que par passion. On reconnut dans la révolution, ainsi que dans sa conduite et dans sa fin, le peuple le plus intelligent de toute l'Europe, peu propre aux guerres disciplinées et aux revers affrontés ou supportés avec héroïsme, trop heureux pour risquer tous les jours son bonheur, mais qui ne devient intraitable et héroïque que dans les causes où ses passions individuelles, provoquées par des humiliations ou par des défis à son indépendance, font des Napolitains des héros d'amour, de religion ou de nationalité. Voilà pourquoi la conquête des Piémontais, caprice imprévoyant d'une autre secte, pourra saccager le royaume et ne l'annexera jamais.

XLIII

J'avais quitté pour résider à Rome ma résidence orageuse de Naples et ma résidence délicieuse de l'île d'Ischia, à l'époque où ces événements reçurent leur solution de Rome. J'eus l'honneur d'y dîner chez le pape avec le vieux roi de Naples, le jeudi saint de l'année 1821. Le pape n'assiste jamais aux dîners qu'il donne, même aux rois. Le cardinal Consalvi, plein de bonté pour moi, tenait la table. Il m'avait, malgré l'infériorité de mon rang qui ne m'y donnait pas droit, invité avec les ambassadeurs à ce dîner royal. Le roi, déjà certain de sa prompte restauration sur son trône, y fut spirituel et jovial comme un vieux gentilhomme qui revient d'une partie de chasse. Il sentait l'Europe derrière lui.

Peu de jours après, un fils me naquit et fut baptisé à Saint-Pierre de Rome. Cette naissance me combla de joie.

Je lui donnai pour nourrice une de ces belles paysannes romaines de Tivoli qui versent un lait viril des montagnes de la Sabine dans les veines de leur nourrisson.

XLIV

Un seul régiment d'infanterie autrichienne campait de l'autre côté du Tibre. Sa présence avait suffi pour empêcher à Rome, ville plus sacerdotale que belliqueuse, l'explosion d'une révolution patriotique qu'on nous annonçait tous les jours pour le jour suivant. La sage temporisation du cardinal Consalvi et la mansuétude du vénérable Pie VII, le plus doux et le plus saint des hommes, avaient réussi à écarter sans violence tout orage. Nous allions tous les soirs visiter par curiosité le camp de ce régiment qui représentait l'intervention de la sainte-alliance dans l'Italie du midi.

Bientôt après, le roi de Naples quitta Rome avec ses ministres, et s'avança, triomphant mais non vengeur, vers sa capitale, où il fut reçu en libérateur et en père venant au secours de ses sujets. Dans les premiers temps, nuls supplices ne signalèrent ce retour du prince. Il ne tarda pas à y mourir en paix comme il y avait vécu. Il eut un règne de patriarche au commencement et à la fin. Il régna presque autant qu'il vécut, soixante-dix ans.

XLV

Au moment où les *carbonari* subissaient à Naples cette prompte et humiliante répression d'une tentative insensée, qu'une secte prépare toujours à elle et à son pays quand les institutions et les opinions qu'elle exprime ne sont que les témérités d'une faction et non les progrès du pays lui-même, une autre révolution, plus intempestive et plus irréfléchie que la révolution de Naples, éclatait prématurément et tardivement à la fois à Turin. Celle-ci n'avait pas même alors l'excuse d'un esprit de secte dominant le pays et remuant l'armée ; c'était tout simplement l'imitation capricieuse de quelques jeunes gens de grande famille, se formant en coteries dans la cour, dans l'état-major et dans la capitale, pour détrôner le vieux et vermoulu roi de Sardaigne et sa maison royale, en substituant à ces princes le règne juvénil, ingrat et inconsidéré du prince de Carignan, leur émule et leur complice. Elle éclata à Turin au moment où celle de Naples s'éteignait à Antrodocco. La loyale fermeté du roi régnant la fit échouer, en abdiquant plutôt que de désavouer sa race et de démentir sa souveraineté en reconnaissant l'anarchique constitution d'Espagne présentée à la maison de Savoie par le neveu que cette maison venait d'adopter.

Le prince de Carignan, Charles-Albert, dont l'engouement piémontais a fait un héros de libéralisme et de nationalité depuis, se révéla tout entier en peu de jours dans cette circonstance. Il se mit à la tête de la révolution de Turin. Au bout de quelques heures, il la déconcerta en s'évadant de la capitale avec l'armée, sans lui dire et sans savoir où il la conduisait. Arrivé à Novare, il trouva l'autre partie de l'armée, fidèle à son général et à son roi (désormais Charles-Félix, frère du roi qui avait abdiqué) et alliée avec les Autrichiens, prêts à porter secours à la souveraineté légale contre la régence insurrectionnelle. Une ombre de combat s'engagea.

Le prince de Carignan, fugitif, répudie le soir sa cause du matin. Il implore le pardon de ses oncles, et se réfugie en Toscane, dans le palais autrichien de son beau-frère le grand-duc, sans contenance et sans parti. Bientôt il va en France offrir son nom et son bras pour combattre en Espagne cette cause qu'il a servie à Turin. Rentré en grâce dans sa famille par le patronage imprévoyant de l'Europe, il règne en Piémont, sous la tutelle de l'Autriche et sous la direction absolue des jésuites, avec une implacabilité servile et cruelle contre ses jeunes complices de 1821, séduits par lui-même. Il les laisse errer, proscrits et misérables, en Europe, sans leur rouvrir ni l'armée ni la patrie.

Plus tard, les événements de 1848 en France lui font augurer une autre fortune en Italie. Il se lance, malgré la France, dans une entreprise inopportune et agressive contre ses alliés d'Autriche. (Je le sais; car, étant alors seul ministre de nos affaires étrangères en France, je n'ai pas cessé de refuser le concert avec lui et de lui déconseiller la guerre peu loyale pour laquelle il implorait notre impulsion et notre garantie.) Il s'aventure, il combat bien, il succombe, et il se réfugie une seconde fois en Portugal, où il meurt dans un couvent, laissant à un fils aussi brave et aussi peu consistant que lui le poids d'une ambition sans limites avec une force bornée dont on peut, sans se tromper, prévoir la déception en révolution ou contre-révolution en Italie au moment où se dénouera l'imbroglio de cette péninsule.

XLVI

Je profitai de cet apaisememnt en Italie, où les deux révolutions avortées n'avaient fait qu'accroître l'influence de l'Autriche, pour demander un congé et pour passer les Alpes. On me l'accorda facilement : malgré mon ardeur, je ne pouvais être d'aucune utilité à Naples ou à Rome. Je louai une jolie maison de campagne sur la colline qui domine la petite ville d'Aix en Savoie, et je m'y établis pour l'été et pour l'automne. L'oisiveté et la solitude m'y firent retrouver malgré moi les inspirations poétiques qui m'avaient valu, quelques mois auparavant, le succès des *Méditations*. J'écrivis le deuxième volume de ces poésies, sous l'impression du bonheur intime que mon mariage, la naissance de mon enfant, le caractère accompli de ma femme et la fortune viagère mais plus que suffisante de ma belle-mère vivant avec sa fille unique répandaient en moi et autour de moi. Une nourrice de Savoie avait remplacé la belle nourrice des Sabines de Turin. L'enfant ressemblait à ma mère, et sa précoce intelligence déridait déjà sur ses lèvres des sourires pleins de sérénité qui me rappelaient le sein maternel.

Toutes les fois que je veux me donner une fête rétrospective de l'esprit, je me transporte en pensée dans cette maison tranquille, entourée de terrasses couvertes de treilles, un dimanche matin, sous un ciel d'été : ma femme et sa mère lisant leurs prières à l'ombre, chacune dans un livre différent, mais d'un même cœur; la nourrice assise sur l'herbe à leurs pieds et balançant d'un rhythme monotone le berceau de l'enfant au branle de la cloche du village voisin qui sonnait les vêpres; et moi, un peu plus loin sur la pelouse, écrivant au crayon dans un album des strophes à demi-voix qui priaient, chantaient, pleuraient d'abord pour moi-même, et qui allaient bientôt après s'envoler pour rejoindre, comme des colombes attardées, leurs sœurs des premières méditations où se vidait le vase de mon cœur désormais heureux, mais toujours fidèle à ses souvenirs du tombeau.

Les révolutions de Naples et de Turin, auxquelles je venais d'assister pour m'exercer à d'autres plus sérieuses, étaient déjà bien loin de ma pensée.

LIVRE QUATRIÈME

I

Quand l'automne commença à refroidir le climat et que les premières neiges, comme les premières plumes folles des cygnes d'hiver, argentèrent quelquefois les hauts sommets des montagnes de Savoie, nous revînmes à Milly, qu'habitaient mon père, ma mère et mes sœurs, passer la saison des vendanges pour rendre nos parents témoins de la félicité que nous leur devions. Ma mère en jouissait comme on jouit de son ouvrage. L'intimité touchante qui s'établit à première vue entre elle, ma femme digne d'elle, ma belle-mère retrouvant sa patrie partout où sa fille l'entraînait, mes sœurs pressées d'adopter une sœur de plus dans leur belle-sœur, rendirent cet automne délicieux.

Ce fut avec peine et pour obéir aux lois de l'avancement

dans ma carrière, ainsi que pour utiliser le crédit de mes amis d'un rang supérieur au mien, que nous nous éloignâmes, à l'entrée de l'hiver de 1822, pour habiter Paris quelques mois et pour nous rendre au printemps en Angleterre.

II

Je pris à Paris un ample appartement meublé, au rez-de-chaussée, avec un jardin assez vaste qui était séparé de la rue de Rivoli, alors non encore bâtie, par un mur peu élevé et percé d'une petite porte ouvrant en face du jardin des Tuileries. Nous y passâmes l'hiver en paix, en loisirs, en travail et en amitié, sans nous occuper beaucoup d'un avancement qui m'était assez indifférent, si ce n'est pour donner quelque satisfaction à l'amour-propre de mon père et de mes oncles. Les parents, quelque modestes qu'ils soient, — et mon père était modeste jusqu'à préférer tout le monde à lui-même et à son fils, — aiment cependant à voir constater dans leur province le mérite de leur fils par quelques faveurs authentiques de la fortune.

Mes hautes relations de société à Paris rassuraient mon père sur mes progrès naturels dans la carrière des affaires, et comme il n'avait eu pour lui aucune espèce d'ambition, excepté celle de son honneur et de ses devoirs, il n'en avait aussi que très-peu pour moi. Il se reposait avec abandon sur la Providence. Elle avait été économe de ses biens et de ses faveurs pour lui, mais jamais oublieuse. Il comptait sur elle pour moi, et, jusqu'à cette époque de ma vie où je succombe, je dois reconnaître qu'il avait raison. Mais je succombe par mes fautes et non par celle de cette Providence. Il faut être juste même envers soi-même. Cette justice qui nous force à accepter notre expiation me vient de mon père. C'est la vertu de ceux qui n'en ont pas d'autres. Il faut souffrir sans se plaindre de Dieu, qui est toujours trop bon, et dire : « J'ai mérité ce que je souffre. »

III

Je partis avec ma belle-mère, femme excellente, ma femme et mon enfant, dans les premiers beaux jours du printemps, pour l'Angleterre. Ma belle-mère possédait à Londres une belle maison, voisine du parc ; nous allâmes l'habiter. Sa famille était très-distinguée par ses parentés élégantes et aristocratiques, les Churchill, les Crawford, les Woodford. J'en fus accueilli avec cet empressement affectueux et élevé qui caractérise l'aristocratie anglaise et qui fait d'un Anglais chez lui le plus noble spécimen de la dignité et de la cordialité humaines réunies dans un même homme. L'extérieur même des hommes d'État, des généraux, des grands marins, des grands magistrats de cette nation d'élite, porte l'affiche naturelle de cette dignité dont ils ont l'empreinte. Le reste de la nation anglaise se sent dignifiée par l'aristocratie qu'elle produit et qu'elle honore, au lieu de porter, comme en France, une envie jalouse à ce qui s'élève au-dessus d'une vertueuse démocratie. L'envie est essentiellement le vice français. Le Gaulois se venge par la raillerie et par l'épigramme de tout ce qui l'humilie, et il se sent humilié par tout ce qui le dépasse. Rabaisser est sa tendance. Cette différence, tout à l'avantage des Anglais, entre un peuple fier de son aristocratie et un peuple humilié de la sienne, me frappa au premier coup d'œil. L'orgueil dit à l'un : Tu grandis dans tous ceux qui te font voir à quelle grandeur tu peux monter. La vanité dit à l'autre : Tu es humilié, si tu reconnais au-dessus de toi quelqu'un de plus grand que ta petitesse.

IV

M. de Chateaubriand était alors ambassadeur à Londres. Je crus de mon devoir de lui faire visite. Il me reçut avec une froideur sans accueil à laquelle je ne m'attendais pas, car je lui portais comme écrivain, comme royaliste, comme homme d'État surtout, un respect et une déférence qui me disposaient à l'enthousiasme le plus respectueux pour ce grand homme. Il ne daigna même pas m'inviter à dîner, politesse banale qu'un ambassadeur fait à tous ses nationaux, surtout quand ils sont diplomates et quand ils sont écrivains, quoique à une grande distance d'âge et de talent. Ce ne fut qu'un mois après ma visite que, sur les observations du vicomte de Marcellus, mon ami et son secrétaire d'ambassade, il m'envoya une invitation à laquelle je crus devoir me rendre. Je dînai donc à l'ambassade, avec quelques ministres et quelques femmes de haut rang qui ne firent aucune attention à moi. Il ne me dit pas une parole lui-même pendant la soirée. Je ne m'en offensai pas. Je n'ai jamais été ni exigeant ni susceptible. Je lui rendis ma carte et je me renfermai sans regret dans ma petite retraite rurale à Richemond, où je passai solitairement l'été dans le bonheur, dans la jouissance concentrée des vrais biens de l'homme : une femme digne d'estime et d'amour, un enfant qui promet de continuer ici-bas la tendresse et les vertus de sa mère, une aisance suffisante et un travail agréable entrecoupé de loisirs dans un site enchanteur. J'y restai jusqu'à la fin de l'automne.

Quand les feuilles commencèrent à tomber aux premières secousses des ouragans mélancoliques de l'Océan, bruits des airs qui ont bien plus d'accent dans les îles Britanniques que sur le continent, je revins à Londres et je m'embarquai bientôt après pour la France. J'avais si peu d'ambition que j'avais presque oublié la diplomatie et que je me laissai oublier tout l'hiver à Paris sans solliciter la moindre attention du ministère.

V

C'est pendant le printemps suivant que ce charmant enfant que j'avais ramené de Londres, à peine sevré, nous fut doucement enlevé par une mort lente et insensible, comme le trésor d'une mère que le voleur domestique enlève pendant la nuit de son chevet. C'était notre première perte. La douleur fut cruelle. Je ne voulus la faire partager à personne. J'allai seul choisir, le lendemain de sa mort, dans un cimetière éloigné, une petite place où je pusse rendre à la terre ce que la jeunesse et l'amour lui avaient enlevé et ce qu'ils avaient espéré immortaliser de leur souffle.

Le destin me disait assez par cette première perte, qui devait être suivie, douze ans après, par une perte bien plus sentie encore, que rien de moi ne subsisterait après moi sur cette terre, et que c'était ailleurs qu'il fallait espérer retrouver et éterniser.

VI

Une fille ne tarda pas à nous naître. C'était à Mâcon, dans la maison de mon père. Une circonstance accidentelle me frappa. Pendant que ma femme était dans les douleurs de l'enfantement, un orgue de Barbarie, dont la manivelle était tournée par un joli enfant des montagnes, s'arrêta sous les fenêtres et couvrit d'une joyeuse et mélodieuse sérénade les cris de douleur de l'accouchée. J'y crus voir un augure de félicité.

Les premières années de Julia (ce fut le nom qu'un souvenir d'amour donna à notre fille) répondirent à cet augure. Mais, hélas! après avoir consolé et embelli notre vie pendant ses onze premières années, la félicité ne fut que pour elle : elle eut le bonheur de mourir, encore ivre de sa vie, sans avoir entrevu les tristes jours qui allaient commencer pour son père et sa mère. Dieu, par la main de la mort, lui tira le rideau qui cachait les vilaines scènes de la vie. Elle mourut en croyant que c'était une fête.

Combien, depuis, n'ai-je pas remercié la Providence de cette mort qui l'enlevait à tant d'infortunes! — Elle vous aurait consolé! me dit-on quelquefois. — Oui; mais il vaut mieux ne pas être consolé, vieillir triste et mourir seul, que d'affliger ce qu'on aime le mieux ici-bas et de le laisser aux hasards d'une destinée brisée et incertaine, dans une vie qui n'a que des amertumes au fond des meilleures coupes. Une seule chose me console aujourd'hui, c'est de la savoir à l'abri de nos misères, dans l'asile où Dieu l'a mise à l'ombre. J'aime mieux qu'elle m'attende là-haut que de l'y attendre moi-même. Il y a un féroce égoïsme du malheur qui vous réjouit de souffrir, pourvu que vous souffriez seul : c'est le mien aujourd'hui !

VII

Les ordres du ministère, qui était occupé alors par le duc Mathieu de Montmorency, me rappelèrent à Paris pour m'offrir la place de secrétaire d'ambassade dans l'Italie centrale, à Florence. Le comte de Boissy, célèbre depuis, allait la quitter.

Le marquis de La Maisonfort, émigré rentré, publiciste flexible, homme d'État par l'intelligence, homme de plaisir par le caractère, homme d'esprit avant tout et par-dessus tout, y était depuis quelque temps ministre de France. Louis XVIII s'en était débarrassé à Paris en le reléguant au cœur de l'Italie, avec une importance satisfaisante pour son amour-propre, un appointement convenable et un loisir qui lui laissait le libre exercice de ses goûts littéraires. Ses dettes énormes, que toutes les douceurs de l'émigration n'avaient pu éteindre, s'opposaient seules à son bonheur. Mais il était si insouciant et si léger de caractère, qu'il ne demandait pas mieux que de les oublier. Sa femme et ses fils étaient restés en France. Il avait été suivi à Florence par une amie, de famille distinguée et de relations équivoques, qui continuait à tenir sa maison d'ambassadeur et à exercer un rude empire sur sa volonté. Il l'imposait à la cour et à la ville. Ces amitiés, innocentées par l'âge et consacrées par l'habitude, n'offensent nullement les sociétés italiennes. Les ménages d'un certain âge sont presque tous doubles en Italie. La chevalerie y a revêtu les formes de la galanterie surannée.

Le marquis de La Maisonfort, à ces faiblesses près, était un des hommes les plus spirituels et les plus agréables à vivre que j'aie jamais rencontrés dans le cours de ma vie. Gentilhomme de grande maison, les goûts et les habitudes de son rang l'avaient naturellement entraîné à suivre en émigration sur les terres étrangères les princes frères de Louis XVI, et à se jeter sous leurs auspices dans une diplomatie d'aventures qui ressemblaient plus à des intrigues qu'à des négociations. Il avait écrit avec talent des pamphlets royalistes qui avaient popularisé son nom, à l'exemple du comte de Maistre, du comte d'Entragues et d'autres publicistes errants, prêtant des doctrines aux cours qui avaient de l'or et des soldats à opposer à la révolution. Ses convictions, au fond, n'étaient guère que des convenances. En religion et en politique, il avait plus de sarcasmes contre les ridicules que de foi dans les axiomes de son parti. C'était un *condottiere* de l'autel et du trône qui s'abritait sous le drapeau de la légitimité, mais qui, l'honneur à part, aurait eu autant de penchant pour le parti contraire. On l'accusait même, et non sans quelque apparence, d'avoir trempé avec Fauche-Borel, le plus intrigant et le plus remuant des hommes, dans de prétendues négociations secrètes avec le directeur Barras pour rétablir la royauté de Louis XVI en France, négociations évidemment supposées dans le but de donner de l'importance et des subsides aux négociateurs.

M. de La Maisonfort avait trop d'intelligence pour croire à la réalité des chimères de Fauche-Borel. Pour être trompé, il fallait qu'il se prêtât plus ou moins à la duperie de son associé. Les cours proscrites ont trop besoin des improbabilités de ce genre, pour marchander leur confiance à ceux qui leur proposent un trône avec quelque corruption et quelque vénalité du genre de celles que l'on supposait à Barras.

VIII

Le marquis de La Maisonfort s'était ensuite attaché à M. de Blacas, favori du roi, en Angleterre. A la rentrée du roi en France, il s'était signalé par une brochure royaliste qui avait rivalisé de talent avec celle de M. de Chateaubriand. Cette brochure avait confirmé la renommée un peu exagérée de principes immuables et de théories monarchiques qui faisait de lui un rival des de Maistre, des Bonald et des Chateaubriand. La légèreté de sa conduite, l'étourderie de ses propos, le peu de réalité de la faveur que lui témoignait Louis XVIII, le ton de supériorité dédaigneuse de M. de Blacas à son égard, avaient promptement restreint cette renommée d'homme d'État à ses proportions véritables, celles d'un homme d'esprit de l'époque de Charles II d'Angleterre, rapportant de l'émigration des titres de fidélité et des titres de légèreté méritant la reconnaissance du monarque, mais inspirant moins d'estime aux ministres et à la nation.

J'appréciais beaucoup la grâce voltairienne de ce caractère dépourvu de morgue et ne cherchant qu'à plaire et à être amusé. Il était lettré comme un homme de la cour de Louis XIV, il faisait des vers agréables dans la coupe des poésies légères de Voltaire, il écrivait remarquablement bien en prose. Nul, excepté M. de Chateaubriand, n'aurait été capable de rédiger pour la couronne de meilleures pièces diplomatiques et des pamphets plus spirituels; mais on l'employait peu, parce que les chancelleries, qui aiment la pesanteur et qui croient que l'ennui est une condition du respect, se défiaient de sa grâce et de son naturel comme d'un défaut. Il s'en consolait à Florence, comme d'une disgrâce des hommes médiocres du métier, qui lui laissaient du moins le loisir d'une opulente retraite. Opulence relative, hélas! qui était loin de suffire à ses dettes et à ses besoins.

IX

La légation de Toscane, dont Florence était la principale résidence, comprenait en outre la légation de Lucques, celle de Modène et celle de Parme.

Lucques était possédé plus que gouverné par un jeune prince de la maison de Bourbon, fils de la reine d'Étrurie, marié à la vertueuse fille de la reine de Sardaigne. La cour du duc n'était qu'un cercle de plaisirs, renouvelé tous les ans, à l'époque des bains, par les nombreux étrangers que cette saison attirait dans l'arcadienne vallée de Lucques. Le ministre de France y résidait une partie de l'été, dans une maison de campagne des grands seigneurs du pays, au milieu des colonnades, des ombrages, des eaux jaillissantes qui rappellent les délices et les splendeurs des villas décrites par Boccace; séjours qui associent les solennités de l'art aux délices de la nature et aux sérénités du climat, et qui font de l'habitation de ces grandes maisons bâties en marbre sur les étages ombreux, ruisselants et murmurants des montagnes de Lucques, des résidences auxquelles on ne peut comparer que les *Tibur*, les *Baïa* et les *Tusculum* de la Rome antique.

X

Modène, que la légation française de Florence allait visiter aussi pendant l'été, n'offrait guère plus d'importance diplomatique et moins d'agréments. Le duc de Modène, qui y régnait alors, était, on ne sait trop pourquoi, pour les libéraux français, le type de la tyrannie et le symbole vivant de la stupidité germanique. Il en riait lui-même avec une dédaigneuse indifférence. « Ils se moquent de moi parce que je fais mon métier de prince en conscience, et qu'en désirant me faire aimer de mes sujets fidèles, je consens aussi à me faire craindre de mes sujets factieux. Si j'oubliais cette seconde partie de mon rôle, ils me mépriseraient avec raison. J'aime mieux être aimé de mes amis et craint de mes ennemis que méprisé de tout le monde. On vous dira, ajoutait-il, que les jésuites me gouvernent. Laissez dire et n'en croyez rien. Je me sers des jésuites comme d'un bon instrument de morale sur mes sujets italiens ; mais si je commençais à les craindre un jour, je les aurais renvoyés le lendemain. »

Ce prince était immensément riche. Il avait sauvé, pendant l'occupation française de ses États, les trésors classiques accumulés par sa maison. Ses palais, meublés de chefs-d'œuvre, à la campagne et à la ville, ressemblaient aux palais et aux galeries de Ferrare du temps de la maison d'Este.

Sa jeune femme, mère de la comtesse de Chambord, était une digne image d'Éléonore, idole du Tasse. Toute la beauté, toute la grâce, toute la physionomie poétique de cette époque de l'Italie revivaient dans ses traits. Une mélancolie profonde, mais sereine, que l'on interprétait, à tort peut-être, comme une conséquence de son union avec un prince d'un âge austère et d'une physionomie trop arrêtée, attendrissait le regard de sa cour. De charmantes femmes, de cette beauté classique du moyen âge en Lombardie, encadraient poétiquement cette figure de reine. Je ne quittais jamais sans regret cette résidence princière, dépoétisée aujourd'hui par un sous-préfet piémontais.

XI

Quant à Parme, cette principauté de l'Italie avait été donnée par le traité de Vienne, en indemnité de l'empire français écroulé sous son propre poids, à l'impératrice Marie-Louise d'Autriche, devenue veuve d'un mari vivant. J'ai beaucoup connu et, je crois, très-bien compris Marie-Louise. Les bonapartistes français et européens ont voulu en faire une héroïne malgré elle et malgré la nature, une scène de Corneille déclamée à Sainte-Hélène. Elle n'était qu'une jeune captive ravie par l'Achille moderne au palais de sa race, à Vienne, pour orner et consolider son triomphe ; une Criséis allemande emmenée par obéissance à Paris au milieu de soldats farouches qui avaient voulu la retenir par violence et l'emmener au delà de la Loire, quand l'Europe leur avait enlevé Paris. Délivrée de ces obsessions, plus intéressées que conjugales, par les Russes, elle n'avait pas fait, il est vrai, de grands efforts pour aller rejoindre à Fontainebleau le mari dont elle était séparée et qui ne la redemandait pas alors. On ne peut pas lui supposer une bien tendre passion pour un guerrier vieux avant l'âge, distrait par le globe que la fortune lui avait donné en jouet, aigri par les défaites, et qui ne passait pas pour être même fidèle à cette jeune épouse pendant ses campagnes dans le Nord ou pendant ses quartiers d'hiver à Paris. Rendue à son père par les Russes, rappelée à Vienne pendant les négociations, la politique européenne s'était étudiée à la séduire. On lui avait assigné, dans le plus beau climat du monde, un État qui n'était qu'un jardin, et un palais qui ne pouvait se passer d'amour à son âge.

Soit hasard, soit intention, on avait attaché à sa personne un jeune général, le comte de Neiperg, blessé dans la dernière guerre pour son père contre son mari. M. de Neiperg était devenu naturellement son conseiller, son favori, peut-être son consolateur. Des enfants innomés, dont le père et la mère n'étaient un mystère pour personne, étaient aperçus dans les demi-jours des corridors du palais. Ces faiblesses, bien excusables dans une jeune princesse que la politique de l'Europe avait donnée à un soldat et que la même Europe venait de rendre à la nature et à la maternité, étaient des grâces voilées, grâces répréhensibles peut-être dans Marie-Louise, mais qui prêtaient un charme de plus à sa société. M. de Neiperg était, du reste, parfaitement réservé et respectueux dans tous les rapports publics avec la fille de son souverain. C'était un homme de cœur et d'esprit, un soldat, un diplomate de la race des chevaliers.

XII

La maison de Marie-Louise ressemblait à la maison d'une noble veuve, heureuse d'être détrônée, ayant oublié avec délices les pompes de l'empire du monde, et satisfaite de son abandon dans le tranquille isolement d'une Clorinde du Tasse chez le pêcheur des bords du Jourdain.

Elle me mena un jour dans les petits appartements élevés et poudreux de son palais, où l'on avait relégué les vieux meubles personnels, souvenirs de sa grandeur, pour me faire voir la toilette et le berceau d'or donnés par la ville de Paris à l'impératrice, à l'époque de la naissance du roi de Rome. Elle détourna les yeux en me les montrant du geste avec un sourire un peu dédaigneux et une légère tristesse de convenance : « Les voilà, me dit-elle ; ils m'ont coûté bien cher. Je les ai éloignés de mes yeux ; ils me rappellent des temps dont le souvenir m'est amer. Allons-nous-en ! »

XIII

Je trouvai, en arrivant à Lucques, M. le marquis de La Maisonfort, établi à la campagne, dans la magnifique villa de Saltochio, sur les collines. C'était une villa de Boccace, toute construite en portiques, en colonnades, en salles retentissantes, à l'ombre d'arbres touffus élevant leur dôme au niveau des balustrades des toits, et à la fraîcheur de bassins d'eaux jaillissantes réfléchissant l'édifice dans leurs miroirs profonds. Il me reçut non en secrétaire, mais en poëte, comme les hommes d'État d'Italie auraient reçu Torquato ou l'Arioste à la cour de leur prince, avec cette cordialité sans morgue qui nivelle, dans la confraternité des lettres, les supériorités de rang et de grade. C'était là la grâce désormais disparue des émigrés français. Ils avaient subi toutes les fortunes, la bonne comme la mauvaise. Tantôt en haut, tantôt en bas de la roue, ils avaient roulé comme le temps, de pays en pays, de cour en cour, de misère en misère de la vie. Ils avaient appris à n'estimer que l'homme dans l'homme. Il y avait toujours en eux un arrière-goût d'aventurier; c'est le sel de la vie, le piquant du monde, l'assaisonnement des jours prospères après l'amertume des jours d'infortune.

Le marquis de La Maisonfort en était pétri. La séve de la jeunesse petillait dans sa nature; il en avait même l'ivresse. Il oubliait tout pour être aimable et pour qu'on fût aimable avec lui. Son esprit se mettait à l'aise au-dessus de ses fonctions. Ses fonctions, du reste, n'avaient rien de trop sérieux alors dans les cours de Modène, de Parme, de Lucques, de Florence, où il résidait. Pourvu que sa correspondance amusât Louis XVIII par quelques anecdotes de palais et qu'il raillât spirituellement les agents de M. de Metternich qu'il n'aimait guère; pourvu qu'il reçût avec distinction les princes ou les hommes d'État de l'Europe qui inondaient en ce moment l'Italie, son œuvre était faite. Il consacrait le reste du jour à la littérature et à la poésie légères, dans lesquelles il excellait. C'était un Saint-Évremond au delà des Alpes.

Il n'eut pas la pédanterie de vouloir devenir mon Mentor politique, ni de m'assujettir aux puériles formules de la chancellerie. Il eut, le lendemain, l'esprit de comprendre que j'en savais autant que lui sur la situation de l'Europe, et que nos idées concordaient au fond sur la nécessité de relever insensiblement la France au dehors, en appuyant fortement la royauté des Bourbons à l'intérieur sur un certain libéralisme loyal, mais modéré, qui lui rendît le sentiment d'elle-même après les désastres et les humiliations de 1814 et de 1815, ces deux fourches Caudines sous lesquelles Bonaparte l'avait laissé courber. Tel était le fond de sa politique, et tel était le mien. Tel était celui du roi lui-même; on peut dire tel était celui de l'Europe. C'est dans ce sens que nous étudiions ensemble alors les événements qui passaient de près ou de loin sous nos yeux. Nous nous entendions parfaitement, et comme nous étions l'un et l'autre d'un bon caractère, nous nous rendions la vie douce. Qu'avions-nous de mieux à faire?

XIV

Après un été délicieux passé dans ce séjour enchanteur, où la politique, tout à fait nulle, n'était que le prétexte aux fonctions et aux appointements de la diplomatie, nous rentrâmes à Florence pour y mener une vie un peu moins oisive.

J'y avais pris une maison, plus semblable à une villa qu'à un hôtel, entourée d'un joli jardin en terrasse qui dominait lui-même le beau parc de la villa Torregiani. Un monument d'amour funèbre s'élevait au milieu du parc de cette villa. La pensée qui avait fait sortir tout récemment de terre cette tour colossale, ornée de la plus splendide architecture jusqu'à une prodigieuse hauteur, était une pensée italienne, conforme aux mœurs de ce pays de l'amour, et que Platon ou Pétrarque n'auraient pas désavouée.

Le marquis Torregiani, opulent seigneur de Toscane, était chevalier servant d'une jeune dame juive, femme d'un banquier florentin, dont les charmes et les agréments illustraient le nom, faisaient l'amour de son mari et l'adoration de son serviteur platonique. Une maladie de langueur emporta cette ravissante personne. La ville fut consternée, le mari inconsolable. Le cœur du chevalier servant se brisa pour jamais. Pour immortaliser sa douleur, n'osant pas revendiquer pour lui-même le droit d'ensevelir la dépouille mortelle dans un monument où il pût la pleurer librement à la face de la ville, et ne voulant pas cependant perdre de vue le sépulcre de celle qu'il avait tant adorée, construit dans le *Campo-Santo*, cimetière de Florence, il conçut la pensée d'élever dans son propre jardin une tour si haute qu'il pût, en y montant tous les jours, contempler de son sommet la place où reposait son amour. Lui seul était dans le secret de l'intention funèbre et mystérieuse de ce monument. Il venait tous les matins visiter cet édifice énigmatique, et il y passait la meilleure partie du jour, les yeux fixés sur le point de l'horizon où celle qu'il n'avait pas cessé d'adorer avait pris le vol de son âme vers le ciel. D'autres assuraient même qu'il avait enlevé nuitamment cette chère dépouille au *Campo-Santo* et qu'il possédait son cercueil, comme celui d'une reine d'Égypte, dans cette pyramide de l'amour. Quoi qu'il en soit, je le voyais, du haut de ma terrasse ombragée de cyprès, entrer furtivement chaque matin par une porte dérobée de son parc et se glisser dans sa tour. Il y est peut-être encore, si la mort n'a point abrégé la séparation de ces deux âmes.

Tels sont l'affection, l'amitié et l'amour dans ce doux climat qui immortalise et divinise les sentiments comme il conserve les marbres. Tout y est durable, parce que tout y est sérieux. L'ombre de cette tour, en tombant sur mon jardin à certaines heures du soir, me donnait le frisson de la Pia, de Francesca ou de Béatrice; je me sentais vivre sur la terre des grandes passions. L'éternité me poétisait la vie.

XV

Heureux moi-même alors d'un bonheur calme et pieux qui se nourrissait de deux souvenirs de personnes mortes, sans que mon amour pour elles fût mort en moi, j'aimais, comme le marquis Torregiani, à jouir, les yeux sur deux sépulcres à distance, de mon bonheur présent. Je ne demandais pas à la vie plus qu'elle ne contient : des deuils et des consolations. J'aimais ma femme et mon enfant :

> L'une par qui l'on vit, l'autre qui fait revivre.

XVI

J'avais fait venir de France mes chevaux de selle, ma grande passion, dont j'avais accru le nombre par quelques étalons du bey de Tunis, que le consul de France à cette cour, M. Rousseau, avait eu la complaisance de m'envoyer, et que je dressais dans le beau parc des *Cascines*, ce bois de Boulogne florentin qu'arrose l'Arno. J'allais, au retour, prendre les ordres du marquis de La Maisonfort, à l'ambassade, et copier quelques dépêches très-insignifiantes et très-spirituelles, puis je rentrais dans ma solitude et j'écrivais, à l'ombre d'un caroubier dans mon jardin, ces *Harmonies poétiques*, émanations d'une jeune âme qui, n'ayant plus rien à pleurer ou à désirer sur la terre, pense aux choses éternelles et recueille dans la nature les notes les plus pieuses pour les adresser à Dieu dans la langue des psaumes.

C'est ainsi que se formaient page à page ces deux volumes, que je devais imprimer plus tard, sans souci alors du succès littéraire. Mon unique souci était de me plaire à moi-même, de me composer des prières, de me façonner quelques vases d'autel qui pussent contenir les larmes, les ivresses, les bénédictions d'un cœur profondément ému et religieux.

XVII

Je lisais de temps à temps quelques-unes de ces strophes au marquis de La Maisonfort, aussi sensible à la haute poésie lyrique qu'à la poésie légère. Il était la transition de Voltaire à Chateaubriand, gai comme l'un, mélancolique comme l'autre; esprit aussi souple que celui qu'Horace prête à Aristippe,

Omnis Aristippum decuit color et Status et res;

que l'émigration, la misère, l'exil, n'avaient pu ni aigrir ni attrister; toujours élastique, même sous le poids des revers. C'est à la poésie qu'il devait cette facilité de comprendre et de goûter les choses mystiques; elle lui donnait la clef même des sanctuaires de la pensée. Voilà à quoi elle est bonne. Il ne faut pas désespérer d'un esprit, quelque léger qu'il soit, tant que la haute poésie s'y fait sentir. Elle donne à tout sa gravité, elle rend sérieux. Ce qui rend sérieux rend sage.

Tel était cet homme remarquable, qui avait pu avoir des fautes, même des vices, mais dont la nature était très-supérieure à la vie.

XVIII

Il me présenta sans jalousie, mais au contraire en se parant de moi, à la cour de Florence.

Cette cour était alors un véritable échantillon de ces cours d'Italie du quinzième siècle qui rappelaient la Grèce antique à l'Italie, et qui contenaient plus de civilisation, plus de génie, plus d'élégance, plus d'art et de poésie, que toutes les grandes monarchies encore semi-barbares de l'Europe n'étaient capables d'en comprendre. Les papes d'élite de ces époques, les cours orageuses et tragiques de Naples, les républiques et les Médicis de Florence, les duchés de Ferrare ou de Milan, les aristocraties et les démocraties héroïques de Venise ou de Gênes, avaient fait dans ces temps de renaissance du moyen âge une mosaïque en miniature, mosaïque en action, héroïque, philosophique, poétique et artistique, de l'univers tout entier. Ce moyen âge, si honteux pour les autres peuples européens, a été, peut-être plus que l'époque romaine elle-même, la véritable époque merveilleuse de l'Italie. Les Romains n'étaient que les conquérants dévastateurs du monde; les Italiens en étaient les poëtes dramatiques. La scène du monde était chez eux; ils y jouaient en petit les drames des plus beaux caractères et les jeux les plus intéressants de la fortune. A l'exception du Piémont, sorte de Macédoine barbare qui se confondait avec la Gaule et avec la Suisse, toute cette péninsule semblait s'être détachée de l'Orient avec son ciel, son climat, ses mœurs, ses poëtes, ses politiques, ses historiens, ses orateurs, ses héros et ses femmes. Une histoire de ces siècles italiens, refondue aujourd'hui par un grand écrivain, par un Thucydide de l'Europe moderne, serait le livre le plus magique qui pût instruire et charmer les peuples.

XIX

La cour de Florence était la continuation des Médicis. La maison de Lorraine avait succédé paisiblement et sans conquête, par héritage, par déshérence, avec consentement de l'Europe en congrès, au dernier des Médicis.

Le grand-duc de Toscane, celui qui vit encore à l'heure où j'écris et que l'envahissement de ses États, sans cause et sans déclaration de guerre, a conduit en exil par les baïonnettes du roi de Sardaigne, comme pour montrer que la maison de Savoie avait aussi son machiavélisme populaire, était jeune alors. Il paraissait être et il était adoré de ses peuples, comme une espérance déjà à demi réalisée. Tout ce qu'on lui demandait comme souverain du centre de l'Italie, c'était d'être indépendant en restant allié et parent de la maison d'Autriche, dont la domination quoique voilée inspirait un juste ombrage aux Italiens.

Le roi de Sardaigne, Charles-Albert, dont on a voulu depuis faire un héros de libéralisme, était au contraire une espèce de proconsul des rigueurs autrichiennes en Piémont. Ses sévérités obséquieuses allaient au-devant des rigueurs de M. de Metternich dans la basse Italie. Ses amis et ses complices de la révolution de Turin en 1820 étaient inhumainement condamnés par lui à un éternel exil, comme pour racheter, par cet ostracisme et souvent par des supplices, les gages qu'il leur avait donnés dans un autre temps. Les Autrichiens et les jésuites régnaient à Turin, comme à Modène, à Parme et à Lucques.

XX

Le grand-duc de Toscane, quoique plus rapproché, par le sang, de l'empereur d'Autriche, s'étudiait au contraire à s'en montrer plus séparé par la nature toute paternelle de son gouvernement. C'était un État de famille, où la représentation était dans la familiarité du prince avec ses sujets. La constitution n'était pas dans les lois, mais elle était toute dans les mœurs. La loi politique ne semblait pas nécessaire, car elle était dans l'espèce de parenté générale des sujets entre eux et des sujets avec le prince. L'esprit républicain des antiques magistratures s'y était fondu, sous les derniers règnes des Médicis et sous les premiers règnes de la maison de Lorraine, avec le génie de la liberté pratique municipale, le génie de l'agriculture, du commerce et surtout des arts. Florence était un atelier, un comptoir, une académie, plus un palais; le gouvernement y était, pour ainsi dire, volontaire; la liberté sans danger y régnait sans faction. On aimait la cour; elle n'avait aucun besoin de se faire craindre. Quelques conseillers d'État, choisis par le consentement public parmi les hommes les plus considérés et les plus aisés du pays, suffisaient pour la diriger, comme une barque dont un enfant ou un vieillard tient le gouvernail d'une main indolente dans une eau calme. De tous les points de l'Europe pacifiée les étrangers affluaient dans ce paradis de Florence, pour admirer les chefs-d'œuvre des arts et pour jouir de ce gouvernement insensible qui faisait oublier la nécessité des gouvernements.

XXI

La cour, qui n'était que la première famille du pays, était digne des institutions. Le palais *Pitti*, qu'elle habitait l'hiver, à Florence, était un musée plus qu'une citadelle. Les jardins de *Boboli*, qui s'étendaient derrière le palais, étaient la promenade sans parc réservé du peuple. On croyait y rencontrer, comme du temps des Médicis, Michel-Ange ou Raphaël, ou quelques-uns de ces grands poëtes toscans qui vivaient dans leur familiarité.

Deux jeunes sœurs, princesses nées à Dresde, cette Florence de l'Allemagne, régnaient pour ainsi dire ensemble, à titre égal, et sans autre étiquette que leur tendresse réciproque, dans cette cour. L'une était la princesse douairière, récemment veuve du dernier grand-duc; l'autre était la princesse régnante, plus jeune à peine de quelques années que sa sœur, et que le grand-duc précédent avait fait épouser à son fils actuellement régnant, en sorte que les rôles avaient été changés à cette cour par cette mort, sans rien changer néanmoins aux rapports affectueux des deux sœurs : l'une, descendue du trône sans quitter le palais ; l'autre, montant au trône sans quitter le respect et sans cesser d'être la pupille de sa sœur aînée ; toutes deux régnant en commun, la première par le souvenir, la seconde par le charme.

Le grand-duc, qui avait été le pupille de sa belle-mère la grande-duchesse douairière, avait pour elle les sentiments, les respects et l'attitude d'un fils.

La grande-duchesse régnante, son épouse, était une de ces figures, plus italiennes qu'allemandes, qui semblent détachées d'un tableau des galeries de Dresde pour revenir jouir de leur air natal et de leur climat idéal dans cette délicieuse Italie pour laquelle elles ont été créées. Il était impossible de la contempler sans adoration. Des yeux à la bouche, il n'y avait pas sur son délicat visage un trait qui ne fût génie, beauté, bonté et vertu. Tout cela, éclairé par un doux sourire, était attendri encore par cette langueur un peu pâle et un peu maladive qui est comme le sceau des choses trop parfaites, prédestinées à mourir jeunes, parce qu'elles cherchent et apportent sur la terre plus de besoin de bonheur et plus d'éléments de perfection que ce monde imparfait n'est destiné à en réaliser. Elle touchait à la première jeunesse en effet, et elle n'avait que peu d'années à faire la félicité de ceux qui l'approchaient ; la mort la guettait. Ce pressentiment la rendait sérieuse et intéressante sans la rendre triste, pour ne pas attrister d'avance ceux qu'elle aimait.

XXII

Le grand-duc, prince grave dès l'enfance, paraissait un duc de Bourgogne élevé par un Fénelon. Il n'avait pas une pensée qui ne fût un désir du bien; seulement, quoique jeune, il manquait de jeunesse. Cette absence de passion dans un jeune homme enlevait à son extérieur élégant et majestueux un peu de cette grâce et de cette souplesse qui sont, dans les princes surtout, les signes d'une nature supérieure à leur rang. Il régnait peu, mais il régnait toujours. L'autorité chez lui était sans morgue; mais le sérieux ne se détendait jamais. On le respectait trop pour l'aimer assez; mais on l'estimait sans exception. On lui eût vainement cherché un défaut, excepté peut-être un peu de parcimonie, défaut de vieillard dans un jeune homme, qui rétrécit le caractère comme la main. Peut-être même ce défaut était-il encore une vertu; car, épargner l'argent de ses peuples, c'était à ses yeux épargner l'impôt, ce droit des princes, qui n'est droit que quand il est nécessaire. Les grands travaux, vraiment romains, qu'il méditait, et qu'il a en partie accomplis pour assainir, dessécher, défricher et peupler les maremmes de Toscane dans le val de Chiano sembleraient le justifier de ce reproche. Cependant le reproche subsiste. La vertu louable de l'économie, dans un prince, a moins de grandeur que le vice pardonnable de la prodigalité.

XXIII

Un premier ministre, l'illustre et savant Fossombroni, gouvernait l'État et le prince. Fossombroni était un vieillard de quatre-vingts et quelques années, d'un esprit calme, lumineux et fin, tel qu'on en rencontre bien rarement ailleurs qu'en Grèce et dans l'Italie Étrusque : esprits qui pénètrent les affaires d'État comme le rayon de soleil pénètre le cristal. La vieillesse ne fait qu'ajouter son calme et son sang-froid à cette qualité pénétrante et douce de ces hommes de bon conseil. Ils rappellent ces vieillards d'Homère ou de Fénelon que les peuples et les souverains jeunes prenaient pour leurs tuteurs dans les jours anciens.

Fossombroni, qui certes eût été incapable, par la nature de son esprit plus philosophique que politique, de cette action forte que commandent les crises de gouvernement, était façonné tout exprès pour ces tempéraments et pour ces prudences qui sont l'essence des gouvernements mitigés d'un despotisme paternel, tel qu'était et que devait être celui du jeune souverain de la Toscane. Il était savant distingué, et s'honorait plus d'être membre correspondant de l'Académie des sciences de France que d'être premier ministre de Toscane. L'âge n'avait rien enlevé à la beauté calme, gracieuse, aimante de sa figure ni à son goût passionné pour les belles femmes de son pays. Il recherchait leur société et l'intimité de leurs relations comme une diversion à ses affaires, comme une consolation de la mort qu'il voyait s'approcher avec une résignation pleine d'espérance.

Bien que la nature de ses études mathématiques et sa fréquentation avec les philosophes français du dix-huitième siècle eussent affranchi son esprit des croyances vulgaires, son cœur, retenu par les habitudes de famille et de nation, était resté assujetti aux pratiques pieuses du catholicisme italien le plus strict et le plus secret. On le voyait tous les soirs, aux heures sombres, se glisser, enveloppé de son manteau, par les rues les plus désertes voisines de sa petite maison, dans une chapelle obscure pour y assister au salut nocturne, et en sortir en se dérobant encore aux regards, pour rentrer chez lui, le visage ému de componction. Il m'est arrivé souvent à moi-même de le surprendre ainsi avec étonnement dans des pratiques en désaccord avec sa philosophie officielle. C'est la nature de l'Italien distingué. Egalement doué de haute raison et d'ardente imagination, il concilie comme il peut les besoins de son esprit et les besoins de son cœur. Philosophe le matin, dévot le soir, il a une doctrine pour le jour et une pratique pour la nuit, une raison publique et une piété secrète. Tel est l'homme.

Je n'eus jamais qu'à me louer des sentiments et de l'accueil de Fossombroni. Il se prit d'attrait et d'amitié pour moi dès les premiers jours. Il ne me témoigna jamais la moindre jalousie des marques de préférence que le souverain ne tarda pas à me donner en public, et surtout en secret, sur mon chef d'ambassade et sur ses propres ministres. Il jugea assez bien de mon bon sens pour ne pas redouter mon influence confidentielle sur un prince dont je pouvais facilement aspirer à devenir le favori, et peut-être le ministre, si j'avais abdiqué ma qualité de Français pour m'attacher à une cour étrangère.

XXIV

Je ne me dissimule pas que ce fut surtout à l'influence toute poétique de la charmante et vertueuse épouse du grand-duc que je dus les bontés tout exceptionnelles de ce prince pour moi. Elle était du pays et de la nation de Gœthe et de Schiller. Élevée dans ces terres germaniques où la poésie est la première des principautés de l'esprit, nourrie dans ces cours où les poëtes sont favoris et ministres, si leur nature artistique consent, comme celle de l'auteur de Werther, à se plier au bon sens pratique du gouvernement, en dépouillant pour les conseils le costume fantastique du poële et en ne le reprenant que pour le gymnase ou le théâtre, la grande-duchesse avait, au premier abord, compris que, à un degré sans doute très-inférieur, je pourrais être de cette race d'hommes, propres aux choses terrestres et aux choses surnaturelles selon l'heure et les nécessités, hommes qui ne sont rien moins que des anges, sans doute, mais qui ont des ailes dans l'occasion. Aussi ne me considérait-elle précisément ni comme un secrétaire d'ambassade, ni comme un poëte, mais comme un homme qui mettrait de la poésie, c'est-à-dire de la philosophie transcendante, dans sa politique, et de la politique dans sa philosophie : de l'idéal partout ! Elle était elle-même idéale comme une fille de la Germanie, qui ne consent jamais à sevrer la pensée de ce qui la rend à la fois divine et humaine, l'imagination du bien et du beau sur le trône.

Elle avait, ainsi que sa sœur la grande-duchesse veuve, conçu un gracieux attrait pour le poëte à peine ébauché que le roi Louis XVIII envoyait à sa cour. Inspirer confiance et attrait à cette famille de princes d'élite était, en effet, ma principale et presque unique fonction. J'y avais réussi, sans y prétendre, en très-peu de temps. A ce doux métier de plaire, on ne réussit jamais mieux qu'en n'y pensant pas.

XXV

Le grand-duc commençait, en toute rencontre, à me laisser entrevoir sur mon ministre et sur le corps diplomatique une prédilection visible à tous les yeux. Bientôt, sous prétexte de m'ouvrir chaque matin sa bibliothèque particulière du palais Pitti, attenante à ses appartements, il m'offrit des occasions journalières de multiplier ces rencontres, qui échappaient ainsi à l'œil ombrageux et jaloux des autres diplomates. Je me rendais, à des heures convenues de la matinée, au palais Pitti ; je montais, comme un voyageur curieux, les grands escaliers de marbre du palais jusqu'aux étages élevés de l'édifice ; puis, prenant un escalier dérobé menant à la bibliothèque, je trouvais un bibliothécaire aposté qui m'introduisait dans les étroites et basses galeries pleines de rares collections de manuscrits et de curiosités bibliographiques que j'affectais d'examiner avec l'attention d'un amateur. Bientôt le souverain, averti par l'heure du rendez-vous, sortait de son appartement, me rencontrait comme par hasard, causait un moment avec moi, puis, m'offrant de me reposer dans son cabinet, me conduisait lui-même dans l'intérieur de ses appartements. Là, tout à fait à l'abri des indiscrets, il me faisait asseoir dans le sanctuaire des Léopold et des Joseph II, devenus empereurs d'Autriche après avoir été réformateurs de la Toscane; et, m'initiant lui-même à des études analogues à celle de ses grands ancêtres, causait et me laissait causer de ces graves sujets avec une familiarité égale à celle de Denys avec Platon, ou de Frédéric II avec Voltaire.

Je dirai, sans aucune flatterie, que l'entretien de ce prince, aussi bien intentionné que la Providence, aussi éclairé que son premier ministre Fossombroni, aussi passionné que la philanthropie pour la félicité de son empire, me touchait, m'éclairait, me passionnait moi-même comme un élève pour un être aussi supérieur à lui d'instruction et de vertu que de rang. Il m'apprit à estimer les princes comme à les aimer, quand la nature les a faits princes en tout, les premiers et les meilleurs des hommes.

Les princesses, voyant se prolonger ces entretiens confidentiels, venaient quelquefois, sous un prétexte ou sous un autre, les interrompre ou s'y associer un moment. Elles ne témoignaient jamais d'humeur de ces rendez-vous dont elles connaissaient assez les motifs et qu'elles avaient elles-mêmes insinués; mais elles n'y prenaient point part autrement que par quelques mots bienveillants sur la conversation qu'elles troublaient et par des sourires gracieux échangés comme dans une rencontre fortuite.

XXVI

Pendant l'été, j'habitais, dans le faubourg de l'Ardenza, à Livourne, une belle villa entourée d'un magnifique parc italien. La cour résidait alors à Pise, et venait habiter son palais ducal, sur la place de Livourne, pour profiter de la saison des bains de mer. Souvent les princesses allaient à l'Ardenza, dans leur équipage de cour, se confondre avec les promeneurs pour respirer l'haleine de la mer jusqu'à la tombée de la nuit. Elles s'arrêtaient quelquefois au retour, avec une familiarité touchante, devant notre demeure, faisaient entrer la voiture dans notre jardin, et s'asseyaient tantôt dans le salon, tantôt dans le jardin sous les orangers, à la fraîcheur du jet d'eau, pendant que les enfants jouaient à nos pieds sur le sable. Elles daignaient s'entretenir avec nous, comme si les augustes filles et mères de rois et les humbles habitants de la masure de Saint-Point n'eussent été qu'une famille. Il faudrait être bien ingrat pour avoir oublié, après le détrônement et après la mort, des bontés tout exceptionnelles que la mort et les détrônements ne font que rendre plus sacrées dans des cœurs reconnaissants.

Je ne me doutais pas alors qu'un jour je tiendrais dans les mains le sort de la Toscane et de toute l'Italie, et qu'au lieu d'envoyer à cette cour, neutre et tremblante, des ordres de proscription par des ambassadeurs absolus, je lui enverrais, dans le comte et dans la comtesse de Boissy, d'anciens amis pour les rassurer et les conseiller dans les circonstances difficiles. Aussi, depuis, ai-je appris que le grand-duc parlait de moi alors comme d'une providence de paix, veillant à la fois sur les peuples et sur les princes réconciliés dans une liberté fédérative qui ne déplaçait rien en Italie que le despotisme et l'étranger. J'ai appris ensuite qu'il parlait autrement de moi après l'interrègne, et que le malheur le rendait injuste. Mais rien ne me rendra ingrat. Je sais, par mon humble expérience, ce que le malheur conseille d'aigreurs aux esprits les plus équitables, et ce qu'il y a de malentendus entre un édifice qui s'écroule de soi-même et la révolution qui n'y a pas touché.

XXVII

Une circonstance bizarre et inattendue suspendit un instant, par bienséance nationale, ces rapports intimes à Florence entre le souverain et moi. Je sentis que ce prince devait paraître offensé de ce qui offensait son peuple, et, pour ménager cette délicatesse de sa situation officielle, je m'abstins quelque temps de paraître au palais. Cette circonstance, la voici :

J'avais, quelque temps après la mort du grand poëte anglais lord Byron, écrit et publié en France mon poëme du *Dernier Chant de Child-Harold.* C'était un pastiche sérieux des quatre magnifiques chants lyriques du poëte anglais, faisant suite à ce chef-d'œuvre. L'entreprise était téméraire ; j'osais, pour ainsi dire, me déclarer ainsi le continuateur du premier barde des temps modernes, dans une langue qui n'était pas la sienne. J'avais tort. J'étais digne d'admirer et de pleurer ce grand homme : je n'étais pas digne de me mesurer ainsi, à armes inégales, avec son ombre. Le faire parler, c'était prendre l'engagement de l'égaler. Je n'en étais pas capable ; la poésie me trompait.

Ce fragment d'épopée funèbre eut cependant un grand succès en France. On y reconnut quelques notes de la grande voix du mort et quelques accents aussi de son patriotisme cosmopolite, de ce jacobinisme banal porté de Londres en Italie, d'Italie en Grèce, déclamant les gémissements des peuples et les poussant aux insurrections, sans leur présenter de remèdes. Les premiers *Chants de Child-Harold* de lord Byron étaient tout vibrants de ces appels d'un aristocrate anglais au radicalisme universel. Je crus être plus fidèle à mon modèle en mettant dans sa bouche, au moment où il s'embarquait pour la Grèce, des adieux à l'Italie qu'il avait si souvent apostrophée, dans sa torpeur, plus injurieusement que moi. Pétrarque aussi, Monti aussi, Alfieri aussi, s'étaient exprimés poétiquement avec bien plus de sévérité que moi contre l'insouciante servitude de leurs compatriotes ; mais ils étaient eux-mêmes Italiens, et ce que l'on se pardonne en famille, on ne le pardonne pas à un étranger.

L'amer mépris de Byron lui était pardonné aussi parce qu'il appelait les Italiens à ce radicalisme qui pardonne tout et qui renverse tout. D'ailleurs, l'anglais est une langue très-peu courante en Italie. Les lettrés, seuls, savaient combien il avait flétri dans ses strophes la mollesse et la servilité des descendants de Brutus, et puis, enfin, il était mort au service d'une insurrection ou d'une résurrection hellénique. On n'en parlait donc plus. On se souvenait seulement qu'il avait adoré une belle et patriotique Italienne animée des sentiments héroïques qu'elle lui avait inspirés comme une Béatrice de la liberté.

Mais moi, je n'avais aucun de ces titres à l'indulgence des Italiens. J'étais vivant, j'étais là ; je n'étais nullement ni radical ni même Jacobin ; je servais une cour bourbonienne ; j'adorais, il est vrai, l'Italie, la magique beauté de ses femmes, le génie antique, poétique, artistique de ses hommes d'élite ; l'Italie était et est encore la patrie de mon imagination, comme elle avait été la patrie de mon cœur dans mon adolescence. (Voyez le roman véridique de *Graziella*.) Mais tout cela ne me sauva point d'un accès d'humeur des Italiens, d'une ébullition nationale, un peu sincère, un peu affectée, quand mon crime, auquel je ne pensais plus, vint à éclater tout à coup à Florence, à Rome et à Naples, lorsque les libraires et les voyageurs le révélèrent en y apportant mon cinquième *Chant de Child-Harold*.

Ce crime consistait dans une apostrophe rimée aux Italiens que Byron, partant pour Missolonghi, était censé adresser aux rivages et aux hommes de l'Italie. C'était lui qui parlait, selon ses passions ordinaires et selon ses habitudes de colère, contre l'asservissement de ces héros assoupis. Ce n'était pas moi. Mais c'était moi qui le faisais parler et qui, par conséquent, étais responsable de son langage. Ce langage, j'en conviens, était profondément insultant ; on peut en juger par les vers que voici, et dont je me repens aujourd'hui comme d'une colère de convention que je ne devais pas prendre sur moi envers un peuple malheureux, supérieur, aimable, digne de l'intérêt du monde, et de qui je n'avais reçu personnellement que des caresses et des amitiés.

« Italie ! Italie ! adieu, bords que j'aimais !
Mes yeux désenchantés te perdent pour jamais !
O terre du passé, que faire en tes collines,
Quand on a mesuré tes arcs et tes ruines,
Et fouillé quelques noms dans l'urne de la mort ?
On se retourne en vain vers les vivants : tout dort,
Tout, jusqu'aux souvenirs de ton antique histoire,
Qui te feraient du moins rougir devant ta gloire !
Tout dort, et cependant l'univers est debout !
Par le siècle emporté tout marche, ailleurs, partout !
Le Scythe et le Breton, de leurs climats sauvages
Par le bruit de ton nom guidés vers tes rivages,
Jetant sur tes cités un regard de mépris,
Ne t'aperçoivent plus dans tes propres débris,
Et, mesurant de l'œil tes arches colossales,
Tes temples, tes palais, tes portes triomphales,
Avec un rire amer demandent vainement
Pour qui l'immensité d'un pareil monument ;
Si l'on attend qu'ici quelque autre César passe,
Ou si l'ombre d'un peuple occupe tant d'espace ?...

» Et tu souffres sans honte un affront si sanglant !
Que dis-je ? tu souris au barbare insolent ;
Tu lui vends les rayons de ton astre qu'il aime ;
Avec un lâche orgueil, tu lui montres toi-même
Ton sol partout empreint des pas de tes héros,
Ces vieux murs où leurs noms roulent en vains échos,
Ces marbres mutilés par le fer du barbare,
Ces bustes avec qui son orgueil te compare,
Et de ces champs féconds les trésors superflus,
Et ce ciel qui t'éclaire et ne te connaît plus !
Rougis !... Mais non : briguant une gloire frivole,
Triomphe ! On chante encore au pied du Capitole !
A la place du fer, ce sceptre des Romains,
La lyre et le pinceau chargent tes faibles mains ;
Tu sais assaisonner des voluptés perfides,
Donner des chants plus doux aux voix de tes Armides,
Animer les couleurs sous un pinceau vivant ;
Où, sous l'adroit burin de ton ciseau savant,
Prêter avec mollesse au marbre de Blanduse
Les traits de ces héros dont l'image t'accuse.
Ta langue, modulant des sons mélodieux,
A perdu l'âpreté de tes rudes aïeux ;
Douce comme un flatteur, fausse comme un esclave,
Tes fers en ont usé l'accent nerveux et grave ;
Et, semblable au serpent, dont les nœuds assouplis
Du sol fangeux qu'il couvre imitent tous les plis,
Façonnée à ramper par un long esclavage,
Elle se prostitue au plus servile usage,
Et, s'exhalant sans force en stériles accents,
Ne fait qu'amollir l'âme et caresser les sens !

» Monument écroulé, que l'écho seul habite ;
Poussière du passé, qu'un vent stérile agite ;

Terre, où les fils n'ont plus le sang de leurs aïeux,
Où sur un sol vieilli les hommes naissent vieux,
Où le fer avili ne frappe que dans l'ombre,
Où sur les fronts voilés plane un nuage sombre,
Où l'amour n'est qu'un piége et la pudeur qu'un fard,
Où la ruse a faussé le rayon du regard,
Où les mots énervés ne sont qu'un bruit sonore,
Un nuage éclaté qui retentit encore :
Adieu ! Pleure ta chute en vantant tes héros !
Sur des bords où la gloire a ranimé leurs os,
Je vais chercher ailleurs (pardonne, ombre romaine !)
Des hommes, et non pas de la poussière humaine !...

» Mais, malgré tes malheurs, pays choisi des dieux,
Le ciel avec amour tourne vers toi les yeux ;
Quelque chose de saint sur tes tombeaux respire,
La Foi sur tes débris a fondé son empire !
La Nature, immuable en sa fécondité,
T'a laissé deux présents : ton soleil, ta beauté ;
Et, noble dans son deuil, sous tes pleurs rajeunie,
Comme un fruit du climat enfante le génie.
Ton nom résonne encore à l'homme qui l'entend,
Comme un glaive tombé des mains du combattant :
A ce bruit impuissant, la terre tremble encore,
Et tout cœur généreux te regrette et t'adore.

» Et toi qui m'as vu naître, Albion, cher pays
Qui ne recueilleras que les os de ton fils,
Adieu ! Tu m'as proscrit de ton libre rivage ;
Mais dans mon cœur brisé j'emporte ton image,

Et, fier du noble sang qui parle encore en moi,
De tes propres vertus t'honorant malgré toi,
Comme ce fils de Sparte allant à la victoire,
Je consacre à ton nom ou ma mort ou ma gloire.
Adieu donc! Je t'oublie, et tu peux m'oublier :
Tu ne me reverras que sur mon bouclier!

Voilà ce qui parut tout à coup en Italie et à Florence, où l'auteur imprudent de ces vers venait d'arriver lui-même et où il était accueilli avec distinction, faveur, enthousiasme, par les lettres, la ville et la cour. La situation devenait évidemment fausse. Il fallait en donner la clef, où il fallait me retirer. Un peuple ne pouvait accepter un tel hôte; un tel hôte ne pouvait braver un tel peuple.

XXVIII

Or, il y avait alors à Florence une nuée d'exilés, napolitains ou piémontais, chassés de Naples ou de Turin depuis l'avortement des révolutions de Naples et de Piémont en 1820, écrivains, orateurs, généraux malheureux, chers à bon droit aux patriotes toscans, hommes à qui le libéralisme indulgent et sans danger du grand-duc de Toscane offrait un asile encore italien dans les revers de leur patrie. Ils crurent flatter tout ce qui portait le nom italien, peuple, cour, hommes de lettres, libéraux ou contre-révolutionnaires, en prenant fait et cause pour la nation tout entière contre un diplomate étranger qui outrageait non l'opinion, mais la race. Ils affectèrent de voir dans ma mission une intention de Louis XVIII d'offenser l'Italie. Cela était spécieux. Les partis devaient se confondre dans une réprobation unanime de mon nom et de mes vers.

Parmi ces réfugiés éminents, il y en avait un, plus distingué par son patriotisme, par son éloquence et par son talent d'écrivain, que tous les autres : c'était le colonel Pepe, militaire d'un grand courage sur les champs de bataille et orateur d'une grande voix dans le parlement de Naples, en 1820 ; député de Calabre, commandant un corps d'armée sous Carascosa, au moment de la déroute de son homonyme, le général Guillaume Pepe. Il s'était signalé par un discours à la fois sévère et menaçant dans la séance où le roi avait demandé au parlement l'autorisation de se rendre au congrès de Laybach, pour y plaider, de bonne ou de mauvaise foi, la cause du régime constitutionnel adopté par son peuple. Il s'était signalé aussi par sa fermeté militaire inflexible en défendant, même après la défaite, la cause révolutionnaire modérée mais nationale contre les Autrichiens. Il n'était point de la société des *carbonari*, mais il était le dernier des Romains dans la dignité de sa patrie. Ce brave soldat, réduit au dénûment le plus méritoire, vivait à Florence des plus honorables privations. Il s'indigna, sans me connaître, contre moi, ressaisit sa plume avant de ressaisir son épée, et publia une brochure de quelques pages dans laquelle j'étais traité comme un insulteur public, et qui se terminait par quelques phrases pouvant s'interpréter comme un défi. Je compris, comme je devais le faire, ce défi à demi-mot, et je résolus à l'instant d'y répondre simultanément de deux manières : par la plume pour le public, par l'épée pour le colonel.

XXIX

Un accident imprévu retarda malgré moi les deux répliques que je devais à cet écrit, et cet accident me condamna pendant une quinzaine de jours à un silence et à une inaction qui pouvaient être mal interprétés du public, ou du moins de cette nombreuse partie du public qui ignorait et qui devait ignorer ma résolution dans un pays où le combat singulier est puni ou prévenu par un exil éternel.

J'étais lié d'amitié avec le capitaine Medwin, Anglais de distinction, célèbre par son amitié avec Lord Byron et par sa cohabitation avec ce grand poëte pendant son séjour à Pise. Medwin venait de publier ses *Conversations de lord Byron*, ouvrage très-intime et souverainement intéressant pour un homme tel que moi surtout, recherchant et adorant les reliques encore chaudes de ce grand apôtre de la poésie nouvelle. Nous montions à cheval tous les jours ensemble dans cette magnifique promenade des *Cascines*, qui est à Florence ce qu'est à Paris le nouveau bois de Boulogne.

Amateur passionné de chevaux arabes, je venais d'en

recevoir trois du bey de Tunis, dont les haras ont la renommée de produire les plus beaux étalons d'Afrique. J'en dressais un; Medwin, excellent écuyer, dressait l'autre. Nous marchions au pas, côte à côte, quand mon cheval, abandonné à lui-même, jeta par badinage ses dents à la crinière de son camarade et feignit de lui mordre l'encolure. Le cheval de Medwin, prenant le jeu au sérieux, secoua la tête, et, tournant la croupe de mon côté, lança une ruade qui atteignit et brisa mon étrier. Le même coup fit sauter l'ongle de mon orteil droit. Je ressentis une extrême douleur, et je rentrai, toujours à cheval, à la maison. On envoya chercher le médecin, qui coupa ma botte et mon pantalon et qui me fit mettre au lit dans une immobilité complète. J'y restai quinze jours ou trois semaines, attendant que l'inflammation fût passée. Je souffrais bien plus du cœur et de l'esprit. Je fis dire tout bas au colonel Pepe que je lui demanderais raison de sa brochure aussitôt que ma convalescence me permettrait de me tenir debout, et que je lui laissais le choix des armes, bien que je connusse la supériorité notoire des Napolitains dans l'escrime, dont Naples a été de tout temps l'école classique.

XXX

En attendant, j'écrivis, en réponse à la brochure du colonel Pepe, une courte réplique justificative de l'intention d'offenser la nation, mais annonçant en termes voilés la résolution de me justifier autrement devant mon accusateur.

Je ne mis point en vente ces courtes pages de mon explication ; je me bornai à l'envoyer à toutes les personnes de Florence qui avaient pu avoir connaissance du secret du colonel Pepe.

La justification était fondée sur cette considération littéraire très-vraie que le sens de ces vers n'était pas dans ma bouche, mais dans la bouche de mon personnage, ayant souvent dans ses poëmes exprimé des imprécations analogues contre la servitude supportée par l'Italie ; que les diatribes également poétiques de tous les grands poëtes de l'Italie elle-même n'étaient nullement une injure à ce noble pays, mais une injure banale, devenue lieu commun des poëtes contre sa mauvaise fortune, qui n'inculpait pas les hommes, mais le sort.

Cette explication fut reçue tant bien que mal par les hommes éclairés et indulgents de Florence, mais ne calma pas la colère de convention de la masse contre moi. On s'étonnait de ce qu'une autre explication plus nette et plus catégorique n'eût pas déjà suivi la querelle littéraire ; on ignorait l'accident qui la retardait par l'impossibilité où j'étais de me tenir debout. On peut se figurer mon impatience d'être suffisamment guéri du pied droit pour risquer ma poitrine. Enfin ce jour arriva.

XXXI

Je me rendis moi-même chez mon honorable antagoniste, et j'allai me mettre à ses ordres en termes qui ne témoignaient aucune colère, puisqu'il avait le droit de prendre fait et cause pour son pays contre un homme qui paraissait avoir voulu l'avilir, mais qui ne pouvait non plus se rétracter sans se laisser accuser lui-même d'une lâcheté heureusement très-éloignée de son caractère. Le colonel fut convenable, poli, ferme dans sa réplique. Nous prîmes jour, lieu et heure pour le lendemain, sur la rive gauche de l'Arno, à peu près en face des *Cascines*, hors de la ville.

J'avais pour témoins le comte de Villamilla, opulent Espagnol de l'Amérique du Sud, résidant alors avec sa famille à Florence et y jouissant de la plus haute considération, et le comte Aymon de Virieu, mon ami intime, garde du corps comme moi, qui était venu passer l'hiver à Florence pour sa santé et qui habitait ma maison. Le colonel en trouva avec plus de difficultés parmi les étrangers, parce que les lois implacables contre le duel intimidaient les Italiens exilés ou les Toscans.

XXXII

Le lieu du combat fut fixé sur les rives solitaires de l'Arno, en face des *Cascines*, dans une éclaircie qu'un groupe de peupliers dérobait à tous les regards. Nous nous y rendîmes au lever de l'aurore, isolément et nos armes cachées sous nos manteaux, de peur que le moindre indice ne révélât notre dessein à la police, trop avertie et qui devait sans doute nous observer. Mon titre diplomatique me mettait à l'abri de l'exil ; mais le colonel Pepe aurait été certainement proscrit de son dernier asile, s'il avait été convaincu de meurtre ou de participation à un duel, dont la moindre peine, en Toscane, était de ne jamais rentrer dans le pays.

Tout était complétement désert et silencieux. Pour arme, nos témoins avaient choisi l'épée, comme moins mortelle que le pistolet entre des mains exercées qui cherchent moins la vie de leur adversaire que la revendication sanglante de leur honneur. Nous nous serrâmes en effet la main, le colonel et moi, avant de tirer notre arme du fourreau et de nous mettre en garde. Nos témoins étaient très-agités ; nous, très-calmes.

Le combat fut long entre deux hommes, également experts des salles d'armes, qui voulaient se blesser et non se tuer. Après cinq ou six passes sans avantage décidé pour personne et suivies d'un moment de repos pour reprendre haleine, je m'aperçus que mon adversaire était ému, et j'eus plusieurs fois sa poitrine sous la pointe de mon épée. Je conservai complétement mon sang-froid et je me gardai bien de plonger le fer. Outre que j'aurais été inconsolable de tuer un brave et généreux soldat à qui je ne pouvais m'empêcher de porter toute mon estime, je savais que la blessure grave ou légère que je lui aurais faite aurait nécessairement été suivie d'une série interminable de duels avec des Italiens prenant aussitôt après sa place, et que je n'aurais eu alors que le choix entre deux mauvais partis : ou succomber à la longue pour une pitoyable cause sous l'arme d'un de mes adversaires et perdre la vie sans chance de salut ; ou quitter le pays et perdre ma carrière diplomatique avec peu d'honneur pour mon caractère. Je préférais infiniment recevoir moi-même une blessure à tout risque, dans une partie du corps moins vitale que le buste ; et, comme je jugeai à la rougeur du visage de mon adversaire que le sang lui portait à la tête, et à la vivacité de ses ripostes et de ses attaques qu'il ne calculait plus ses coups, je me bornai à parer le corps et à exposer seulement l'épaule et le bras à son épée. Je calculai si juste, que la pointe, vigoureusement, en effet, écartée du corps, alla se perdre dans mon avant-bras et y pénétra profondément entre l'épaule et le coude. Mon arme tomba de ma main ; les témoins se jetèrent entre nous, le colonel retira sa lame, le sang coula abondamment, tout fut fini.

XXXIII

Ma blessure bandée me permit de gagner à pied ma voiture, qui attendait, sur la route de la Chartreuse, un des deux combattants. J'y montai seul et j'allai tomber dans les bras de ma femme vivement inquiète, qui, ayant appris ma sortie matinale, se doutait trop du motif et comptait les minutes dans une inexprimable anxiété. Je concevais bien moi-même ses angoisses, mais je comptais trop sur sa fermeté d'esprit, qu'elle m'a mieux prouvée depuis dans les crises suprêmes de la révolution de 1848, pour craindre qu'elle perdît le soin de mon honneur en recourant à son amie la grande-duchesse et en lui demandant de prévenir un duel nécessaire.

Le chirurgien, appelé, trouva ma blessure sérieuse, mais sans danger pour la vie. Quelques semaines de lit et quelques accès de fièvre suffirent pour me rétablir complétement.

Ma femme, qui courut au palais Pitti, obtint facilement du grand-duc que le gouvernement fermât les yeux sur un duel sans éclat et sans suite funeste. Le colonel Pepe, à ma requête, ne fut nullement inquiété, continua de jouir à Florence de l'asile qu'on lui avait accordé et conserva l'estime générale.

Quand moi-même je reparus, quelques jours après, au

théâtre, je me trouvai complétement réconcilié avec l'opinion publique. Ma loge fut assiégée de visites et de félicitations des personnages les plus éminents de la société italienne, et rien ne subsista plus de mes malheureux vers que le souvenir de la réparation. Une goutte de sang bien versé dans l'occasion efface mille préventions et bien des torts.

XXXIV

Ma vie littéraire et politique reprit sa pente douce, et mes relations confidentielles avec le grand-duc continuèrent leur auguste intimité dans nos entrevues du palais Pitti.

Je passai l'été suivant à Livourne, dans la belle villa *Palmieri*, où les grandes-duchesses résidant dans la ville daignèrent quelquefois visiter ma femme et caresser ma fille, oubliant leur rang de souveraines pour être aimées comme de simples mères de famille.

XXXV

A la fin de la saison, le marquis de La Maisonfort fut rappelé en France par la nécessité de ses affaires perpétuellement embarrassées. Il partit, avec son amie madame Esmangart, et mourut à Lyon, d'angoises domestiques plus que de maladie. Je le regrettai sincèrement, malgré les inconsistances de sa vie, qui nuisaient à sa situation officielle, mais non à son esprit. Jamais personne de ce temps n'en eut autant et n'en fit un plus aimable usage. C'était le dernier homme d'agrément de l'ancien régime, digne de lutter avec Rivarol, Champcenets, Boufflers et toute cette élite disparue d'esprits légers qui avaient emporté dans l'émigration les dernières fleurs de la littérature française. Je n'ai plus depuis rencontré son égal. L'esprit a passé en France : il est devenu génie quand il est sérieux; il est devenu futile quand il est léger. Le goût, cette proportion délicate entre le sujet et le style, s'est évaporé comme un arome de l'esprit aux grands soleils des événements modernes. Il n'y faut plus penser, avant que les choses se soient calmées et quelles aient repris leur équilibre sous quelque sagesse ou sous quelque lassitude des passions politiques. Nous vivons au temps des excès : la littérature, la conversation et le goût n'excellent qu'aux temps des mesures. On ne plaisante pas, ou l'on plaisante mal, pendant les tempêtes. Il y a un contresens entre la légèreté de ton et la gravité des circonstances. Le siècle ne badine pas; il raisonne et il agit; il lui faut des génies de peuple, et non des esprits de cour. M. de La Maisonfort mourait tristement, mais il mourait à propos.

XXXVI

Le baron de Damas, gouverneur depuis du duc de Bordeaux, était alors ministre des affaires étrangères en France. C'est un de ces hommes d'État de la Restauration contre lesquels le libéralisme malveillant et tracassier de l'opposition parlementaire et du dénigrement des journaux s'est le plus acharné. A cette époque, on le peignait comme un homme borné parce qu'il était modeste, rétrograde parce qu'il était modéré, clérical parce qu'il était religieux. Rien n'était plus injuste et plus faux. Sans prétention comme sans jactance, sans ambition comme sans faiblesse, c'était un homme de raison et de devoir, ne recherchant aucun poste élevé. Sa conscience et son humilité lui faisaient craindre de ne pas l'occuper dignement pour son roi et pour son pays, mais lui défendaient de refuser quand le roi et le pays lui donnaient la consigne de s'y dévouer. Le dénigrement ne l'irritait pas; il le regardait comme une condition du pouvoir, dans les temps de licence de la parole; il n'y faisait pas attention, de quelque côté qu'il vînt. Les royalistes de la faction outrée et turbulente de M. de Chateaubriand ne le lui épargnaient pas plus que les libéraux ; c'était pour lui le murmure des vagues de l'opinion libre, il y était résigné. Bien servir le roi et bien diriger la diplomatie qui lui était confiée était son unique pensée. La faveur n'avait point d'accès dans ses choix ; il ne pensait qu'à être juste, même envers ceux de ses subordonnés qu'il ne connaissait que par leurs dépêches.

On le taxait de jésuitisme, reproche alors banal, justement adressé aux hommes politiques inféodés par ambition à cette secte occulte qu'on appelait la *Congrégation* et qui se faisait de la dévotion un moyen d'intrigue et une échelle d'avancement. Je ne consentis jamais à entrer dans cette secte sacrilége, plus que sacrée, à laquelle on me convia souvent en qualité de poëte religieux et royaliste.

XXXVII

Je fus témoin et confident actif des résistances du baron de Damas aux sourdes menées du parti jésuitique en Italie. Le baron m'avait nommé de lui-même, et sans sollicitation aucune autour de lui en ma faveur, chargé d'affaires de France auprès de la cour de Toscane et des autres cours de l'Italie centrale, telles que Parme, Modène, Lucques, après la mort de M. de La Maisonfort. Les jésuites et la congrégation tramaient alors je ne sais quelle agitation sourde en Italie dans l'intérêt de leur prédominance en France. Je fus averti qu'un groupe de ces hommes, dangereux par les idées qu'ils semaient sur leur route comme étant les idées de la cour de France, devaient passer par Florence, y tendre leurs fils et aller les renouer à Rome. Le duc de Laval-Montmorency, seul ambassadeur de France à Rome, m'en prévint par une dépêche confidentielle. Cet excellent homme, très-royaliste comme son nom, mais très-loyal comme son caractère et très-constitutionnel comme son temps, n'était pas plus congréganiste que moi. Je le remerciai, je me tins sur mes gardes, et je donnai avis au premier ministre Fossombroni et au grand-duc lui-même de ces menées, en les priant d'éloigner ces jésuites de Florence, et en désavouant d'avance leurs insinuations.

On sait que les jésuites n'ont jamais été en faveur dans les cours autrichiennes. C'est une tradition de Léopold, de Joseph II et des ministres de Vienne, en rivalité active contre l'influence des papes en Italie, où l'Autriche se gardait bien de la favoriser en laissant grandir chez elle cette milice de la cour romaine. Le grand-duc, quoique très-religieux, les redoutait; il ne faisait que suivre en cela les traditions de sa maison. Ils furent observés, éloignés, déçus dans leurs petits complots de coterie. Ils se hâtèrent de gagner Rome, où le duc de Laval-Montmorency avait déjoué d'avance leurs projets. J'instruisis par une dépêche le baron de Damas des mesures que j'avais prises contre eux en Toscane. Quand je le revis à Paris quelques années après, il me loua beaucoup du zèle que j'avais apporté à éteindre ces mèches de l'intrigue attribuée aux jésuites. « J'ai donné ma conscience à mon catholicisme, me dit-il gravement, mais je n'ai point donné la politique française aux jésuites. Je vous remercie de m'avoir compris et secondé. »

Ce furent à peu près les mêmes paroles que Charles X, seul avec moi dans son cabinet aux Tuileries, me dit lui-même en me félicitant de toute ma conduite pendant le long interrègne de la légation qui m'avait été confiée. On voit combien il y avait loin en effet de l'inféodation cléricale qu'on attribuait au baron de Damas et au roi, à la réalité. Le présent préjuge sur des préjugés, l'histoire juge sur des révélations de ce genre et sur des actes.

XXXVIII

Je reviens à la mort du pauvre marquis de La Maisonfort. J'étais trop jeune et trop récent dans la carrière pour qu'on pût songer à Paris à me donner sa succession à Florence; mais le baron de Damas, qui ne pouvait pas refuser à Charles X la nomination du baron de Vitrolles à ce poste et qui savait que le baron de Vitrolles ne se hâterait pas d'accepter cet honorable exil, me nomma chargé d'affaires, avec l'idée que j'occuperais longtemps cet emploi, qui était alors très-délicat, car la France n'avait dans toute l'Italie alors que deux diplomates, le duc de Laval à Rome, et moi au centre.

Le duc de Laval, dont je relevais par déférence et

par attachement, établit entre lui et moi une correspondance confiante, amicale, assidue, dans laquelle il se concertait avec son subordonné plus qu'il ne s'imposait. Il y a plaisir à servir sous ces véritables grands seigneurs, qui ne craignent pas qu'on leur ravisse leur importance, parce qu'elle ne dépend pas d'un diplôme et d'un emploi, et qu'elle est ainsi au-dessus de la mesquine jalousie des parvenus de la politique. Nous nous entendîmes parfaitement dans toutes les questions. Il sentait comme moi, je pensais comme lui. Il était à son rang ; je me tenais à ma place, plein de goût et de respect pour un si excellent homme.

Je restai très-longtemps dans cette agréable et brillante situation à Florence, attendant sans impatience, on le croira aisément, l'arrivée du baron de Vitrolles.

XXXIX

Le baron de Vitrolles, sur le compte duquel les hommes d'aujourd'hui, et particulièrement M. Thiers, me paraissent être dans une erreur complète en attribuant à son caractère une justesse et une profondeur de sens politique bien au-dessus du vrai, et à ses mémoires, toujours inconnus et toujours cités, une autorité qu'ils ne doivent pas avoir, excepté comme recueil anecdotique, le baron de Vitrolles n'avait paru sur l'horizon qu'en 1814. Jusque-là ce n'était qu'un gentilhomme du Midi, sans illustration et sans fortune, ayant fait sa cour aux bonapartistes et s'étant fait nommer inspecteur des troupeaux de mérinos, race de moutons privilégiés que Napoléon avait fait venir d'Espagne pour les naturaliser dans le midi de la France.

Le dégoût d'une situation ingrate, un coup d'audace à Paris quand le pouvoir de Napoléon chancela sur sa base, une mission éventuelle, plus tacite que réelle, obtenue de M. de Talleyrand auprès du comte d'Artois, sa présence à Vesoul et à Nancy derrière les armées étrangères, créèrent instantanément à M. de Vitrolles une importance d'occasion qui se convertit en une espèce de ministère d'intimité, quand le prince fut installé aux Tuileries, avant l'entrée solennelle du roi. Actif, spirituel, ambitieux, porteur de parole des hommes importants de l'empire et du sénat auprès du lieutenant général du royaume, et des Bourbons auprès des hommes les plus compromis de la révolution et des régicides, tels que Fouché, M. de Vitrolles se ménagea une situation utile à tous et à lui-même,

Son importante politique s'accrut encore en 1815, après le retour précaire de Bonaparte. Il essaya de contre-révolutionner le Midi, et d'établir à Toulouse le siége d'une guerre civile dont il aurait été le pivot. Il échoua bientôt dans sa tentative, fut arrêté, et n'échappa au péril que par l'indulgente complicité de Fouché, avec lequel il s'entendait sans paroles.

Après le second retour de Louis XVIII, M. de Vitrolles se rangea derrière le comte d'Artois, parmi les royalistes exagérés et mécontents qui déploraient les faiblesses de la charte constitutionnelle et qui demandaient, sans penser au temps, les institutions nettes de l'ancien régime. Au risque d'aliéner les neuf dixièmes de la France de la royauté sage et modératrice de Louis XVIII, il participa follement, s'il ne l'inspira pas, à la rédaction de cette fameuse *note secrète*, dénonciation coupable d'un parti en France contre la France tout entière, pour supplier la coalition de ne point évacuer le territoire sans exiger des gages, au moment où le ministère patriotique du duc de Richelieu venait d'obtenir des puissances l'évacuation de ces armées étrangères, garnisaires de l'Europe dans nos foyers asservis.

Les intrigues de cour et de salon du comte d'Artois l'occupèrent alors tout entier ; il en parut l'âme. Les royalistes de cette couleur le regardèrent alors comme le futur ministre de la royauté absolue que le règne présumé de ce prince semblait prédire à la France. Il eut une importance d'arrière-cabinet. On inventa le nom de gouvernement occulte dont il passait pour être l'inspirateur.

XI.

La mort de Louis XVIII devait être, selon les prophètes de cour, la date de l'avénement aux grandes affaires de M. de Vitrolles. Elle fut la sépulture de ce nom. Charles X, soulevé par l'esprit du temps, était devenu constitutionnel en approchant des réalités de son règne. M. de Villèle, qu'il s'agissait de détrôner, fut maintenu sagement par le roi à la tête du ministère.

La présence à Paris d'un homme dangereux à son système de transaction déplaisait à ce réaliste du gouvernement parlementaire. Charles X lui-même, embarrassé de M. de Vitrolles à Paris, ne pouvait ni l'élever trop haut, sans donner des ombrages à l'opinion libérale, ni le regarder en face dans une situation subalterne, sans se rappeler qu'ils avaient dénigré ensemble le gouvernement tempéré qu'il adoptait aujourd'hui, et sans éprouver une certaine pudeur d'ingratitude. Il se résolut fermement à l'éloigner de sa personne et de sa cour dans quelque exil honorable et lucratif qui fût une dignité, mais qui ne fût plus une puissance. Ainsi avait fait Louis XVIII pour M. de Blacas, ainsi fit Charles X pour M. de Vitrolles. On lui trouva Florence et on l'y relégua. M. de Vitrolles sentit la disgrâce, mais elle était assez colorée pour qu'il ne pût accuser tout haut le roi, qu'il avait poussé sur tant d'écueils. Il marchanda longtemps avec la nécessité. Cela me donnait du temps, j'étais loin de m'en plaindre.

XLI

M. de Vitrolles arriva enfin à Florence avec sa femme et sa fille. Son arrivée était mon congé. Il sentait lui-même que nous ne pouvions rester ensemble dans cette cour;

que l'amitié presque intime du grand-duc et du secrétaire d'ambassade ne pouvait se concilier avec les égards officiels qu'un souverain doit au ministre d'un autre souverain.

D'ailleurs je représentais une politique de la France en Italie, M. de Vitrolles en représentait une autre. Sans pousser l'Italie aux révolutions violentes, ma politique était, comme celle de tous les ministres français et de tous les agents diplomatiques de la France, de lutter à armes loyales contre le monopole de l'Autriche, et d'offrir à l'Italie l'appui moral de la France, toutes les fois que l'Autriche ferait un pas de plus vers l'absorption des États dépendants ou indépendants de la Péninsule.

La politique de M. de Vitrolles, et il ne s'en cachait pas dans nos entretiens, était au contraire une politique de *note secrète*, une politique de sainte-alliance, une politique rassurante pour M. de Metternich, convaincu qu'il était (et peut-être n'avait-il pas tort au fond) que pousser l'Italie à l'indépendance et à l'irritation contre les traités de 1815, c'était pousser la France à des guerres impolitiques contre l'Autriche, et l'Italie elle-même à des anarchies intérieures dont elle avait la velléité, mais dont elle n'avait pas la force. « Nous ne pouvons pas, me dit-il dès notre premier entretien, marcher ensemble dans deux voies un peu trop divergentes. » J'en convins, et il fût résolu que je resterais avec lui seulement le temps nécessaire pour le mettre au courant des affaires d'Italie, et pour le présenter à la cour quand elle serait de retour au palais Pitti.

XLII

C'était au printemps. J'avais loué pour M. de Vitrolles, quelques jours avant son arrivée, une belle villa à quelques lieues de Florence, sur la route de Castelli. Je l'y installai, ainsi que sa famille, et j'y passai quelques jours seul au sein de cette respectable et très-aimable réunion.

L'esprit, peu solide, mais plein d'agrément, de M. de Vitrolles ne laissait pas tarir la conversation. Madame de Vitrolles était absorbée, comme son mari, par sa sollicitude perpétuelle pour une personne accomplie, mademoiselle de Vitrolles, disputant ou plutôt résignant ses derniers jours à une maladie mortelle de poitrine qui ajoutait un tendre intérêt de langueur à ses agréments près de s'éteindre. Rien n'était plus touchant que l'affection réciproque de ce père et de cette fille, dont chaque promenade ensemble, chaque entretien à l'ombre des orangers du jardin, chaque regard paraissait un dernier adieu. Mademoiselle de Vitrolles, périssant à la fleur de l'âge, ressemblait déjà à un beau fantôme. Elle ne tenait plus à la terre que par le cœur. Son admiration passionnée pour M. de Lamennais, alors dans toute l'unité de sa vie et dans tout l'éclat de son talent, était sinon la première, du moins la seconde préoccupation de cette mélancolique pensée en quittant ce monde. Ceci m'a expliqué plus tard les rapports intimes et la constante amitié de M. de Vitrolles pour M. de Lamennais, ainsi que la constante déférence de M. de Lamennais pour M. de Vitrolles. Comment deux hommes si différents de carrière, d'ambition, de pensées, seraient-ils restés unis jusqu'à la mort, si quelque chère mémoire, sacrée pour l'un comme pour l'autre, ne les avait reliés par un souvenir toujours vivant d'un passé cher à tous les deux? L'inconstance et la versatilité étaient le caractère de M. de Lamennais, toujours prêt à maudire ce qu'il avait adoré, à adorer ce qu'il avait maudit; il ne démentit cette versatilité que pour M. de Vitrolles. J'en ai conclu que la mémoire angélique de mademoiselle de Vitrolles fut le nœud secret de cette inexplicable amitié.

Cette jeune et intéressante personne mourut peu de temps après son arrivée à Florence.

XLIII

Je présentai M. de Vitrolles à la cour. Il y fut froidement accueilli. Je fus témoin des premiers entretiens, dans lesquels il chercha à plaire au grand-duc et aux grandes-duchesses par un ton de légèreté d'ancienne cour et par quelques insinuations d'ultrà-royalisme qui rappelaient l'Œil-de-Bœuf, et qui ne réussirent pas dans cette cour simple, grave, et d'un ton aussi juste que d'un instinct vrai en politique. J'appris plus tard, en effet, qu'il avait très-peu réussi, et qu'une passion affichée sous les cheveux blancs pour une belle duchesse de la cour impériale retirée à Florence avait jeté sur son ambassade un vernis de ridicule qui nuisit au sérieux de sa mission.

XLIV

Je quittai la Toscane avec regret. Florence, qui était alors le salon de l'Europe ; Lucques, qui ressemblait à une royale *villa* de Boccace ; Modène, qui présentait le spectacle des plus charmantes femmes d'Italie groupées autour d'un prince tyrannique du moyen âge; Parme, qui attachait les yeux et l'imagination par Marie-Louise, ce jeune et charmant débris de l'empire, résignée à sa chute par le bonheur de son intérieur actuel ; Livourne, où je goûtais pendant les mois calmes de l'été, dans des villas solitaires et splendides, les mélancolies de la vaste mer, les douceurs de l'affection conjugale et paternelle, les bénéfices du loisir consacré à la poésie, sans faire aucun tort à la politique : tout cela fit de l'Italie pour moi le paradis terrestre d'un homme d'imagination raisonnable, heureux de son sort et n'en désirant point d'autre. De là mon amour pour cette Italie qui avait été, à Rome et à Naples, la lune de miel de mon adolescence, et qui fut en Toscane la délectation de ma jeunesse. Je l'aimais, j'y étais aimé. J'y écrivais, à mes moments perdus, les *Harmonies poétiques*, sorte de *Te*

Deum de mon cœur, plein à cette époque d'une religion de sentiment montant au ciel en strophes inspirées par le bonheur et par la tendresse. Je ne me demandais pas si je croyais, mais si je sentais. Or je sentais Dieu et la religion, son langage dans toute la nature. Mon *Credo*, c'était l'enthousiasme. Le ciel et la terre étaient assez remplis pour moi. Que me manquait-il? Rien que la durée.

LIVRE CINQUIÈME

1

Arrivé en France, je laissai ma femme et mon enfant chez ma mère, à Mâcon, et je poursuivis ma route vers Paris, pour rendre compte au ministre de ma mission, recevoir du roi l'audience d'usage, et savoir sans impatience à quel poste je pouvais prétendre après ce doux et long exil dans les délices de l'Italie.

Le ministre m'assura de sa parfaite satisfaction. Le roi me reçut en gentilhomme plus qu'en monarque. « Vous voyez, me dit-il en se promenant en long et en large dans son cabinet des Tuileries et en me montrant du geste sa table chargée de papiers, vous voyez que je m'occupe de vous et que je lis toutes vos dépêches. Tenez, ajouta-t-il, les voilà. Je suis très-content de vous, mon cher Lamartine.

Vos rapports intimes et l'amitié confiante que vous avez su inspirer au neveu de l'empereur d'Autriche, prince que l'on dit très-distingué et très-bien intentionné, m'ont fait un plaisir particulier. Je vous aurais laissé auprès de lui plus longtemps, s'il ne m'avait été convenable de placer Vitrolles; mais je vous réserve un poste plus important. Reposez-vous, et comptez sur moi. »

II

Le ministre Martignac était en ce moment aux affaires. Ce ministre était une avance que le roi faisait au parti de l'opposition, parti qu'il ne croyait pas alors implacable. M. de Martignac me fit appeler. Je me rendis chez lui. J'y trouvai M. de Montbel, son collègue. J'ignorais ce qui pouvait me valoir cette faveur de ces deux ministres de conciliation, auxquels je n'avais demandé aucune audience et que je ne connaissais pas même de vue. La figure fatiguée de M. de Martignac m'intéressa au premier coup d'œil; elle était très-agréable et annonçait un homme d'autant d'intelligence que d'agrément, très-propre à séduire et à pacifier, par sa douce éloquence, des hommes qu'un parti pris d'hostilité n'aurait pas rendus imperméables à la bonne foi et à la loyauté de tous les ministres de la royauté des Bourbons. M. de Montbel, plus candide encore, ami de M. de Villèle, et chevaleresquement dévoué à Charles X, à qui il devait se sacrifier un jour, portait sur ses traits la même empreinte de loyauté et de bonté.

Ils me firent asseoir entre eux deux, au bord d'un petit guéridon portatif sur lequel le frugal déjeuner des deux amis était servi dans le cabinet.

« Nous savons à qui nous parlons, me dit M. de Martignac, et nous n'avons pas besoin de vous demander la discrétion la plus complète sur ce que nous allons vous confier. Les difficultés du roi sont extrêmes ; la Chambre des députés est mal inspirée pour lui ; nous craignons un choc entre la couronne et la représentation du pays, choc qui pourrait entraîner de grands malheurs. Nous sommes décidés à les prévenir autant que possible en proposant des élections assez prochaines, faites dans un sens royaliste, conciliateur et modéré, et nous nous occupons dès aujourd'hui de chercher des candidats neufs à l'élection des départements qui aient des chances d'être élus dans leur pays, et qui donnent des gages à la fois au roi et aux opinions libérales pratiques. On nous a dit qu'avec l'appui du gouvernement vous seriez facilement élu dans le département de Saône-et-Loire, où sont vos propriétés et où votre famille jouit d'une considération assez étendue. Nous savons aussi que votre réputation littéraire et votre éloquence naturelle, dont vous avez fait une heureuse épreuve dans des réunions municipales de Mâcon, feraient de vous un député bientôt influent dans la Chambre. Quant à vos sentiments pour le roi, nous n'avons pas à nous en enquérir, nous n'en doutons pas. Nous avons donc, monsieur de Montbel et moi, jeté les yeux sur vous pour la candidature de Mâcon, et nous ne vous cachons pas que notre désir de vous voir dans la Chambre est si vif et que nous y mettons un tel prix, que si votre âge ne s'y opposait pas et qu'il ne fallût retarder l'élection générale que de quelques mois pour attendre que vous eussiez atteint les quarante ans exigés par la loi électorale, nous attendrions, avant de convoquer les colléges électoraux, que vous fussiez légalement éligible. Dites-nous donc, ajouta-t-il, quel âge vous avez?»

Je fus très-flatté et très-touché de cette prédilection des deux ministres, mais je fus obligé de leur avouer qu'il y avait trop d'années encore entre mon éligibilité et leur bienveillance, pour que je pusse en profiter. Je ne leur cachai pas que toute mon ambition et tout mon désir étaient de servir le roi et eux dans la Chambre et à la tribune, si je devenais jamais capable d'y prendre la parole avec une certaine distinction.

Cet aveu contrista fort les deux ministres, et nous nous séparâmes en nous regrettant mutuellement.

III

Je demandai un congé pour aller passer quelques mois en Angleterre. Dans cet intervalle, Charles X, mal conseillé et mal entouré dans son intimité, se lassa des temporisations et des concessions que ce ministère obtenait vainement de lui, sans obtenir aucun retour de l'opposition obstinée et de la presse menaçante. Il se jeta aux extrêmes, rappela de Londres, où il était ambassadeur, M. de Polignac, et, en arborant ce drapeau de guerre, autorisa le pays presque entier à l'agitation et à la guerre à mort.

IV

Rentré d'Angleterre dans mon pays, j'y participai aux élections de ce qu'on appelait alors les *grands colléges*, et je m'unis aux royalistes sensés et modérés pour faire prévaloir, dans la personne du duc de Rauzan, un homme d'honneur, tout à la fois constitutionnel et ami du roi, dont le nom fût acceptable à tous les partis, cherchant la transaction sous les auspices de la loyauté. Nous réussîmes, et je me retirai, plein de trouble mais cependant d'espérance, dans une de mes terres en Bourgogne que je venais d'hériter de l'abbé de Lamartine, mon oncle.

V

C'était en 1829, tout près de 1830. J'y restai occupé de choses rurales et de poésies l'été et l'automne de 1829 et le commencement de 1830. J'y préparai la publication des deux volumes d'*Harmonies poétiques*, qui devaient confirmer ma renommée de poëte, que la révolution de 1830 étouffa un moment sous la gravité des événements, et qui remontèrent et surnagèrent bientôt après, dès que les esprits eurent recouvré le calme qui permet de juger un livre d'une certaine importance littéraire.

VI

Un illustre écrivain venait d'être enlevé à la France. On songea à moi pour le remplacer à l'Académie française. J'y tenais peu. Cette institution de vanité officielle, qui ne donnait pas de talent et qui assignait une place inamovible dans la renommée où l'on doit la conquérir sans cesse, m'avait toujours paru une fausse gloire à laquelle je n'aspirais pas. Mais mon père et mes oncles en jugeaient tout autrement que moi. Gentilshommes de vieille souche et de vieilles mœurs, ils aspiraient pour leur nom à une auréole positive qui les assurât que leur fils et leur neveu n'était pas seulement une illustration problématique de province, mais que cette estime locale était ratifiée par le choix du conclave littéraire de la France.

Je cédai de mauvaise grâce à ce préjugé de chef-lieu et je me mis sur les rangs, à la requête de deux illustres patrons qui voulurent bien provoquer et encourager ma candidature. L'opinion publique était pour moi en immense majorité. J'échouai néanmoins devant le nom seulement estimé, mais aujourd'hui un peu obscur de M. Droz, auteur d'ouvrages bien intentionnés et d'un talent secondaire. Je rentrai un peu confus dans ma retraite des environs de Dijon, bien résolu à ne plus tenter pour si peu des démarches et des visites qui répugnaient à mon amour-propre autant qu'à ma modestie.

VII

M. Daru fut enlevé à l'Académie; on me rappela à Paris pour briguer son fauteuil. M. Lainé, M. Royer-Collard et plusieurs autres membres de l'Académie se hâtèrent de m'écrire pour me prier d'y revenir et d'y recommencer mes visites, préalable obligatoire de toute candidature. Je m'y refusai péremptoirement; je répondis que j'avais suffisamment prouvé mon intention d'accepter si on me faisait l'honneur de m'y nommer, mais qu'à aucun prix je n'irais renouveler des visites qui n'avaient eu pour moi d'autre effet que de m'humilier devant cercains hommes dont j'étais sûr d'avance de n'obtenir que des refus, et que je préférais n'être jamais académicien, si l'Académie ne passait pas à mon égard sur cette formalité. Elle eut la bonté, par exception, de me dispenser des visites. Je n'allai point à Paris et je fus nommé. Je m'y rendis alors pour remercier mes nouveaux collègues, et j'y passai quelques jours dans une douce joie avec mes amis.

VIII

Hélas! cette joie était trompeuse comme toutes les joies de la terre. Un jour que je rentrais dans la cour de mon hôtel, pour changer d'habits, afin d'aller dîner chez madame de Montcalm, sœur du duc de Richelieu et ma plus fidèle protectrice, j'aperçus sous la voûte, entre la voiture et la muraille, la figure pâle et bouleversée de mon ami le plus intime, le comte Aymon de Virieu. Son visage, quoique muet, était si parlant qu'un pressentiment me saisit le cœur comme une main d'acier. Un malheur, je ne sais quel malheur, mais un malheur subit et suprême, m'apparut comme un fantôme au milieu de ma sécurité et de ma joie.

Je me jetai hors de la voiture tout tremblant. Virieu me reçut dans ses bras. « Qu'y a-t-il? lui dis-je. — Ta mère! s'écria-t-il, en ménageant le coup, mais en le portant cependant assez avant dans le cœur pour que le froid de la mort restât dans le mot et ne me permît pas longtemps de vaines espérances pour n'y pas revenir à deux fois. Elle est au plus mal, presque sans espoir! »

Je tombai défaillant et on me porta sur mon lit. « Qu'on me cherche à l'instant des chevaux de poste! que je la voie encore! m'écriai-je. — Tu arriverais trop tard : elle n'est plus sur la terre. Il vaut mieux tout te dire d'un seul coup ; tu es assez fort pour tout apprendre, assez religieux pour tout supporter, assez confiant pour tout jeter dans le sein de Dieu. »

Alors il me raconta, parmi ses sanglots entrecoupés qui répondaient à mes sanglots convulsifs, l'horrible événement de la mort de celle qui m'avait donné la vie. Rien ne nous en menaçait. Ma mère était sereine, jeune de cœur, belle encore de front comme la jeunesse. L'éternelle sérénité de son âme laissait à ses traits la divinisation perpétuelle de son âme, la joie intérieure de la piété, l'immortalité de l'éternelle vie. En la contemplant, il était impossible de penser à la mort.

Elle venait de recevoir la nouvelle de mon succès à l'Académie. La joie qu'elle me supposait était sa joie; mon illustration justifiait sa prédilection pour moi dans la famille. Elle eut la fièvre d'émotion de son bonheur ; elle voulut la calmer en allant au bain de la ville, tenu par les sœurs de la charité. Elle n'avait point mené avec elle de femme de chambre, attentive qu'elle était à éviter aux siennes tout service personnel, afin de leur laisser le temps d'aller à l'église le matin avant le travail du jour. Pendant le bain, elle sentit l'eau se refroidir. Sa faible main tourna le robinet d'eau bouillante, qui s'échappa comme une vapeur en ébullition. Elle n'eut pas la force de le refermer. L'eau bouillante, lancée avec violence, inonda et calcina sa poitrine. Elle s'évanouit dans le liquide en feu. Ses premiers cris avaient appelé les sœurs gardiennes ; mais le corridor était long. Elles n'arrivèrent que pour l'arracher trop tard aux morsures de l'élément embrasé.

Elle reprit ses sens ; on la transporta chez elle. Les médecins épuisèrent tout leur art pour la sauver. Vains efforts! La fièvre et un doux délire s'emparèrent de ma pauvre mère. Elle souffrit quelques jours avec une résignation à la volonté de Dieu qui était sa vertu par-dessus toutes. Quand les dernières forces furent épuisées, elle dit adieu à son mari, à ses filles, et se félicita de ce que je n'étais pas là, pour m'éviter, dit-elle, une douleur poignante qu'elle était heureuse de m'épargner; puis, rentrant dans ce calme parfait et dans cette béatitude de la femme chrétienne, avant-goût des félicités éternelles, elle se livra encore par moments à de vagues extases, sans qu'on pût savoir si ses dernières paroles étaient de la raison ou du délire. « Que je suis heureuse! » furent ses derniers mots. C'était le mot de toutes ses vertus, résumé au dernier moment sur ses lèvres; l'âme qui parlait, quand le corps était devenu insensible.

IX

Tel fut le récit qu'un vieux serviteur, envoyé par ma femme et qui veillait ma mère pendant sa nuit suprême, me fit littéralement de ses derniers moments et de ses dernières paroles.

Je n'essayerai pas de peindre ma douleur. La terre entière parut se dérober sous moi. Je partis, accompagné d'un ami dévoué à toutes les douleurs, qui l'avait aimée comme sa propre mère et qui avait dû être son fils lui-même en épousant une de mes sœurs, qu'il adora en vain. Cet ami, qui vit toujours, c'était Amédée de Parseval.

Nous arrivâmes trop tard pour soustraire son corps à la sépulture banale dans le cimetière de Mâcon. Ce ne fut que quelques jours après que les formalités légales me permirent de la rapporter dans le cimetière domestique de Saint-Point, où je désire être enseveli près du sein qui m'a porté. Je revis encore une fois ses traits angéliques, non défigurés par le cercueil, et je coupai ses longs cheveux noirs pour enlever au moins au sépulcre tout ce qui pouvait lui être enlevé.

X

Je passai plusieurs mois auprès de mon père, occupé à pleurer ma perte et à consoler ce noble vieillard, qui ne vivait plus qu'en écartant par le silence le souvenir et le nom de celle qui lui avait donné une si belle et si tendre famille, comme si on eût craint dans la maison de réveiller quelqu'un d'endormi.

XI

Cependant les événements politiques marchaient à Paris pendant que je les oubliais dans ma retraite, noyé que j'étais dans ma douleur privée. Le ministère du prince de Polignac avait surgi du désespoir du roi de voir que l'inimitié des partis révolutionnaire, bonapartiste et orléaniste, réunis en une seule inimitié, ne lui laissaient de chances qu'avec ses amis personnels.

Je connaissais intimement le prince de Polignac. C'était un homme honnête, pieux dans la prière jusqu'au quiétisme. Son attachement au roi et à la monarchie, mêlé d'un peu de suffisance ambitieuse qui lui donnait une assurance calme disproportionnée à ses forces réelles, en faisait un instrument immanquable et innocent de catastrophes. Il se choisit des collègues aventureux, qui consentirent à braver avec lui et à défier au besoin la France. Leur tort fut de ne pas conspirer dans un ministère qui n'était rien s'il n'était pas une conspiration contre les conspirateurs du libéralisme, et de gouverner chacun de son côté, sans spécialité ministérielle, sans plan et comme en pleine paix.

XII

Le prince de Polignac, qui me savait royaliste et ami des Bourbons, pensa à moi dès le lendemain de son avénement aux affaires. Il chargea immédiatement M. de Genoude, un de ses croyants, de m'écrire en son nom de venir à Paris, où il me ménageait la seconde place du ministère des affaires étrangères, celle de secrétaire général, directeur de la partie politique. Je reçus sans étonnement la lettre de M. de Genoude. Je n'hésitai pas un moment : je lui répondis de remercier pour moi le prince de son souvenir et de sa confiance, mais de lui dire que l'état de santé d'une belle-mère âgée m'interdisait de penser à quitter ma retraite, et que je le priais de ne pas penser à moi.

Dans une lettre non ostensible et toute confidentielle, je disais à M. de Genoude les motifs réels de mon refus. « Le prince, qu'il le veuille ou non, est un coup d'État à jour fixe, disais-je à M. de Genoude. Un coup d'État est une aventure qui ne réussit que quand il est nécessaire et qu'il est fait par la nation avant d'être tenté par le pouvoir. Celui qui se prépare est peut-être nécessaire, mais la nation ne le veut pas encore, et les hommes d'État qui seront conduits à le faire pour le roi ne me paraissent pas en comprendre les conditions. Ils seront vaincus, c'est inévitable. Je suis jeune, j'aime le roi; je ne veux pas associer mon nom au malheur du roi et à la chute du trône. Obtenez du prince qu'on ne m'en parle plus; et puisqu'il me veut du bien, obtenez de lui qu'il m'emploie à l'étranger; là, je puis le servir, loin des intrigues et des illusions de cour. A Paris, je ne le pourrais pas, car ma conscience de royaliste m'interdirait de tremper dans les tentatives téméraires que je prévois. »

XIII

M. de Genoude me répondit qu'il avait montré ma première lettre explicative de mon refus au prince de Polignac; que le prince lui avait répliqué que mes raisons étaient des prétextes dont il ne se payait pas; qu'il était évident que je partageais la prévention générale stupide qu'il était un ministre à coup d'État et anticonstitutionnel; que cette supposition était absurde, et qu'il eût à m'écrire une seconde fois en me donnant de sa part l'ordre formel de venir à Paris; qu'il se chargerait de me désabuser et de me convertir.

M. de Genoude obéit, m'écrivit, me transmit les paroles et l'ordre du prince. Il ajoutait : « Vous vous trompez sur l'énergie du prince. *Le prince est le lion de la monarchie.* »

J'insistai dans ma réplique sur l'impossibilité absolue où j'étais de quitter en ce moment la Bourgogne.

XIV

Le prince de Polignac, impatienté de l'insuccès de ses lettres indirectes, prit la plume et m'écrivit de sa propre main une lettre courte et forte, dans laquelle il me reprochait ma défiance de ses vraies intentions, et me donnait l'ordre exprès de partir à l'instant et de venir en arrivant à Paris m'expliquer avec lui. Je ne résistai plus, et je partis seul pour Paris. (Toutes ces lettres existent encore dans mes papiers et s'y retrouveraient pour justifier ce récit.)

XV

La tentation était forte pour un homme qui avait mis sa conscience de royaliste au-dessus d'un avancement inespéré dans la carrière diplomatique. Elle ne m'influença pas. J'étais fermement résolu à ne rien accepter qui pût me rendre éventuellement complice ou responsable des catastrophes que je prévoyais pour la monarchie légitime.

Le prince me reçut comme un néophyte qu'on aime et qu'on veut à tout prix convertir. Je fus, pendant toute une semaine, admis, comme un membre de sa famille, dans son intimité, dînant chez lui avec la princesse et ses enfants. Nos entretiens furent fréquents, longs et développés. Tout m'atteste qu'il était lui-même convaincu et parfaitement sincère. Son caractère loyal et sa conscience secrètement religieuse n'admettaient pas l'idée d'une feinte. Le résumé de ses discours fut toujours celui-ci :

« On me calomnie comme homme et comme homme d'État, me répétait-il sans cesse, en supposant que je veux faire un coup d'État pour restreindre ou fausser le gouvernement constitutionnel. Élevé en Angleterre, j'en connais la nature et j'en apprécie les vertus. Bien loin de méditer un coup de force contre la liberté représentative, je veux au contraire la développer dans toute sa franchise et dans toute son efficacité ; je veux que le régime représentatif date des Bourbons en France et qu'il soit la meilleure garantie de leur durée. J'ai à cet égard des plans dont on sera étonné. Qu'on me laisse faire, qu'on me seconde, et toutes les préventions contre moi tomberont devant les faits. »

Là-dessus il me développait, un peu confusément, des utopies libérales et royalistes plus semblables à des rêves qu'à des réalités.

« Je vous crois, mon prince, lui répondais-je ; j'admets même en grande partie les améliorations représentatives et électorales dont vous me faites l'honneur de m'entretenir, sauf les divisions contributives et électorales qui vont à l'Angleterre et qui ne vont pas à la France. L'Angleterre est une aristocratie de naissance, où rien ne choque une démocratie disciplinée. La France ne fut jamais aristocratique, elle ne croit qu'à l'égalité. Au-dessus d'elle, elle ne veut qu'un supérieur, le roi, fût-il même un despote ; mais dans les rangs de la nation elle verrait avec ombrage des divisions et des catégories. Toute classe lui semblerait une caste. Là est votre danger. Quelle que soit la plausibilité de vos intentions, j'en redoute la seule énonciation dans la bouche des ministres du roi. Je suis convaincu que l'opposition acharnée et prévenue ne s'élèvera pas avec moins de fureur contre vos bonnes intentions que contre les mauvaises, si vous étiez capable d'en avoir ; que les iniquités de cette opposition vous contraindront à des mesures violentes que vous ne pouvez pas prévoir; que la chevalerie loyale du roi lui-même le portera à offrir à la nation quelque imprudent défi, conforme à son courage ; que vous ne pourrez pas l'abandonner dans une lutte une fois ouverte entre la couronne et le peuple, et que, d'accident en accident, vous serez contraint à un coup d'État que vous regardez comme une calomnie aujourd'hui. Pensant ainsi, vous devez comprendre que je refuse à m'associer, en quoi que ce soit, à une politique périlleuse pour vous et pour la couronne. Permettez-moi donc de rentrer dans ma retraite, ou, si vos bontés pour moi résistent à l'humeur que peut vous donner mon obstination, envoyez-moi servir à l'étranger une cause que je ne puis pas servir à l'intérieur. »

XVI

Voyant qu'il ne pouvait faire fléchir ma conviction, le prince n'en continua pas moins ses entrevues, ses entretiens confidentiels, ses invitations à dîner et ses bontés de tout genre pour moi. Il songea même à m'utiliser à l'étranger selon mes goûts, auprès d'un prince que la politique de l'Europe avait décidé de faire roi d'un État nouveau, la Grèce. C'était le prince Léopold de Saxe-Cobourg, veuf de la princesse Charlotte, récemment enlevée à l'espérance du trône d'Angleterre et à l'amour passionné de son peuple. Je connaissais particulièrement ce prince, actuellement roi des Belges; je l'avais fréquenté en Italie. Il m'avait même fait l'honneur de venir plusieurs fois, dans la familiarité la plus intime, passer des soirées sans apparat chez moi. Le prince de Polignac, qui était informé de ces relations, obtint à mon insu, de Charles X, ma nomination au poste de ministre plénipotentiaire en Grèce, se réservant de m'apprendre plus tard cet avancement inespéré dans ma carrière. Ce fut sa seule vengeance.

XVII

C'était le moment où le prince Léopold, encore à Paris, devait accepter officiellement la couronne que le congrès européen lui avait décernée. Rien ne s'opposait plus à ce que cette acceptation devînt publique. Elle devait l'être le lendemain. Il ne restait plus qu'une petite difficulté, relative au chiffre de l'emprunt que l'Europe devait garantir au nouveau souverain pour lui donner le subside nécessaire à l'établissement du nouveau royaume, aussi dénué de ressources pécuniaires que de stabilité propre. Mais on pensait que le nouveau roi ne mettrait pas en balance un trône et un chiffre.

Je fus invité par le prince de Polignac à dîner chez lui le lendemain, avec le prince Léopold. Quand le prince entra dans le salon, M. de Polignac me présenta à lui en souriant.

« Voilà, dit-il au roi, le ministre plénipotentiaire de la France auprès de Votre Majesté, que je vous présente et que vous ne refuserez vraisemblablement pas, d'après les relations bienveillantes que nous savons exister antérieurement entre le roi et le nouveau ministre. Je n'ai pas cru faire un choix plus agréable à Votre Majesté. »

Le prince Léopold sourit, me prit la main, remercia M. de Polignac, et me fit asseoir auprès de lui à la table du premier ministre. La conversation fut aisée, naturelle, sans préoccupation apparente pendant le repas. Il se retira de bonne heure.

Le lendemain matin, nous apprîmes, à notre extrême étonnement, qu'il était parti dans la nuit pour Londres, refusant ce trône malencontreux dont le traitement ne convenait décidément pas à sa prudence. Rien ne put le faire revenir de son refus. Il fit bien, quoique ce parti ne fût pas héroïque. Le trône d'Athènes était une royale fantasmagorie ou une aventure qui ne convenait guère à un homme sensé et sérieux. Le trône de Belgique qui lui échut plus tard, bien que plus prosaïque, était plus réel. Les difficultés n'y manquaient pas, mais la loyale habileté de ce prince et sa diplomatie constitutionnelle vis-à-vis de ses peuples ont assuré ce trône équivoque pour lui et pour sa dynastie sur l'estime de ses sujets et sur le respect de l'Europe.

XVIII

Privé de tout poste actif en Grèce jusqu'à ce que l'Europe eût trouvé un autre candidat au trône, je demandai au prince de Polignac un congé illimité pour retourner en Bourgogne, et je partis.

Les événements qui se succédèrent à Paris ne furent pas de nature à me faire regretter mon abstention. Les élections eurent lieu *ab irato*. Le prince de Polignac aborda fièrement les Chambres et resta presque muet à la tribune, au lieu d'y tenir le langage d'un ministre décidé et menaçant qui tient un coup d'État ou une révolution dans son portefeuille. Son porte-voix, l'éloquent et impolitique Berryer, quoique en défendant le droit incontestable du roi de choisir ses ministres et de les faire accepter par les Chambres jusqu'à ce qu'ils y fussent tombés, par leurs actes, en minorité, ne laissa, dit-on, à la Chambre, dans le comité secret où il se fit entendre pour la première fois, qu'un vif sentiment de la beauté de sa parole, mais aussi de l'insuffisance de sa politique.

M. de Labourdonnais, orateur acerbe et fougueux, dont le geste, la voix, les paroles rappelaient naguère l'accent d'une Convention blanche et faisaient redouter les mesures les plus audacieuses contre les libéraux, parut tout à fait modifié, atténué, hésitant, presque muet dans ce nouveau ministère, tergiversa sans qu'on pût savoir pourquoi, puis finit par abandonner le prince de Polignac, son chef, et par rester inactif dans une inconcevable inertie.

Tout paraissait frappé de mort dans ce ministère d'agonie.

XIX

Je revins quelques jours à Paris, pour prononcer à la tribune de l'Académie mon discours de réception, objet d'une assez grande attente. On voulait savoir si, en parlant pour la première fois en public, dans une occasion solennelle où toute parole, même littéraire, avait une grande signification, je me prononcerais pour ou contre la charte. Je reçus à cet égard les plus vifs avertissements de la part de plusieurs de mes amis très-avancés dans ce qu'on appelait la *Congrégation*, secte religieuse ambitieuse, souterraine, qui tenait à m'enrôler sous son drapeau que j'avais constamment repoussé.

Le duc de Rohan, entre autres, mon ami très-intime, qui de mousquetaire était devenu archevêque de Besançon et ne devait pas tarder à devenir cardinal, me pressa chaleureusement de ne pas donner de gage à la charte, et me menaça clairement de l'ostracisme de toute faveur royale ou ministérielle, si je persistais à ne pas donner à la pieuse association politique un signe de complaisance équivalent à un engagement.

Je lui répondis avec énergie que jamais je ne consentirais à professer par politique d'autres principes que ceux que j'avais dans ma conscience, et que si mon avancement diplomatique ou autre était à ce prix, j'y renonçais sans aucune peine.

Ceci se passait sur la place du Carrousel, en face des Tuileries et du cabinet du roi.

Le duc de Rohan, qui m'aimait véritablement et dont les instances étaient toutes dans mon intérêt, se sépara de moi avec un peu d'humeur. Je ne le revis plus. Sorti de France quelques mois plus tard, après la révolution de 1830, il fut insulté à la barrière par le peuple, se retira en Suisse, revint à Besançon, y fut froidement accueilli dans son diocèse, et mourut peu après ce coup d'État qu'il avait vu avec une religieuse espérance. Je regrettai bien sincèrement cet excellent ami, dont le cœur était capable de tous les beaux sentiments, mais dont l'esprit, quoique très-orné et très-agréable, n'était pas assez profond pour la politique.

XX

Mon discours à l'Académie, prononcé quelques jours après, confessa hautement la nécessité et les bienfaits de la charte. J'étais de l'école de M. Lainé et de M. Royer-Collard. Les libéraux modérés en parurent étonnés et me firent une ovation littéraire qui ne m'enivra nullement et qui ne me conquit pas jusqu'à l'opposition malveillante contre le roi de ma prédilection.

XXI

Le roi et la reine de Naples, que je connaissais depuis la révolution napolitaine de 1821, vinrent faire un voyage d'agrément à Paris, dans le mois de mai, pour remercier Charles X de l'appui qu'il lui avait prêté. J'eus l'honneur de leur être présenté.

Madame la duchesse d'Orléans, depuis reine des Français, était sœur du roi de Naples; le duc d'Orléans, quoique chef avoué des libéraux les plus prononcés contre le ministère de M. de Polignac en France, se crut obligé de donner une fête presque souveraine dans le Palais-Royal au roi son beau frère.

Charles X, quoi qu'on put lui dire, consentit à se rendre de sa personne à cette fête. Il professait une loyale confiance dans le duc d'Orléans, qu'il avait comblé de fortune et de faveurs princières.

Le duc d'Orléans, de son côté, professait la plus grande déférence pour Charles X, pour la duchesse de Berri et pour toute la famille royale. Sa prédilection affichée pour tous les chefs les plus suspects du parti républicain et du parti bonapartiste ne paraissait aux yeux prévenus de Charles X qu'une affaire d'attitude qui avait l'avantage, comme en Angleterre, de rallier à la couronne les partis opposés au gouvernement.

Ce prince profita de l'occasion pour convier à sa fête l'opposition tout entière jusqu'aux extrêmes limites de la faction. Le peuple, hostile à la monarchie de la branche aînée, s'y convia de lui-même en foule énorme et agitée dans le jardin du palais.

Je reçus moi-même une invitation que j'étais fort éloigné d'avoir désirée, car, depuis ma rupture avec cette auguste maison à propos de la menace que m'avait fait adresser le duc d'Orléans du ressentiment du premier prince du sang, j'étais resté, malgré une réconciliation apparente, dans une froide réserve avec le Palais-Royal. Ce fut un motif pour moi de paraître à cette réunion, afin de ne pas affecter par mon absence une nuance d'hostilité qui eût été une inconvenance. J'y allai donc.

Le prince, très-attentif et même très-obséquieux envers tout le monde et surtout envers les chefs militaires du bonapartisme et les chefs parlementaires de l'opposition libérale ou républicaine, était debout à la première porte de ses salons, pour saluer ses invités ou ses convives. Quand on m'annonça, il détourna la tête et n'eut pas l'air de me connaître ou même de m'apercevoir. Je crus à une distraction, et j'affectai de mon côté de rester longtemps sur le seuil devant lui, pour qu'il vît bien que je m'étais respectueusement rendu à son invitation. Je m'inclinai plusieurs fois pour en recevoir le salut d'usage, mais ce fut en vain, bien que ses regards tombassent de très-près sur moi. Il persista à ne pas me voir et à combler les amis de sa faction des politesses et des saluts les plus humbles et les plus significatifs. Je crus comprendre qu'il voulait affecter devant eux de ne pas connaître un homme qui passait avec raison pour un sincère royaliste, et j'entrai avec ma femme, sans avoir pu obtenir un salut, dans les salons, me promettant bien à moi-même de ne pas me réconcilier une seconde fois avec une maison où l'on rougissait de ses amis quand ils étaient royalistes.

XXII

A peine étais-je entré dans les appartements et avais-je placé ma femme, parmi des personnes de sa connaissance, sur une des banquettes des salles, qu'on annonça le roi, et que le duc d'Orléans, après avoir été le recevoir au bas du grand escalier, reparut incliné devant son souverain et lui faisant les honneurs de son magnifique palais.

Le roi, qui devait souper dans la grande galerie longeant le jardin, demanda à la parcourir d'avance. Le duc d'Orléans l'y conduisit en lui montrant les tables et le couvert. J'y étais moi-même alors, conduit par M. Vatout, le bibliothécaire et le confident du duc d'Orléans. A l'apparition du groupe royal, nous nous effaçâmes respectueusement dans l'embrasure profonde d'une fenêtre qui donnait sur le jardin. Le groupe passa. Le roi avait la figure animée, heureuse, confiante. A peine avait-il fait quelques pas vers le fond de la salle, qu'une rumeur sourde, bientôt éclatante, et une soudaine reverbération sinistre s'élevèrent avec des clameurs confuses jusqu'aux fenêtres. C'était l'incendie des chaises des innombrables spectateurs du Palais-

Royal, auxquelles des perturbateurs turbulents venaient de mettre le feu et qui brûlaient en monceaux de flammes, aux cris, moitié joyeux, moitié sauvages, de la multitude. La figure du duc d'Orléans devint soucieuse, pâle, sombre. Le visage de Charles X s'attrista. Cette orgie populaire était un cruel démenti au calme respectueux qu'on avait promis au roi dans le palais de son cousin. Le duc d'Orléans y voyait un manque de respect à sa maison et une offense à son hôte auguste. On envoya des agents de police et des troupes pour dissiper les agitateurs, faire cesser les cris, éteindre les bûchers. Ils n'y parvinrent qu'avec peine et lentement. Le roi ne tarda pas beaucoup à se retirer, mais sans affectation. La fête continua, mais laissa une ombre sinistre sur tous les visages. On crut entrevoir ou un souvenir ou un pronostic menaçant de révolution.

XXIII

Peu de jours après, je quittai Paris pour aller voyager en Suisse avant l'époque des eaux d'Aix en Savoie, où ma femme devait venir achever l'été au milieu de la famille de ses jeunes amies d'Angleterre, rentrées, après leur longue émigration, dans cette Savoie, leur patrie.

Ce fut là que j'appris inopinément, confusément et lentement, rumeur par rumeur, les ordonnances et la révolution qui leur avait coup sur coup répliqué. Ces rumeurs, tantôt grossies tantôt diminuées par l'incrédulité ou par la crédulité publique, nous arrivaient sans authenticité, jour à jour, heure à heure, par des voyageurs partis de France et qui traversaient le mont du Chat pour descendre dans la vallée d'Aix. Chambéry n'en savait pas plus que nous. La consternation générale était le seul sentiment qui se manifestât dans la foule des Français ou des étrangers présents en grand nombre à Aix.

Tout était contradiction dans les nouvelles qui nous étaient apportées de France. Les uns disaient que la révolution n'avait été qu'une tentative avortée d'émeute réprimée soudain par les troupes; les autres, que Paris était en feu, l'armée repoussée, le roi en fuite; mais que ce prince, rentré presque aussitôt que sorti avec une armée ralliée et formidable, avait repris son trône dans des flots de sang.

Les groupes se formaient sur la place et dans les cafés pour se communiquer ces différentes versions de l'événement, et s'affligeaient ou se réjouissaient, en masquant cependant leurs émotions diverses, selon que le triomphe du roi ou le triomphe du peuple correspondait plus ou moins avec leurs secrètes tendances. Mais l'anxiété était unanime.

Cette incertitude dura plusieurs jours. A la fin, les journaux, les lettres, les proclamations, les récits arrivèrent et dissipèrent tous les doutes. Le peuple était vainqueur, la France debout, le roi déposé, sa famille entière en retraite avec lui vers la mer, les ministres disparus et pourchassés dans leur fuite. Chacun n'eut qu'à commenter selon ses opinions les événements et à s'affliger ou à se féliciter en silence de la catastrophe de la restauration et de ses inévitables conséquences.

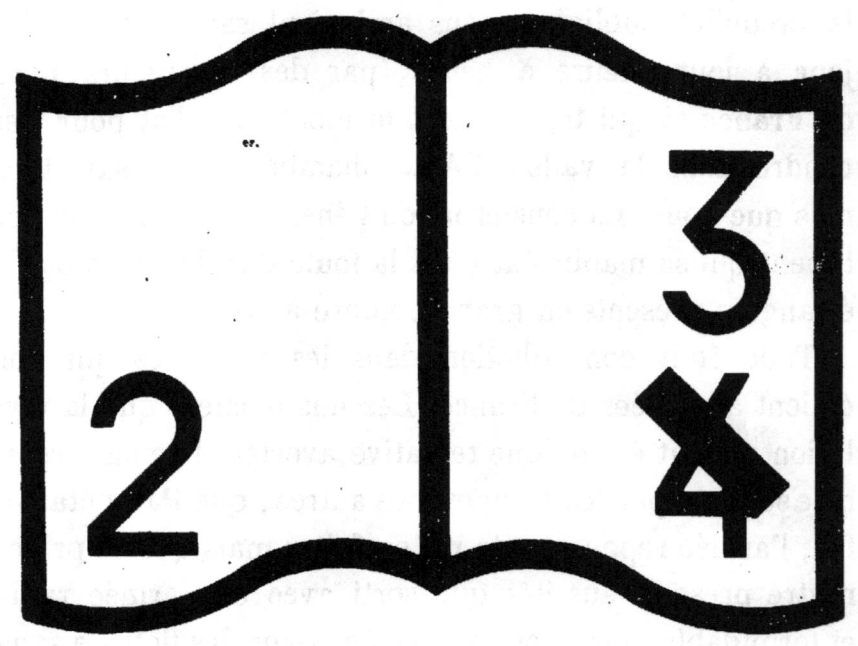

Pagination incorrecte — date incorrecte

NF Z 43-120-12

XXIV

J'avoue que, tout en accusant la témérité du prince de Polignac et en éprouvant une certaine amère satisfaction d'amour-propre d'avoir eu raison contre lui, je n'ai jamais éprouvé dans ma vie une plus profonde tristesse qu'en voyant s'écrouler cette monarchie honnête, seul et dernier espoir de réconciliation entre les Français de différents âges, famille désunie par les excès de la révolution sanguinaire dont ils avaient été victimes et complices, et maintenant revenus à l'ordre constitutionnel et ne désirant que d'y vivre en frères sous des rois bien plutôt reconquis qu'imposés.

Je pressentais l'abîme sans fond et l'éternel ondoiement du chaos sous cette victoire exagérée des meneurs du peuple. Pourquoi, après l'acte d'impuissance et de repentir de Charles X qui était son abdication, proscrire l'hérédité innocente de son fils et de son petit-fils, pour couronner une autre dynastie qui n'était pas moins revenue de l'étranger, qui n'avait pas moins émigré que celle de Louis XVI, et qui de plus avait émigré avec Dumouriez sous le drapeau de la république, et par conséquent ajouté le crime de trahison apparente au malheur de l'exil? Quelle vertu y avait-il donc dans le sang innocent de Louis XVI pour qu'on fît du régicide odieux du père un titre à la couronne pour le fils?

Ce fils et les fils de ce fils étaient innocents sans doute du régicide de Philippe-Égalité. Les en punir ou les en flétrir était une iniquité; mais les en récompenser par un trône était une autre injustice. Un pareil exemple donné par la révolution nouvelle aux familles royales et aux peuples était une immoralité gratuite qui ne pouvait profiter ni aux peuples, ni aux rois, ni aux constitutions. Est-ce qu'une constitution contemporaine d'un droit dynastique n'avait pas mille fois plus d'avenir qu'une constitution fondée sur une usurpation dynastique? Est-ce qu'un schisme sur le trône n'était pas le symbole d'un schisme gratuit dans la nation et la source certaine d'une guerre intestine et d'un autre détrônement, à date incertaine, mais à jour fixe?

XXV

J'étais absorbé nuit et jour dans ces pensées, triste comme la destinée de la France, d'une tristesse nationale, et bien résolu, quoique très-innocent de la provocation et de l'événement, à ne jamais prendre parti parmi les courtisans ou les serviteurs de la dynastie nouvelle.

Je restai trois semaines ou un mois à l'étranger, n'ayant heureusement rien à faire en France qu'à gémir, et préférant réfléchir et gémir hors de mon pays, dans une contrée où personne n'épierait ou ma joie ou mes larmes politiques.

L'événement accompli et les premières ébullitions du triomphe passées, je rentrai en silence et consterné dans mon isolement à la campagne. Je n'y éprouvai ni répulsion ni faveur du peuple. On y connaissait mon attachement à la branche aînée des Bourbons, on y savait mes principes constitutionnels et mon opposition au coup d'État ; on y savait aussi mes relations d'antécédents avec le nouveau roi ; on supposait, en général, que je renouerais ces relations avec l'homme populaire, source de toutes les faveurs que je n'aurais pas même à briguer, mais à accepter. A tous ces titres, aucune réaction hostile des nouveaux orléanistes ne se manifesta à mon égard. Je fus bien accueilli par tous les partis raisonnables. Je ne tardai pas à me rendre à Paris et de là en Angleterre, où m'appelaient des intérêts de famille.

XXVI

Je m'arrêtai quelques jours à Paris, pour y vider, avant d'aller à Londres, ma situation diplomatique avec le nouveau gouvernement. C'était le temps où Louis-Philippe, reconnaissant envers ceux qui venaient de le proclamer, était entouré par moitié de tous les hommes du parti doctrinaire, hommes qui lui avaient préparé les voies, et de quelques hommes du parti républicain plus avancé, dont la popularité dans son conseil popularisait son début de règne.

M. Molé, M. le duc de Broglie, M. Guizot, M. Laffitte, M. Dupont de l'Eure, étaient dans la première ferveur et dans la première faveur du nouveau règne. A l'exception de M. Molé, que je connaissais, et de M. Dupont de l'Eure, que je ne connaissais pas, mais que je devais connaître et estimer quinze ans plus tard, je n'aimais pas ces hommes d'État ; les uns ambitieux, maladroits et offensifs, comme les doctrinaires ; les autres, parvenus trop adroits et trop satisfaits de leur soudaine grandeur, comme M. Laffitte, banquier obéré de la révolution, à qui le peuple votait un million de souscription nationale pour honorer son patriotisme désintéressé.

Je ne vis que M. Molé. Je le trouvai dans son cabinet des affaires étrangères, la tête renversée sur le dos de son fauteuil, dans l'attitude d'un homme qui craint tout et qui n'espère rien. « Eh bien, me dit-il, vous voilà ? Vous venez de l'étranger ? vous avez traversé la France ? Parlez-moi à cœur ouvert et à portes fermées : qu'augurez-vous de tout ceci ? Quant à moi, j'en suis épouvanté ; nous sommes perdus. Avant peu de temps, l'anarchie contre laquelle nous luttons nous débordera au dedans ; la guerre au dehors. Cette monarchie, la seule possible cependant, est une impasse ; nous n'en sortirons pas. »

Et il se replia en deux sur lui-même dans le fond de son fauteuil, les bras pendants et affaissés, dans l'attitude d'un homme qui s'abandonne lui-même sans défense à l'épouvantable situation où il n'entrevoit point de remède.

« Vous savez, lui dis-je en montrant plus d'assurance que lui, vous savez que je ne suis pas suspect de faveur pour la révolution que les doctrinaires de la Chambre viennent de faire, et que je ne présage pas un long avenir à la royauté de surprise que la maison d'Orléans vient d'accepter. Cependant, ma répugnance pour ce trône hors des conditions de tous les trônes, ni héréditaire ni élu, ne m'aveugle pas sur le rétablissement de l'ordre certain et sur la durée probable d'un règne mal acquis et mal commencé, mais que la panique de la France et l'ambition de quelques habiles ont improvisé. Vous êtes infiniment moins malades que vous ne croyez l'être, et la France, que je viens de parcourir, m'a paru plus disposée que vous ne le pensez à soutenir, par nécessité plus que par goût, pendant un certain temps, ce que vous avez fait.

» — Vraiment? me dit-il avec l'accent du doute qui ne demande qu'à se rassurer, et de la défaillance qui cherche un appui dans la pensée d'un autre. Et quoi donc vous a inspiré à vous une confiance que nous n'avons plus?

» — L'excès même de la révolution accomplie, qui a dépassé les bornes et jeté trois règnes à la fois hors de la France et hors du trône, pour punir un seul règne d'une sottise et un seul ministère d'une inconstitutionnalité. A présent que la colère est apaisée, que la mauvaise humeur des honnêtes gens du pays est satisfaite, l'effroi a succédé à l'ivresse, et tous les intérêts conservateurs, immenses dans une société propriétaire, commerçante, industrielle, vous a fait de force une bourgeoisie prétorienne qui mourra pour se défendre en vous défendant, et un corps électoral qui vous donnera dans les Chambres des corps représentatifs longtemps incorporés à la nouvelle dynastie. Avec des majorités à vous dans les Chambres, avec une garde nationale à vous dans la rue, que vous peut-on? Rien que des émeutes plus ou moins prolongées, plus ou moins sanglantes. Mais ce qu'il y a derrière ces émeutes, la république de 1793, est votre égide par la terreur qu'elle inspire ; vos sauveurs sont les républicains terroristes, qui sont en extrême minorité ailleurs que dans les clubs et dans les journaux, et qui, en menaçant tout le monde de l'anarchie sanguinaire au dedans, de la guerre de turbulence et de caprice pour la Pologne au dehors, aliènent tous les esprits et donneront au gouvernement une force non d'affection, mais de nécessité invincible. Voilà l'avenir de votre règne. Je ne suis pas suspect de partialité pour ce règne, je ne l'aime pas ; mais mes sentiments personnels ne prévalent pas sur mon jugement. Vous durerez ce que durent les mauvaises choses, le temps d'accomplir leurs phases et d'être renversées. C'est vous dire assez, poursuivis-je, que je ne viens pas solliciter de vous, de vos amis, du roi lui-même, de l'avancement ; je viens au contraire vous supplier d'accepter immédiatement ma démission sans retour de la place de ministre plénipotentiaire que je devais à Charles X et à son ministre le prince de Polignac. »

XXVII

M. Molé se refusa longtemps et invinciblement à accepter ma démission. Il la regardait comme un mouvement d'humeur auquel j'avais tort de céder, et qui serait funeste à moi et de mauvais exemple aux autres. J'eus toutes les peines du monde à obtenir de lui cette faveur de renoncer à toute faveur, et de me retirer de tout emploi public, pour rester fidèle à la dynastie légitime dont je n'avais pas partagé la faute, mais dont je voulais partager le malheur.

Nous causâmes longtemps, lui se refusant, moi insistant. A la fin il me dit : « S'il m'est impossible de vous convaincre, il m'est tout aussi impossible de vous destituer. Voyez le roi et dites-lui vos motifs.

» — Non, lui dis-je, je ne le verrai pas. Non que j'aie peur d'être converti par lui ou que j'aie la superstition de la légitimité jusqu'à redouter la présence d'un souverain électif, mais j'ai la superstition de l'honneur, et je craindrais qu'en me voyant entrer dans le Palais-Royal on ne crût que j'y entre pour solliciter une faveur, tandis que je n'y entrerais que pour décliner convenablement toute adhésion au vainqueur.

» — Eh bien, reprit-il, écrivez-lui ; je me chargerai de lui remettre votre lettre demain au conseil des ministres, et, si vous n'avez point de répugnance à dîner demain avec quelques-uns de vos anciens amis chez moi, venez, et je vous ferai part de la réponse du roi à votre lettre. »

XXVIII

Cela fut ainsi arrêté. Je rentrai chez moi, et j'écrivis ma lettre, lettre courte, convenable, respectueuse, mais sans réplique, dans laquelle je remettais ma démission au nouveau roi, en le priant de l'accepter comme une nécessité de mes principes, de mes sentiments pour l'ancienne dynastie et de mon honneur, mais en le priant de ne pas me confondre avec ceux qui allaient faire la guerre à son gouvernement, mais avec les bons citoyens de toute opinion qui le plaignaient d'avoir subi la couronne, et qui n'en serviraient pas moins leur pays gratuitement, sous toutes les formes qu'il plairait à la France de se donner.

J'envoyai ma lettre cachetée à M. Molé, et j'allai le lendemain, comme il avait été convenu, dîner chez lui pour en recevoir la réponse.

XXIX

En me voyant entrer, M. Molé vint au-devant de moi, et, m'entraînant dans l'embrasure d'une fenêtre : « Voici, me dit-il, ce qui s'est passé. J'ai remis votre lettre au roi à l'ouverture du conseil; tous les ministres étaient présents; le roi l'a ouverte et l'a lue deux fois, avec l'apparence d'un homme qui regrette et qui approuve; il a passé la lettre à Dupont de l'Eure, qui était assis à côté de lui : « Lisez, lui » a-t-il dit, cette lettre. Voilà une démission convenable- » ment et noblement offerte, qu'en pensez-vous? » Dupont de l'Eure a fait un geste d'assentiment et a passé le papier à Laffitte, également satisfait de l'acte et de la forme. La lettre a fait le tour de la table du conseil; puis, le roi faisant

signe à un huissier : « Allez chercher, lui a-t-il dit, le duc
» d'Orléans. » Le jeune prince est entré. « Tiens, lui a dit
» son père en lui tendant le papier par-dessus son épaule,
» lis cette lettre de monsieur de Lamartine et porte-la à la
» reine. Cela est digne et point offensant. Voilà comment
» il faut se retirer d'un règne qu'on se croit obligé de ne
» pas servir. Mais j'aime à croire que ce ne sera pas un
» dernier mot. Dites à monsieur de Lamartine, ajouta-t-il
» en se tournant vers moi, que j'accepte sa démission,
» mais que je le prie de venir me voir comme à l'ordinaire
» et qu'il sera toujours reçu par moi avec l'amitié qu'il
» me connaît pour sa mère et pour lui. » Ainsi, continua
M. Molé, vous voilà dégagé; mais je ne vous remplacerai
pas avant que vous ayez vu le roi lui-même.

» — Je ne le verrai pas, répondis-je. Quand on ne peut
louer un prince, il faut se taire et disparaître. L'absence
est la leçon des rois mieux que le silence des peuples.
Faites-lui mes excuses et donnez-moi un passe-port pour
Londres. Il n'entendra plus parler de moi. J'ai fait ce
que ma conscience de royaliste me commandait, je ferai
dans l'occasion ce que mon devoir de citoyen français
m'impose. »

On se mit à table et on parla d'autre chose.

XXX

Peu de jours après, je partis pour Londres; mais, avant de partir, je vis quelques-uns de mes anciens amis ou connaissances les plus importants, rangés maintenant dans le parti modéré du nouveau gouvernement. Je m'efforçai, dans des entretiens chaleureux, de les convaincre du danger de la guerre de propagande en Europe, guerre de propagande qui amènerait inévitablement une conflagration générale du continent à laquelle la royauté ne suffirait pas, et que la France ne pourrait soutenir seule qu'en faisant appel à la république, dont tous les partisans étaient en même temps, et par la plus bizarre contradiction, des bonapartistes fils de la guerre et popularisés par la guerre.

Je fus invité à un dîner intime par M. Thiers, qui occupait alors le petit hôtel annexe des affaires étrangères, rue des Capucines, en qualité de sous-secrétaire d'État de M. Laffitte. J'ai toujours aimé beaucoup M. Thiers, malgré nos opinions souvent opposées, à cause sans doute de nos antécédents très-divers, bien plus qu'à cause de nos manières de juger et de pratiquer la tribune ou la politique. C'était le premier des esprits justes, résolus, exécutifs; le plus intéressant et le plus persuasif des orateurs, qu'on ne se lassait jamais d'entendre, parce qu'on le voyait penser à travers sa peau; bon du reste, parce qu'il n'était gêné en rien par l'ampleur souple de sa magnifique intelligence, M. Thiers avait commencé par se jeter ou se prêter au parti de la guerre extérieure par le manque de réflexion, cause habituelle alors de ses fautes. La jeunesse est pressée et court aux résolutions extrêmes comme aux solutions. Ce ne sont pas des solutions, ce sont plutôt des complications.

Ce jour-là, il venait de changer d'avis et de combattre, avec l'énergie novice de sa parole et la diffusion habituelle de son langage, le parti de la guerre, caressé par Odilon Barrot, La Fayette, Mauguin, tous hommes de gauche, pas encore hommes d'État, ou, comme La Fayette, incapables de le devenir. La séance avait fini tard. M. Thiers n'avait pas eu de succès; au contraire, il avait été murmuré par la Chambre : « Il ne sera jamais orateur, » avaient dit les habiles avocats, jaloux d'avance d'une parole qui contenait plus de sens que leurs harangues populaires ne contenaient de sons.

Ses amis, qui étaient arrivés avant lui au dîner, chez lui, s'alarmaient de ce premier échec, qui leur semblait décisif contre lui, à son second discours. J'étais inquiet moi-même. Je m'intéressais vivement à lui. Je voyais en lui un modérateur éloquent de la France, après avoir été, dans le *National*, l'initiateur turbulent d'une révolution.

Il parut enfin. Il jeta son habit dans l'antichambre sur un billard, à cause de la double chaleur de la tribune et de la journée. « J'ai été battu, dit-il en souriant et en serrant la main à ses amis; mais c'est égal, je ne m'en affecte pas, je fais mes premières armes. Battu aujourd'hui, battant demain, c'est le sort du soldat et de l'orateur. A la tribune comme au feu, une défaite profite autant qu'une

victoire ; on recommence. Dînons toujours et buvons frais.
Ne pensons jamais aux coups que nous avons reçus, mais à
ceux que nous porterons; l'essentiel est d'avoir raison. Eh
bien, j'en appelle à Lamartine, qui n'est pas des nôtres,
mais qui en sera un jour, j'avais raison, c'est lui qui m'a
converti et ramené au parti de la paix ; je me trompais, je
n'hésite pas à le reconnaître ; la guerre, en ce moment-ci,
c'est la république, et pas seulement la république qui ne
me fait pas peur, mais la république folle et suicide, la
république la torche au poing, incendiant le monde et
d'abord la France elle-même, au lieu de fonder une monarchie libérale et une république parlementaire et pacifique
comme la nation, pensant et travaillant, que nous avons
à organiser. »

Je pris la parole et je le confirmai de tous mes efforts
dans ces bonnes pensées. Le dîner fut gai, amical, confiant. M. Thiers n'avait pas perdu un grain de sa verve,
l'échec de l'orateur n'avait pas consterné l'homme ; il se
sentait de force à tomber cent fois vaincu et à se relever
vainqueur ; le caractère dépassait en lui le talent. L'ambition fondée sur la réalité du talent sait attendre.

LIVRE CINQUIÈME.

XXXI

Après le dîner, je vis par hasard un trait de sentiment inaperçu pour d'autres, et qui me fit emporter à part moi une très-bonne impression du caractère de ce jeune orateur. Comme je sortais de l'appartement pour me retirer, je rencontrai, dans l'antichambre où je prenais mon manteau, une femme d'un certain âge et d'un costume presque populaire, qui demandait et qui attendait M. Thiers. Il accourut, se jeta dans ses bras, lui fit mille caresses, et, tenant ses mains dans les siennes, l'amena avec empressement vers moi, et me dit sans hésiter et sans rougir : « Tenez, Lamartine, c'est ma mère ! » Je la saluai et je la félicitai d'avoir un pareil fils.

Cette femme, quoique sans distinction dans les traits et dont l'apparence extérieure annonçait évidemment une condition inférieure, avait une physionomie de joie modeste, de tendresse étonnée et d'esprit pétillant dans ses yeux, qui ne démentait pas les merveilleuses aptitudes de son fils. Je les laissai les mains dans les mains l'un de l'autre, s'entretenant avec émotion du plaisir de se voir, sur la banquette de l'antichambre, sans que M. Thiers cherchât à se dérober aux yeux de ses convives qui sortaient un à un du salon. Je descendis les escaliers tout attendri de cette rencontre et de cette candeur d'une riche nature qui ne cherche pas à dérober à des amis, nés plus haut que lui dans l'ordre social, la vue de celle que la nature commande d'avouer, d'honorer et de chérir dans tous les rangs, une mère, la racine du cœur, du génie et de la fortune.

Ce fut le seul rapport intime que j'eus avec M. Thiers dans ma vie. Depuis, les convenances mutuelles de nos opinions différentes nous séparèrent, à mon grand regret. Nous n'échangeâmes que quelques rapides entretiens tronqués, dans les couloirs de la Chambre ou dans la rue. Il vint cependant une fois chez moi, quand je fus nommé député du Nord. Je dirai comment.

XXXII

A mon arrivée à Londres, le prince de Talleyrand était ambassadeur de Louis-Philippe en Angleterre. Mon attitude politique, moins hostile que neutre envers les agents du gouvernement français, ne m'avait point classé parmi les ennemis acharnés de la nouvelle monarchie. Le prince de Talleyrand m'avait toujours témoigné, depuis que mon nom avait acquis une certaine célébrité poétique, une prédilection littéraire dont j'étais d'autant plus flatté que je le croyais plus rebelle à toute impression idéale. Apprenant que j'étais à Londres, il se hâta de me prévenir en venant

me mettre une carte et en m'engageant à dîner sans céré-
monie à l'ambassade.

J'y allai et je fus traité par le prince de Talleyrand
avec une cordialité et une distinction qui ne cherchaient
point à m'accaparer dans le parti de Juillet, mais se pla-
çaient dans ses entretiens avec moi fort au-dessus de ces
misérables dissentiments de partis politiques et dynastiques
actuels. Je fus sensible à cette élévation d'âme et d'esprit
laissant à chacun l'honneur de ses antécédents et la fidélité
à ses préférences.

De ce moment le prince de Talleyrand m'admit dans
l'intimité la plus confidentielle de sa diplomatie, beaucoup
moins française qu'européenne. Toutes les fois que j'allais
chez lui le matin, je le trouvais dans sa chambre à coucher
écrivant de sa propre main sur un guéridon auprès de son
lit les dépêches au roi et à M. Casimir Périer, qui les
informaient jour à jour de la situation de l'Europe.

Cette situation était alors résumée tout entière dans les
conférences de Londres sur la question de la Belgique. Ce
fut le chef-d'œuvre de M. de Talleyrand comme politique
et comme ambassadeur. Il fut supérieur à ce qu'il avait été
même au congrès de Vienne. L'Europe lui doit la consoli-
dation de la paix générale, extrêmement difficile à conserver en présence des turbulences inconsidérées de l'opposition républicaine et bonapartiste en France. La confiance
que le roi Louis-Philippe lui avait courageusement témoi-
gnée irritait violemment ces deux partis. Leurs murmures
et leurs invectives remplissaient tous les jours les journaux de Paris. Le roi et le ministre ne s'en émurent pas.
L'adhésion de M. de Talleyrand fut la bonne fortune
de la nouvelle dynastie. Elle fit parler en lui la vieille

sagesse des cabinets plus haut que les ressentiments et les passions du temps. En considération des immenses intérêts généraux que M. de Talleyrand faisait comprendre et faisait subir à l'Europe, on lui pardonnait de rentrer en scène et de paraître abandonner son principe de légitimité des souverains, sur lequel il avait basé si adroitement et si heureusement sa politique de 1814.

« Voyez combien je suis heureux dans ma vieillesse, me disait-il un jour en ce temps-là. En 1791, j'ai tenté ici de réconcilier Mirabeau et Pitt, et de former entre l'Angleterre libérale et la France révolutionnaire une alliance qui aurait tenu la tige de la balance du monde; eh bien, en 1830 la fortune me réservait pour dernière œuvre de venir à Londres avec la même mission et d'y défendre les mêmes principes que j'y défendais alors.

» — Oui, mon prince, lui répondis-je en souriant; seulement vous en avez perdu un deux fois en route : c'est le principe de la légitimité, si bien inventé par vous en 1814. »

Il ne répliqua pas et passa condamnation sur cette petite omission de sa vie publique. Il était évident qu'il ne considérait les principes qu'il avait promulgués que comme des circonstances rédigées selon les temps et qu'on jette sur les livres des peuples comme des articles de foi, tandis que ce ne sont en réalité que des axiomes des besoins du moment, auxquels on les fait adhérer pour leur salut momentané comme à des dogmes éternels.

Je ne veux pas honorer dans les autres des versatilités de cœur à l'égard des souverains que je n'ai pas voulu juger honorables pour moi-même; cependant, à l'exception des tendances philosophiques que l'honnête homme doit toujours porter, ou cachées ou à mains ouvertes, dans la politique, je ne puis nier que la politique, sans changer de but, ne doive changer de voie, et que les circonstances, qui sont l'opportunité ou l'inopportunité des mesures, ne soient aussi l'unique dogme régulateur des hommes d'État.

Ceci absout M. de Talleyrand. Son principe de 1814 était mort en 1830; il le laissait sans scrupule pour s'attacher au principe supérieur du salut de son pays et à la paix du monde. Il paraissait moins digne d'honneur; il était peut-être aux yeux de Dieu plus digne d'estime.

XXXIII

Je dois confesser ici mon faible pour ce grand esprit, tant calomnié pendant sa vie par l'envie et par la médiocrité de son siècle. Partout où j'ai eu à en parler ou à en écrire, je l'ai fait avec indulgence, admiration et respect. Plus j'ai vécu, plus j'ai apprécié cet ami de Mirabeau qui l'appréciait comme moi et qui lui laissa en mourant toutes ses grandes vues, moins sa grande parole. M. de Talleyrand n'était au fond que Mirabeau à demi-voix.

Quand l'esprit humain s'élève à ce sublime mépris du vulgaire imbécile, à cette justesse prophétique et à cette éloquence non de paroles mais de pensées, l'esprit supérieur devient presque une vertu comme il est une puissance ; on le regarde de bas en haut et on jouit, si l'on n'est pas envieux de nature, de trouver dans son temps ces supériorités d'intelligence qui sont, malgré quelques faiblesses, des preuves de la prodigalité de la nature et de la hauteur de l'humanité. Voilà ce que j'ai toujours ressenti en étudiant Mirabeau et en conversant avec M. de Talleyrand.

XXXIV

Après quelques mois de séjour à Londres, je revins en France. Je m'arrêtai peu de jours à Paris, et je rentrai à Milly, maison paternelle, non loin de Mâcon. Je l'avais achetée avec le beau vignoble de ma famille, à cause du souvenir si cher et si présent de ma mère, car je n'avais personnellement rien à hériter sur ce domaine que des mémoires et des attendrissements.

Ma mère était au ciel. Mon père, vieilli et isolé, s'était retiré à Mâcon, dans sa maison de ville. Toutes mes sœurs étaient mariées et venaient tour à tour, avec leurs enfants, tromper et charmer sa solitude. L'aînée de ses filles surtout, déjà veuve et résidant à Mâcon, dans la maison de mon grand-père, que j'avais rachetée aussi, passait la plus grande partie de ses journées auprès de notre père. Ses soins ont conduit sa noble et douce vie jusqu'à quatre-vingt-onze ans, sans affaiblissement de ses facultés, et il n'est mort que d'un accident indépendant de sa constitution organique.

Je m'établis à Milly pour y passer l'hiver, avec quelques amis, loin de l'agitation générale.

XXXV

La France alors présentait un triste spectacle qui faisait peu d'honneur à la démocratie et qui présentait comme encore vivantes les féroces passions de 1793. Il s'agissait de juger les ministres vaincus et emprisonnés après le jugement du destin et le changement de dynastie de 1830. Le peuple et une partie de la jeunesse de Paris enrôlée dans l'artillerie de la garde nationale demandaient leur supplice. Le roi, M. de La Fayette qui mérita bien de l'humanité alors, la saine bourgeoisie de Paris, tout ce parti entraîné mais honnête qui représentait assez exactement ce que les *Girondins* avaient représenté en 1792, rougissaient de ces holocaustes d'hommes désarmés. On voulait les sacrifier à je ne sais quelle vengeance absurde. Puisque c'était à la faute de ces ministres que la révolution de Juillet devait l'occasion de son avénement, on aurait dû logiquement leur voter des récompenses au nom de la démocratie victorieuse. D'ailleurs le roi, La Fayette, le parti modéré de la garde nationale et la masse immense des honnêtes gens sentaient d'instinct que la vie ou la mort des ministres n'était que le prétexte d'une victoire que la démagogie sanguinaire voulait saisir pour s'emparer de ce reste de monarchie, l'assujettir à ses exigences, s'en défaire ensuite, renouveler la terreur et tenir sous le couteau les bons citoyens consternés.

Ce fut la première journée où je sentis que le devoir d'un bon Français était de soutenir le gouvernement, quoiqu'on ne voulût pas le servir par répugnance de son origine. La neutralité était selon moi une lâcheté. On doit porter secours à ceux qui résistent à l'assassinat, si l'on ne veut pas être complice, par son inaction et par son silence, du sang répandu.

Quelques-uns de mes amis de Paris, entre autres l'intrépide et honnête Aimé Martin, qui aurait risqué cent vies pour en sauver une, m'écrivirent que la crise était extrême; que l'opinion devait rallier toutes ses forces pour lutter contre cette soif inextinguible de sang qui renaissait dans la lie du peuple et dans les jeunes républicains, imitateurs de 93, qui prenaient la férocité pour du génie; que l'on comptait sur moi pour protester vigoureusement contre ces doctrines sanguinaires et pour donner cœur aux esprits indécis et aux cœurs honnêtes.

Ces lettres me décidèrent à faire mon devoir à tout risque et à publier mon opinion et ma protestation, que la popularité littéraire de mon nom alors, comme celle du nom d'André Chénier en 1793, pouvait rendre utiles. Je pris la plume et, quoi que pussent me dire mes timides amis de Mâcon sur le danger de mettre mon nom en avant dans un pareil accès de fureur, j'écrivis d'un trait les *ïambes* de 1830. Ce fut la première fois que la politique du jour entra dans la poésie. L'effet fut grand, tous les journaux, amis ou ennemis, répétèrent ces strophes. Elles retinrent beaucoup de la colère aveugle de cette jeunesse des universités, de l'École polytechnique et des cours scientifiques, qui recula devant la souillure qu'on lui proposait. Cette jeunesse est l'âme du peuple. Là où elle manifeste un instinct généreux, le peuple réfléchit sur les siens, hésite, et ne va pas loin dans la voie du crime.

Voici les vers :

CONTRE LA PEINE DE MORT

« Vains efforts, périlleuse audace !
Me disent des amis au geste menaçant :
    Le lion même fait-il grâce
    Quand sa langue a léché du sang ?
Taisez-vous, ou chantez comme rugit la foule !
Attendez pour passer que le torrent s'écoule,
    De sang et de lie écumant !
On peut braver Néron, cette hyène de Rome !
Les brutes ont un cœur ; le tyran est un homme :
    Mais le peuple est un élément,

« Élément qu'aucun frein ne dompte,
Et qui roule semblable à la fatalité.
Pendant que sa colère monte,
Jeter un cri d'humanité,
C'est au sourd Océan qui blanchit son rivage
Jeter dans la tempête un roseau de la plage,
La feuille sèche à l'ouragan ;
C'est aiguiser le fer pour soutirer la foudre,
Où poser pour l'éteindre un bras réduit en poudre
Sur la bouche en feu du volcan !

» Souviens-toi du jeune poëte,
Chénier ! dont sous tes pas le sang est encor chaud,
Dont l'histoire en pleurant répète
Le salut triste à l'échafaud[1].
Il rêvait, comme toi, sur une terre libre
Du pouvoir et des lois le sublime équilibre ;
Dans ses bourreaux il avait foi !
Qu'importe ! il faut mourir, et mourir sans mémoire :
« Eh bien ! mourons, dit-il. Vous tuez de la gloire :
» J'en avais pour vous et pour moi ! »

» Cache plutôt dans le silence
Ton nom qu'un peu d'éclat pourrait un jour trahir !
Conserve une lyre à la France,
Et laisse-les s'entre-haïr,
De peur qu'un délateur à l'oreille attentive
Sur sa table future en pourpre ne t'inscrive,
En ne dise à son peuple roi :
« C'est lui qui, disputant ta proie à ta colère,
» Voulant sauver du sang ta robe populaire,
» Te crut généreux. Venge-toi ! »

---

[1] Tout le monde connaît le mot d'André Chénier sur l'échafaud : « C'est dommage, dit-il en se frappant le front ; il y avait quelque chose là. »

Non, le Dieu qui trempa mon âme
Dans des torrents de force et de virilité,
    N'eût pas mis dans un cœur de femme
    Cette soif d'immortalité.
Que l'autel de la Peur serve d'asile au lâche !
Ce cœur ne tremble pas aux coups sourds d'une hache,
    Ce front levé ne pâlit pas ;
La mort qui se trahit dans un signe farouche
En vain, pour m'avertir, met un doigt sur sa bouche :
    La gloire sourit au trépas.

    Il est beau de tomber victime
Sous le regard vengeur de la postérité,
    Dans l'holocauste magnanime
    De sa vie à la vérité !
L'échafaud pour le juste est le lit de sa gloire :
Il est beau d'y mourir au soleil de l'histoire,
    Au milieu d'un peuple éperdu ;
De léguer un remords à la foule insensée,
Et de lui dire en face une mâle pensée,
    Au prix de son sang répandu.

    « Peuple, dirai-je, écoute, et juge !
Oui, tu fus grand, le jour où du bronze affronté
    Tu le couvris, comme un déluge,
    Du reflux de la liberté !
Tu fus fort, quand, pareil à la mer écumante,
Au nuage qui gronde, au volcan qui fermente,
    Noyant les gueules du canon,
Tu bouillonnais semblable au plomb dans la fournaise,
Et roulais furieux, sur une plage anglaise,
    Trois couronnes dans ton limon !

» Tu fus beau, tu fus magnanime,
Le jour où, recevant les balles sur ton sein,
   Tu marchais d'un pas unanime,
   Sans autre chef que ton tocsin ;
Où, n'ayant que ton cœur et tes mains pour combattre,
Relevant le vaincu que tu venais d'abattre,
   En l'emportant tu lui disais :
« Avant d'être ennemis, le pays nous fit frères ;
» Livrons au même lit les blessés des deux guerres :
   » La France couvre le Français ! »

» Quand dans ta chétive demeure,
Le soir, noirci du feu, tu rentrais triomphant
   Près de l'épouse qui te pleure,
   Du berceau nu de ton enfant,
Tu ne leur présentais pour unique dépouille
Que la goutte de sang, la poudre qui te souille,
   Un tronçon d'arme dans ta main.
En vain l'or des palais dans la boue étincelle ;
Fils de la liberté, tu ne rapportais qu'elle :
   Seule elle assaisonnait ton pain !

» Un cri de stupeur et de gloire,
Sorti de tous les cœurs, monta sous chaque ciel,
   Et l'écho de cette victoire
   Devint un hymne universel.
Moi-même dont le cœur date d'une autre France,
Moi dont la liberté n'allaita pas l'enfance,
   Rougissant et fier à la fois,
Je ne pus retenir mes bravos à tes armes,
Et j'applaudis des mains, en suivant de mes larmes
   L'innocent orphelin des rois !

LIVRE CINQUIÈME.

    » Tu reposais dans ta justice
Sur la foi des serments conquis, donnés, reçus :
    Un jour brise dans un caprice
    Les nœuds par deux règnes tissus !
Tu t'élances bouillant de honte et de délire :
Le lambeau mutilé du gage qu'on déchire
    Reste dans les dents du lion.
On en appelle au fer; il t'absout. Qu'il se lève
Celui qui jetterait ou la pierre ou le glaive
    A ton jour d'indignation !

    » Mais tout pouvoir a des salaires
A jeter aux flatteurs qui lèchent ses genoux,
    Et les courtisans populaires
    Sont les plus serviles de tous.
Ceux-là, des rois honteux pour corrompre les âmes,
Offrent les pleurs du peuple, ou son or, ou ses femmes,
    Aux désirs d'un maître puissant;
Les tiens, pour caresser des penchants plus sinistres,
Te font sous l'échafaud, dont ils sont les ministres,
    Respirer des vapeurs de sang !

    » Dans un aveuglement funeste
Ils te poussent de l'œil vers un but odieux,
    Comme l'enfer poussait Oreste,
    En cachant le crime à ses yeux.
La soif de ta vengeance, ils l'appellent justice :
Eh bien, justice soit ! Est-ce un droit de supplice
    Qui par tes morts fut acheté?
Que feras-tu, réponds, du sang qu'on te demande?
Quatre têtes sans tronc, est-ce donc là l'offrande
    D'un grand peuple à sa liberté?

» N'en ont-ils pas fauché sans nombre?
N'en ont-ils pas jeté des monceaux, sans combler
    Le sac insatiable et sombre
    Où tu les entendais rouler?
Depuis que la mort même, inventant ses machines,
Eut ajouté la roue aux faux des guillotines
    Pour hâter son char gémissant,
Tu comptais par centaine, et tu comptas par mille!
Quand on presse du pied le pavé de ta ville,
    On craint d'en voir jaillir le sang.

» — Oui, mais ils ont joué leur tête.
— Je le sais; et le sort les livre et te les doit!
    C'est ton gage, c'est ta conquête;
    Prends, ô peuple! use de ton droit.
Mais alors jette au vent l'honneur de ta victoire;
Ne demande plus rien à l'Europe, à la gloire,
    Plus rien à la postérité!
En donnant cette joie à ta libre colère,
Va-t'en; tu t'es payé toi-même ton salaire :
    Du sang au lieu de liberté!

» Songe au passé, songe à l'aurore
De ce jour orageux levé sur nos berceaux;
    Son ombre te rougit encore
    Du reflet pourpré des ruisseaux.
Il t'a fallu dix ans de fortune et de gloire
Pour effacer l'horreur de deux pages d'histoire.
    Songe à l'Europe qui te suit,
Et qui, dans le sentier que ton pied fort lui creuse,
Voit marcher, tantôt sombre et tantôt lumineuse,
    Ta colonne qui la conduit!

» Veux-tu que sa liberté feinte
Du carnage civique arbore aussi la faux,
  Et que partout sa main soit teinte
   De la fange des échafauds?
Veux-tu que le drapeau qui la porte aux deux mondes,
Veux-tu que les degrés du trône que tu fondes,
  Pour piédestal aient un remord?
Et que ton roi, fermant sa main pleine de grâces,
Ne puisse à son réveil descendre sur tes places
   Sans entendre hurler la mort?

» Aux jours de fer de tes annales
Quels dieux n'ont pas été fabriqués par tes mains?
  Des divinités infernales
   Reçurent l'encens des humains;
Tu dressas des autels à la Terreur publique,
A la Peur, à la Mort, dieux de ta république :
   Ton grand prêtre fut ton bourreau!
De tous ces dieux vengeurs qu'adora ta démence,
Tu n'en oublias qu'un, ô peuple! la Clémence!
   Essayons d'un culte nouveau.

» Le jour qu'oubliant ta colère,
Comme un lutteur grandi qui sent son bras plus fort,
  De l'héroïsme populaire
   Tu feras le dernier effort;
Le jour où tu diras : « Je triomphe et pardonne!... »
Ta vertu montera plus haut que ta colonne
   Au-dessus des exploits humains;
Dans des temples voués à ta miséricorde
Ton génie unira la force et la concorde,
   Et les siècles battront des mains!

« Peuple, diront-ils, ouvre une ère
» Que dans ses rêves seuls l'humanité tenta;
» Proscris des codes de la terre
» La mort que le crime inventa!
» Remplis de ta vertu l'histoire qui la nie;
» Réponds par tant de gloire à tant de calomnie,
» Laisse la pitié respirer !
» Jette à tes ennemis des lois plus magnanimes,
» Ou, si tu veux punir, inflige à tes victimes
» Le supplice de t'admirer !

» Quitte enfin la sanglante ornière
» Où se traîne le char des révolutions;
» Que ta halte soit la dernière
» Dans ce désert des nations;
» Que le genre humain dise, en bénissant tes pages :
» C'est ici que la France a de ses lois sauvages
» Fermé le livre ensanglanté;
» C'est ici qu'un grand peuple, au jour de la justice,
» Dans la balance humaine, au lieu d'un vil supplice,
» Jeta sa magnanimité. »

» Mais le jour où le long des fleuves
Tu reviendras les yeux baissés sur tes chemins,
Suivi, maudit par quatre veuves
Et par des groupes d'orphelins,
De ton morne triomphe en vain cherchant la fête,
Les passant se diront, en détournant la tête :
« Marchons, ce n'est rien de nouveau!
» C'est, après la victoire, un peuple qui se venge.
» Le siècle en a menti; jamais l'homme ne change :
» Toujours ou victime, ou bourreau ! »

XXXVI

Les ministres furent sauvés par les remords anticipés de l'opinion publique, fortement exprimés en vers et en prose par l'éloquence des défenseurs, par le mâle courage de la Chambre des pairs, par la résistance cette fois généreuse du roi, par le concours de M. de La Fayette, et surtout par la présence et par les habiles dispositions d'un ministre qui joua sa tête pour les dérober après le jugement au peuple, M. de Montalivet. Ce sont de ces dévouements que l'histoire ne doit jamais oublier. A une certaine hauteur de sentiment et d'action, il n'y a plus de parti qui divise les opinions; il n'y a plus que l'héroïsme qui unit les cœurs. De ce jour j'ai aimé M. de Montalivet; on verra pourquoi je m'adressai à lui secrètement, dans la nuit du 27 février 1848, pour qu'il m'aidât à sauver l'occasion d'un crime au peuple aveugle et armé qui cherchait le roi fugitif que je voulais à tout prix soustraire à ses périls.

XXXVII

Ce fut dans les troubles et dans les loisirs de cet hiver à la campagne que j'écrivis ma première brochure politique, réimprimée littéralement dans mes œuvres et intitulée *Politique rationnelle* [1]. C'était en quelque sorte le programme de ma vie civique, approprié aux nouvelles circonstances de mon pays. Violemment entraîné vers la tribune, j'avais ébauché une candidature prématurée, mais assez heureuse, aux élections de 1830, en traversant la Flandre pour me rendre en Angleterre. L'opinion libérale, réfléchie et éclectique de cette partie du département du Nord, Bergues, Hondschoote, Dunkerque, correspondait généralement avec mes propres opinions. J'y trouvai racine et appui dans les nombreuses clientèles de la maison de Coppens, dont un des membres avait épousé une de mes sœurs, et qui jouissait d'une grande considération dans les campagnes.

En revenant de Londres, je m'y arrêtai de nouveau au moment des élections. Le jour où je devais être pesé dans la balance, je me rendis seul dans la ville de Bergues pour assister à mon sort.

L'irritation contre moi était extrême. Les hommes du

[1] Voir à la fin de ce volume.

gouvernement, furieux contre ma candidature, avaient rassemblé et échauffé la multitude autour de l'édifice où le scrutin avait lieu. On me dépeignait au peuple de la ville comme un légitimiste assez hardi pour disputer à un candidat de Juillet les fruits de la victoire. Je m'attendais à des scènes violentes; je m'étais renfermé seul dans ma chambre d'hôtellerie, assez voisine du champ de bataille; j'avais sur ma table une paire de pistolets, une écritoire et quelques feuilles de papier.

La journée fut longue depuis l'ouverture du scrutin jusqu'au coucher du soleil. Vers midi, la maîtresse de l'hôtel entra dans ma chambre et m'apporta, les mains pleines, une série de diatribes et de railleries imprimées contre moi. Je les parcourus avec mépris. Il était trop tard pour y répondre; mais dans le nombre se trouvaient quelques feuilles d'un journal en vers, écrit avec beaucoup de talent par deux poëtes alors très-populaires, intitulé : *la Némésis*. MM. Méry et Barthélemy y confondaient leurs noms, leurs talents, leur individualité, de manière que cette dualité de deux poëtes ne formait qu'un seul être aux yeux du public.

Je lus. La publication du journal semblait avoir été calculée à Paris de manière à ce que ce pamphlet poétique arrivât à Bergues juste la veille ou le matin du jour où un poëte insulté par ses pairs subissait le scrutin du peuple. J'admirai les vers, pleins de séve mordante; mais je fus révolté jusqu'au fond de l'âme de ce que cette diatribe inconvenante me faisait un tort et un crime de briguer une mission civique au nom de mes opinions présumées et que personne n'avait encore le droit de caractériser et d'inculper. Je relus ces vers injurieux ou tout au moins inopportuns, aux clameurs de la place publique qui saluait mon nom de huées et le nom de mon concurrent d'acclamations.

L'indignation me monta du cœur à la tête et j'improvisai, en deux ou trois heures de temps, une réplique en vers du même style que celui que l'on vient de lire dans mes *iambes* au peuple sur le procès des ministres. La politique, pour la seconde fois, prévalait sur la poésie et se servait de la langue des choses immortelles pour stigmatiser des inimitiés fugitives.

Je finissais à peine ces vers qu'une clameur immense m'annonça ma défaite et le triomphe de mon concurrent sur la place publique. Je remontai en voiture et je traversai au galop la place pour gagner en fugitif la porte de Hondschoote, à travers les huées des partisans de mon rival. Quelques pierres même, lancées par des enfants, atteignirent la calèche où j'avais voulu monter seul pour ne compromettre personne dans mon sort.

J'emportais sous mon habit, pour unique vengeance, les *iambes* que j'avais écrits dans ma colère contre la *Némésis*. Il y avait deux ou trois strophes terribles, acerbes, foudroyantes, échappées tout excusables à l'irritation du moment, et que j'effaçai ou que j'adoucis à loisir le lendemain, avant de les envoyer à l'impression à Paris.

Les *iambes* furent reproduits dans les journaux, lus à haute voix dans les cafés, immensément applaudis même par mes ennemis, et je fus tout étonné, quelques jours après, de les trouver dans la mémoire d'inconnus, partisans de l'éloquence politique en vers. L'éloquence, en effet, s'associe mieux que je ne pensais moi-même aux vers; seulement il sort de ce mélange un peu contre nature je ne sais quoi de calme dans la passion qui fait douter si l'on chante ou si l'on harangue. C'est le geste de l'orateur saisi sur le vif et fixé en marbre pour l'immortalité par le sculpteur d'un Démosthène ou d'un Cicéron des temps modernes.

XXXVIII

Je reviens à la *Politique rationnelle*, mon premier écrit purement circonstanciel et politique. Il a été très-peu connu. Les pamphlets tombaient en ce temps-là comme la neige, et le mien eut le sort commun. Il le méritait. Premièrement, je ne savais pas encore écrire en prose; le vers était ma langue. Cette langue est trop réfléchie pour être employée aux usages ordinaires de la pensée. Secondement, ma situation délicate et embarrassée me condamnait aux généralités de la politique et m'interdisait la passion, qui est la vie des pamphlets. Je n'obtins qu'un succès médiocre. Cependant cet écrit avait l'avantage de me dégager tout à la fois des partis exaspérés, légitimiste ou orléaniste ou jacobin, et de me présenter aux électeurs comme un homme neutre qui donnait à espérer à tous les esprits de bonne foi. Ce succès me suffisait pour le moment. Je ne pouvais pas en désirer un autre, et je compris qu'il fallait attendre une réaction des opinions. Je pensai que deux années seraient suffisantes pour amener cette réaction en ma faveur dans un pays aussi mobile que la France.

XXXIX

Mais comment employer ces deux ans? J'avais trop d'activité dans l'esprit pour les passer oisif à la campagne ou dans une petite ville de province. Je résolus de voyager.

Ma belle-mère était morte; mon père était heureux et établi paisiblement à Mâcon, enveloppé de mes sœurs et de leurs jeunes filles, qui lui renouvelaient une famille de tendresse selon ses goûts. Je n'avais qu'une charmante enfant de dix ans, Julia, la plus délicieuse des filles. En l'emmenant, j'emmenais l'univers avec moi.

Sans être riche, j'avais une aisance qui me permettait les dépenses larges des grands voyages.

On a prétendu que ce voyage de deux ans, exécuté par moi avec la grandeur d'un homme qui ne calcule rien, avait été pour moi l'origine des immenses embarras de fortune qui m'ont obsédé depuis la révolution du 24 février.

L'origine de ces désastres de fortune ne remonte pas si loin. La source de mes revers est plus récente et plus honorable. J'ai brûlé mes vaisseaux quand j'ai dû le faire, et si j'en recueille depuis dix ans quelques débris pour satisfaire péniblement à mes créanciers, j'en souffre, mais je n'en rougis pas. Dans les extrémités de sa patrie, le premier devoir est de s'oublier soi-même.

Mon grand voyage en Orient, exécuté en effet avec l'apparente somptuosité d'une fortune sans limites, ne me coûta rien en réalité. Voici comment :

J'avais alors environ quatre-vingt mille livres de rente ; les deux années de mon revenu formaient cent soixante mille francs. Je vendis à mon retour quatre-vingt mille francs, à mon éditeur M. Gosselin, les quatre volumes de mes notes de voyage. Je rapportai de plus, en armes précieuses, tapis de luxe, chevaux arabes, étoffes d'Orient, etc., pour environ quarante mille francs de valeurs. Total de mes recettes de deux ans : environ deux cent quatre-vingt mille francs. Or, la totalité de ma dépense pendant ces deux ans, y compris le salaire des deux navires qui me portaient et m'attendaient dans les rades, chevaux, escortes, guides, etc., ne dépassa pas cent vingt mille francs. Il en résulte que ce voyage, au lieu de m'avoir ruiné, m'a laissé au contraire un bénéfice réel d'environ cent soixante mille francs. Voilà la vérité.

L'Orient n'était point alors ce qu'il est aujourd'hui que l'invention de la navigation à vapeur l'a ouvert à l'Europe entière. Avec vingt-cinq mille francs de présents, le voyageur y représentait cent mille francs de salaires.

XL

Je partis de Marseille, avec ma femme, ma fille, un ami parfait, M. Amédée de Parseval ; un médecin distingué, M. de La Royère, de Hondschoote ; et un gentilhomme provençal, fort spirituel et fort original, appelé M. de Capmas ; trois femmes de service et trois domestiques, pour la Grèce. MM. Rostand, de Marseille, me procurèrent un navire commode, un capitaine supérieur et un équipage d'élite de la Ciotat à qui tous les flots de ces mers étaient familiers. Je ne raconterai pas une seconde fois ici ce voyage. Il dura deux ans. Un affreux malheur en signala la fin. J'y perdis ma fille unique. Cette perte me détacha presque complétement de la terre. Je fis embaumer son corps et je le rapportai au cercueil de Saint-Point, où il m'attend maintenant, hélas! avec sa mère.

Quelques jours après la mort de mon enfant, un vaisseau français relâchant à Beyrouth, sur la côte de Syrie, m'apporta inopinément la nouvelle de ma nomination de député du Nord, par les électeurs de Dunkerque, de Bergues, de Gravelines et de Hondschoote, qui ne m'avaient point oublié. J'avais perdu, en perdant ma fille, tout l'intérêt politique qui m'attachait à la vie ; mais, par reconnaissance pour ces hommes excellents du Nord qui avaient gardé deux ans mon souvenir et leur espérance en moi, je ne me crus pas libre de récuser un mandat public pour une cause domestique. Je m'acheminai tristement vers la France. J'y rentrai par la Turquie d'Europe, par la Servie, la Hongrie, l'Autriche, la Bavière et les bords du Rhin. J'écrivis en six semaines mon voyage, avant de me rendre à Paris.

J'avais eu le bonheur de retrouver mon père dans une heureuse et vigoureuse vieillesse. Je venais d'hériter d'un oncle et d'une tante, M. et mademoiselle de Lamartine, de la belle terre de Monceaux, où je m'établis dans le lit de mon grand-père.

J'y passai les mois d'automne, qui nous séparaient de la convocation des Chambres, dans la rédaction de mon *Voyage en Orient* et dans le vide que la perte de ma fille avait creusé dans mon cœur.

XLI

Je partis pour Paris au mois de décembre, commençant à me repentir d'avoir brigué deux ans plus tôt une élection dont j'allais évidemment être embarrassé.

En effet il n'y avait point pour moi de place convenable dans une Chambre où je ne voulais être ni du parti du gouvernement que je n'aimais pas, ni du parti de l'opposition légitimiste qui n'avait plus de sens que sa mauvaise humeur, ni du parti de l'opposition ultrà-libérale que je n'estimais pas, ni du parti du silence et de l'expectative, qui était l'opposé de ma nature. J'étais donc condamné à former à peu près seul un germe de parti sans valeur actuelle, et par cela même impuissant et presque méprisable. Cet inconvénient me frappa avec une grande évidence dès que j'arrivai à Paris.

M. Thiers, qui était ministre alors, vint me voir, aussitôt qu'il me sut débarqué, pour me représenter la fausseté de ma situation et la nécessité de m'enrôler dans le parti du gouvernement. Il fut juste, habile, éloquent, amical dans son entretien. J'en fus touché, mais non changé; je refusai d'aller à la cour et je persévérai dans ma résolution de m'abstenir sévèrement de toute démarche qui compromettrait mon indépendance énigmatique, soit avec la royauté de Juillet, soit avec ses serviteurs devenus ses ennemis dans le parlement.

XLII

Je fus accueilli le lendemain avec empressement par les chefs de l'opposition radicale, dans les couloirs de l'Assemblée. La séance s'ouvrit, et je remarquai, comme un augure, qu'à l'ouverture des portes j'entrai par pur hasard dans la salle immédiatement derrière M. de La Fayette, qui causait avec moi dans ce moment-là. Je ne le suivis pas néanmoins sur les bancs les plus signalés de la gauche, où il s'asseyait par vieille habitude. J'allai chercher, sur les bancs les plus élevés et les plus infréquentés de la droite, une place solitaire et neutre, où je ne tardai pas à être rejoint par M. Deshermeaux, jeune royaliste entrant ce jour-là à la Chambre dans des sentiments et dans des dispositions parfaitement conformes aux miens. C'était une bonne fortune pour moi qu'une telle rencontre et un tel voisinage.

M. Deshermeaux, qui vit encore et qui m'est resté cordialement attaché, quoique absent depuis tant d'années de l'Assemblée dont il se retira trop tôt, était de ce petit nombre d'hommes qui ont assez d'indépendance pour savoir rester seuls, assez de talent pour se faire leur place à eux-mêmes, assez de vertu publique pour braver du haut de leur conscience les colères et les mépris des partis qui n'ont de force que leur nombre et qui ne savent que dénigrer ou applaudir ceux qu'ils sont incapables de comprendre et indignes d'imiter.

XLIII

Nous fûmes rejoints, quelques jours après, par M. Janvier, jeune avocat de Paris, d'un prodigieux talent, qui venait de se signaler par des discours de la plus haute éloquence dans la défense de M. l'abbé de Lamennais, royaliste alors, et de quelques condamnés vendéens, coupables de leur fidélité aux Bourbons dans les aventures plus téméraires qu'héroïques de madame la duchesse de Berri.

Un autre jeune homme de talent, mon camarade en diplomatie pendant la Restauration, M. le marquis de Lagrange, cherchant comme moi une place et une attitude personnelles, dans cette mêlée de partis qui confusionnaient les hommes et les choses, se joignit également à nous.

Quelques autres individualités rares mais distinguées ébauchèrent ce petit groupe éclectique de députés indépendants, que je pus appeler quelques jours après le *groupe social*, sans que la Chambre osât ni rire ni murmurer de cette audace. C'était le premier salon d'un parti nouveau qui n'offensait personne, mais qui marquait de loin la place d'une opinion conservatrice, libérale, indépendante, propre à rallier, dans les jours de péril pour la société, bien des hommes dépaysés comme moi dans les assemblées révolutionnaires, dont les passions seraient mortes. Ce nom resta jusqu'à la révolution du 24 février, et ce parti recruta les premiers modérateurs de la république dans l'assemblée la plus patriotique de la France moderne, l'Assemblée constituante de 1848.

XLIV

Si j'avais eu alors la moindre tactique des assemblées et la moindre notion des moyens de succès pour les orateurs qui débutent, je me serais imposé à moi-même un long silence avant d'aborder la tribune, terrain mobile et trompeur que l'on ne connaît pas avant de l'avoir sondé longtemps sous les pas de ceux qui s'en sont rendus maîtres. Mais, pressé de lutter corps à corps avec ce monstre inconnu et n'en soupçonnant pas les dangers, j'y montai résolûment le premier jour et j'y fis, avec plus d'audace que de bonheur, une apparition très-téméraire qui ne fut pour ainsi dire qu'un salut bref et respectueux aux grands orateurs gouvernementaux, libéraux et modérés de la Restauration, les de Serres, les Foy, les Lainé, mes patrons, dont les noms illustres prononcés par moi devaient faire préjuger par mes auditeurs quelle ligne je me proposais de suivre sur leurs traces, si jamais je devais être jugé digne de rappeler leurs noms. On put ainsi pressentir mon organe, mon geste et mon talent, mais à peine mon opinion. Ce n'était qu'une sorte de début plus académique que parlementaire, qui ne concluait ni pour ni contre moi-même, et que tout le monde pouvait applaudir par politesse, sans engager ou désavouer sa politique.

Je descendis de la tribune sans avoir été ni intimidé ni exalté par l'auditoire.

XLV

J'avais eu un tort pallié avec indulgence, le lendemain j'en eus un plus grand ; car le premier n'était qu'un tort de tactique, le second était un tort de politique et de morale.

On agitait la question extérieure. Je venais de parcourir pendant deux ans le monde oriental ; je devais être attendu, écouté, prépondérant dans une discussion de ce genre. Je fis le sacrifice de ma conscience à ma popularité ; je songeai à paraître hardi et neuf, plus qu'à rester sincère et honnête. Je proclamai je ne sais quel prétendu droit de civilisation comme un droit absolu d'attenter aux nationalités établies, sans en rendre compte ni à Dieu ni aux hommes, en sorte qu'il suffirait à un peuple de se croire plus ou moins civilisé que ses voisins pour leur déclarer la guerre et pour les balayer de leur place sur le globe.

La Restauration, qui n'y avait jamais sérieusement pensé, prétendait alors avoir conclu avec la Russie un traité par lequel elle lui livrait Constantinople et la Turquie tout entière, à condition que la Russie, devenue notre alliée à ce prix, nous livrerait les limites du Rhin. Ce plan chimérique n'avait jamais eu l'ombre de réalité pour la Restauration. Il avait été un simple texte de conversation éventuelle entre quelques hommes d'État, émigrés rentrés, tels que MM. de Laferronnays, de Chateaubriand et autres; mais cela n'était jamais sorti du domaine des idées. Comment l'Angleterre, toute-puissante alors sur terre par ses alliances en Prusse et en Autriche, sur mer par ses escadres ; comment la Prusse, avec ses cinq cent mille hommes ; comment l'Autriche, avec ses sept cent mille soldats, auraient-elles accueilli, sanctionné, secondé alliance qui n'aurait laissé sur toutes les terres et sur toutes les mers du globe que la Russie et la France? Et de quel droit aurions-nous exterminé à frais communs les Ottomans, maîtres de l'Orient, pour leur substituer, qui? Des Arabes, sectaires aussi de Mahomet? des Persans, disciples d'Ali? des Grecs impuissants dispersés sur quelques rochers du continent et sur quelques îlots de la Méditerranée? ou quelques petits groupes de chrétiens orthodoxes et schismatiques se détestant entre eux et radicalement incapables de former un gouvernement durable en Orient? C'eût été livrer l'Orient tout entier à vingt guerres civiles, à l'anarchie et à la dépopulation.

Rien n'était donc au fond plus coupable et plus immoral que ce prétendu plan d'expropriation des Ottomans; mais c'était alors l'idée prétendue héroïque des rêveurs qu'il était de mode d'opposer à la sagesse pratique des gouvernements. Ce fut pour affecter ma part de cette mode que je proclamai cette politique aventureuse et impraticable de l'expropriation à deux des Ottomans.

Ce discours fut fort applaudi par les légitimistes, qui en prétendaient le droit d'invention, et par les radicaux de la Chambre, qui n'y voyaient qu'une protestation contre le rétrécissement de la France. Mais, tout en le prononçant, j'en sentais la faiblesse; je rougissais de mon succès de mauvais aloi, et je ne tardai pas à m'en repentir. Ce fut la seule fois que je parlai contre ma conscience dans l'Assemblée; car si on m'avait pris au mot et si on m'avait dit : « Exécutez vous-même ce que vous proposez aux ministres de votre pays, » j'aurais plongé l'Europe entière dans un abîme de complications, dans des guerres sans issue, et j'aurais jeté l'Orient dans une anarchie de mille ans.

Mais l'esprit d'opposition, la maladie parlementaire des Français, était si général et si acharné à cette époque, que je fus applaudi comme un homme qui apporterait à son pays une panacée universelle. Il faut avoir le courage d'avouer ses fautes et ses faiblesses quand on repasse sa vie publique. Les mémoires sincères ne sont pas des apologies, mais des confessions.

XLVI

La Chambre était alors dans une confusion et dans une anarchie d'idées et de partis qui se prêtait à tout, surtout à l'absurde. Mon peu d'estime pour le gouvernement appelé parlementaire date de là. C'est la folie de tous au lieu de la folie d'un seul.

Les doctrinaires régnaient, associés à quelques bonapartistes et à quelques jeunes et habiles ambitieux qui se prêtaient à eux jusqu'au moment de les renverser pour les remplacer. Les doctrinaires s'appuyaient sur le roi qu'ils venaient de faire et qui avait plus d'expérience et de sagesse qu'eux. Le roi s'en servait surtout dans la politique étrangère comme d'organes monarchiques et pacifiques très-propres à rallier les puissances à la nécessité de son usurpation. La France ne les aimait pas, mais les subissait par impuissance de leur substituer aucun autre parti capable de la gouverner. Ils étaient, ils sont, ils seront toujours antipathiques au caractère français. Ils n'ont pour talent que leur prétention ; leur force est dans l'ambition !

On n'a qu'à les suivre depuis leur entrée aux affaires en 1812 jusqu'aujourd'hui en passant par Gand : on les trouvera toujours ou dans les antichambres, ou dans les arrière-cabinets de tous les pouvoirs, faisant du despotisme avec le premier Napoléon, de l'émigration théorique à Gand, de la réaction antibonapartiste avec Fouché après 1815, du libéralisme habile en 1820, de la conjuration révolutionnaire jusqu'en 1830, de la monarchie illégitime après, de la coalition immorale en 1840, de la désertion de leurs complices de coalition jusqu'en 1847, de la monarchie à outrance en 1848, de l'ingratitude ensuite, des théories sans fin, de l'émeute toujours.

La constance dans la bonne opinion d'eux-mêmes est leur principale vertu publique, ils n'ont de supériorité que leur confiance. Secte inexplicable par aucun service réel rendu au peuple, à la monarchie, à la république, aux idées, puisqu'ils en ont changé autant que de règnes, dix fois dans une vie d'homme. Quand l'histoire véridique voudra abaisser un regard jusqu'à eux, elle ne pourra les signaler que par un mot : l'importance des personnes au service de la versatilité du temps. Ce temps était digne d'eux ; il ne savait ni les comprendre, ni les juger, ni même les abandonner.

Tels étaient ces hommes d'État désignés en masse sous le nom de doctrinaires. Les individualités sont distinguées et honorables, mais tel est l'esprit du parti. A quoi auront-ils servi, si ce n'est à eux-mêmes? Ils auront été les majestueux dupeurs du grand parti des dupes!

XLVII

Le parti légitimiste n'existait plus que dans son orateur, M. Berryer, éminemment apte à honorer des vaincus par sa fougue et la sonorité de sa parole, mais l'homme de toutes les coalitions contre tous les gouvernements, pour emprunter à tous les partis dont elles se composent un peu des applaudissements dont elles sont prodigues envers celui qui les flatte, sans s'inquiéter, du reste, des opinions de leur flatteur. Excellent homme au fond, dont le gouvernement ne redoutait pas l'éloquence, et toujours prêt à appuyer ses ennemis naturels comme s'il eût été l'ami de M. Barrot ou de M. Thiers, les adversaires les plus acharnés de la Restauration. Sublime avocat, mais avocat toujours parlant pour parler et non pour convaincre, modèle de ces hommes d'honneur qui ne veulent pas le succès de leur parti, mais le succès de leur parole : éloquents fléaux de la France qui rendront à jamais chez nous le régime parlementaire une cause du barreau plutôt qu'une cause de conscience et de patrie.

XLVIII

Derrière ces deux partis, il y en avait une multitude d'autres qui s'y ralliaient dans l'occasion comme les petites vagues aux grands courants, quelques républicains qui n'osaient même pas avouer leur nom et leur système, quelques tiers partis qui souriaient à tous les autres, sans avoir la force de prétendre au ministère, amis de tout le monde et désavouant tout le monde dès qu'il s'agissait de porter secours au gouvernement, hommes négatifs prêts à tout empêcher, incapables par caractère de rien vouloir.

XLIX

Enfin, un grand parti dit libéral, dont l'orateur était M. Odilon Barrot, avocat presque politique, mais qui se contentait jusqu'alors de représenter les passions déjà mortes de la révolution de 1830, avec popularité, dignité, talent, éloquence, et de professer des maximes destructives de toute monarchie aux acclamations de toutes les oppositions dans la Chambre. C'était l'orateur de 1791, semblable à Pétion, aussi inconséquent, mais plus honnête que lui.

Odilon Barrot se contentait dans ses harangues de mener tout le monde sur le seuil des révolutions extrêmes, puis il descendait de la tribune laissant tout le monde poursuivre ou s'arrêter selon ses idées. Il ne paraissait pas chargé d'éclaircir les choses, mais de les compliquer par ces paroles vagues qui donnent à tous des espérances, sans apporter une seule solution.

C'était un très-honnête homme, très-studieux, très-éloquent, très-estimé, méritant de l'être, qui n'avait d'autre défaut que d'être avocat, c'est-à-dire parlant pour parler, et non pour conclure. Il finit par user ce rôle et par accepter, le 24 février 1848, un ministère dont la signification était déjà dépassée par l'événement et qui ne put pas subsister deux heures, malgré ses appels à la popularité disparue. A partir de ce jour-là, cependant, le courage de l'impopularité et du patriotisme lui revint, et pendant la république il accepta courageusement le rôle difficile de la modérer. Il avait été grand orateur, il fut grand citoyen. Tel était et tel est encore Odilon Barrot.

Pendant les quinze années de régime parlementaire où je l'entendis haranguer dans la Chambre, je ne voyais en lui qu'un habile quêteur de popularité, et j'estimais trop peu ce rôle pour me rallier à lui. Après la république il changea, et je changeai de sentiments à son égard. L'extrême danger de 1849 lui rendit l'extrême courage; il fut un girondin converti comme Vergniaud, et il opposa un cœur intrépide aux menaces de la Montagne. Honneur et réparation à lui !

L

Le reste de l'Assemblée de 1830 à 1840 n'était, comme Royer-Collard et moi-même, que des individualités en expectative qui rappelaient de vieux rôles ou qui en attendaient de nouveaux des événements futurs. Trop fidèles à nos regrets de la Restauration pour nous rattacher par intérêt au gouvernement, trop sérieusement patriotes pour le combattre toujours avec les légitimistes ou les libéraux, nous nous contentions de saisir les occasions où le gouvernement, égaré par les doctrinaires, exagérait ses mesures prétendues conservatrices, pour nous donner un peu de popularité en le combattant sans mentir à notre conscience. Mais ces occasions se présentaient rarement.

En attendant, j'avais beaucoup à souffrir de ce rôle trop souvent muet et ingrat. Je sentais en moi bouillonner des flots de paroles que j'étais contraint de refouler, car il ne me convenait pas d'usurper le rôle du gouvernement en le défendant à tout propos à la place des ministres; d'un autre côté, j'avais besoin de m'exercer à la tribune, qu'on n'apprend que par la pratique, et de conquérir, avec la faculté d'inspiration, une certaine estime du pays passionné pour l'éloquence, afin de ne pas me laisser trop oublier par lui au moment inconnu où j'aurais le besoin et les occasions de lui parler.

Je m'attachai donc, nullement par goût, mais par nécessité et par calcul, à traiter des questions neutres purement humanitaires et spéculatives, telles que les questions des enfants trouvés, de la peine de mort, de la vie du peuple à bon marché, de l'impôt du sel, de l'emprisonnement cellulaire, etc., etc., questions que je parvins à bien posséder et à traiter fréquemment avec l'éloquence relative que je réussissais à y apporter, et qui, sans exciter l'envie ou l'animadversion des chefs de partis politiques dans la Chambre, me constituait dans l'opinion du pays lui-même une sorte de faveur publique toujours croissante et un rôle à part dans le parlement.

Malgré l'ingratitude de ce rôle presque neutre, le peuple, qui me vit souvent aborder ces questions générales en sa faveur, conçut pour moi une estime et une considération qui me constituèrent fortement dans son imagination. Je retrouvai dans ce sentiment d'estime sérieuse de la nation l'usure de la popularité active que j'avais négligée par force pendant ces premières années.

Néanmoins ce rôle spéculatif, qui me coûtait beaucoup, — car ma nature est active, improvisatrice, spontanée, bien plus que spéculative, — ne tarda pas beaucoup à se démentir et à changer aussitôt que les événements, qui mûrissaient vite, m'en présentèrent l'occasion naturelle dans l'Assemblée. Ce fut à l'époque qu'on a appelée la coalition, tocsin de la décadence du gouvernement de 1830 sonné par ses impatients fondateurs.

LI

La mort funeste et inopinée du duc d'Orléans, prince de belle espérance, émut tous les cœurs, et arracha à la France un mouvement de respectueuse sympathie qui réservait la politique, mais qui laissa parler la nature. L'assemblée décida qu'elle se transporterait en masse aux Tuileries pour donner au roi une marque d'attendrissement au malheur du père de famille.

Ce fut la première fois, depuis la révolution de 1830, que je crus devoir à mes anciennes relations avec la maison d'Orléans une douloureuse condoléance qui me rapprochât de cette famille.

M. Royer-Collard se trouvait dans l'Assemblée dans une situation exactement semblable à la mienne. Il hésitait entre la sévérité de son abstention politique et l'entraînement de sa sensibilité personnelle. Il craignait de paraître dur en refusant au roi et au père la consolation de sa présence dans une de ces circonstances où la politique disparaît pour ne laisser agir que le cœur.

Il vint me trouver pour me faire part de ses hésitations dans une confidence intime.

« En cherchant bien dans la Chambre, je n'ai trouvé que vous dont la situation ici soit exactement conforme à la mienne. Je ne veux pas faire acte d'adhésion à la monarchie de Juillet, mais je répugne à faire acte d'insensibilité à une catastrophe extrapolitique qui me ferait confondre avec les ennemis acharnés et irréconciliables de celui qui a le malheur d'être roi. Que ferez-vous? Je ferai ce que vous jugerez convenable de faire : si vous y allez, j'irai; si vous n'y allez pas, je m'abstiendrai. Mais je ne vous cache pas qu'il m'en coûtera de m'abstenir. L'homme et le député ont deux rôles très-distincts dans la vie. L'homme peut donner honorablement une marque d'intérêt aux douleurs de l'homme sans engager le député. Voilà non pas mon raisonnement, mais mon instinct. Il y a des moments dans la vie où l'instinct, qui est plus rapproché de la nature, raisonne mieux que la logique. Décidez!...

» — J'éprouve précisément les mêmes hésitations que vous, lui répondis-je, et je penche comme vous vers la même solution. J'aurais une espèce de remords de n'y être pas allé; je n'aurai qu'un embarras en y allant. Allons-y ensemble; il n'y a point d'apostasie dans l'expression silencieuse d'un bon sentiment. Malheur à ceux qui ne nous comprendraient pas! »

Nous nous donnâmes rendez-vous à la Chambre, et nous parûmes respectueusement ensemble devant le roi, mais à distance, avec l'immense majorité de nos collègues, aux Tuileries. Nos lèvres restèrent muettes, mais nos physionomies attendries n'affectèrent point le puritanisme de l'insensibilité.

LII

La discussion des lois de septembre, auxquelles j'avais pris une part principale contre les exagérations doctrinaires des ministres, m'avait déjà caractérisé suffisamment, non parmi les ennemis, mais parmi les indépendants du gouvernement. Ces lois sans nécessité étaient déjà une sorte de coup d'État légal, une provocation à la France, de nature, selon moi, à faire au roi plus d'adversaires que de partisans. Je les avais combattues avec une grande force. C'était la première fois que je parlais politique. On avait été étonné du nerf de mon opposition; on ne me soupçonnait pas tant d'âpreté dans la résistance au pouvoir.

Le succès de cette harangue me rangea parmi les hommes dont il fallait attendre dans l'occasion plus de politique sérieuse que de généralités sonores auxquelles les hommes du gouvernement affectaient de me renvoyer constamment. Dès lors je comptai pour quelqu'un dans la Chambre.

Un mot très-intelligent et très-pittoresque de M. Royer-Collard me fit sentir qu'il était temps de me caractériser davantage dans les discussions de tribune. Il vint me trouver sur mon banc isolé dans la Chambre :

« Pourquoi, me dit-il, vous qui, quand vous le voulez, produisez tant d'impression sur l'Assemblée et tant de retentissement dans le pays, vous condamnez-vous à ne parler que sur des généralités théoriques qui vous privent de votre influence naturelle sur les esprits dans les questions de tous les jours?

» — C'est, lui dis-je, pour parler par la fenêtre à la masse du pays qui méprise assez les discussions sans valeur entre le ministère et l'opposition.

» — Je vous comprends, reprit-il. Seulement, réfléchissez-y. Parler par la fenêtre, c'est très-bien, et c'est ainsi qu'ont commencé Mirabeau, Danton, Pétion, Robespierre, tous ces hommes que j'ai touchés de près dans ma première jeunesse (il avait été secrétaire dans la Commune de Paris en 1791). Mais souvenez-vous aussi d'une grande et simple vérité que je dois vous dire : c'est que, pour parler par la fenêtre, il faut d'abord être dans la Chambre! »

Il me serra la main et s'en alla.

Son propos me fit penser, et je résolus dès ce moment-là de sortir de mon rôle théorique et contemplatif pour me mêler plus activement aux discussions présentes et vivantes de la Chambre et des ministères.

LIII

Quelques jours après, l'ancien rédacteur du *Moniteur* sous la Convention, M. Sauveau, qui assistait constamment à nos séances, debout contre un des piliers de la tribune, sans proférer ordinairement une seule parole, mais immobile et muet comme l'énigme de l'avenir assistant aux évolutions du temps, s'approcha de moi pour la première fois, comme je descendais de la tribune, et, me prenant à part en me demandant pardon de son indiscrétion, me dit à l'oreille :

« Vous serez un jour maître des destinées du pays.

» — Et pourquoi, répondis-je, augurez-vous ainsi de moi?

» — Voulez-vous que je vous le dise? continua-t-il, c'est qu'à la férocité près, vous avez une volonté plus isolée et plus constante que personne ici, et que vous me rappelez les débuts de Robespierre à l'Assemblée nationale et à la Convention : il finit par dominer ceux qui avaient commencé par le mépriser. Chaque fois que je vous entends, je crois entendre Robespierre, au crime près.

» — J'en accepte l'augure, lui répondis-je. Et savez-vous pourquoi je vous rappelle cet homme si différent de moi? c'est que le pays est encore aujourd'hui dans la même confusion et dans la même incertitude qu'en 1791, que personne ne sait où il va ni par quel chemin, et que je crois le savoir, comme Robespierre, le plus mal inspiré et le plus obstiné des hommes, qui allait seul alors à la République, où tout le monde était poussé sans la voir, et où lui-même devait périr en punition des crimes qu'il lui aurait conseillés! »

Sauveau me renouvela ses excuses. Je ne lui parlai plus jusqu'à sa mort, arrivée peu de mois après ce jour.

La domination inattendue que j'exerçai inopinément en 1848 me rappela cette conversation étrange et l'espèce de divination prophétique d'un homme réfléchi qui compare les acteurs et qui présage les temps. Robespierre voulait à tout prix sortir de la confusion d'idées de 1789, de 1790 et 1791, et moi de la confusion de Juillet. Mais il le voulait par le crime et moi sans crime; nous avons réussi tous les deux. Sauveau avait raison.

LIV

La nature du gouvernement ambigu, moitié révolutionnaire, moitié monarchique, gouvernement boiteux et à deux visages que l'usurpation de famille avait fait à la France en 1830, le rendait oscillant et inactif. Tiraillé sans cesse entre les exigences de ses fondateurs mécontents et les résistances implacables des légitimistes, défendu seulement mais mollement par l'intérêt conservateur d'une classe moyenne incapable des hautes pensées de gouvernement, stimulé seulement par les doctrinaires qui le servaient sans l'aimer, il ne devait pas tarder à se perdre.

Une seule pensée vraiment royale lui donnait encore un aplomb à l'étranger : la pensée fixe et ferme de la paix. C'était la pensée du règne, pensée à la fois humaine, nationale et dynastique. C'était son principe de vie. Je ne sais pas si cette pensée dont il vivait courageusement prenait sa source dans l'amour bien entendu de l'humanité ou dans l'egoïsme bien compris de la dynastie; le peu de moralité de l'usurpation de 1830 sur les droits de la famille royale pourrait faire douter de la vraie cause de cette passion pour la paix; mais elle était ardente, constante et sincère. Le roi semblait sentir que la forte secousse qu'il faudrait donner au pays suffirait seule pour emporter son fragile établissement monarchique, et que son trône ne résisterait pas à une *Marseillaise*.

La majorité de ses adhérents dans la Chambre donnait ridiculement raison tous les ans, dans la discussion de l'adresse, à ce semblant d'opinion belliqueuse de la nation, à propos de la Pologne, sorte de *Ça ira* inoffensif et comminatoire de la France, dont on ne parlait plus qu'une fois par an. J'ai toujours trouvé ridicule qu'une grande nation armée comme la France jurât quinze ans de suite que la Pologne ne périrait pas, sans pouvoir la vivifier, et qu'elle reprît le lendemain ses bons rapports diplomatiques avec la Russie. Je n'ai pas à me reprocher d'avoir voté une seule fois ce non-sens, parfaitement convaincu que, dans l'état du monde depuis 1792, la France d'alors, en présence de cinq cent mille Prussiens, de sept cent cinquante mille Autrichiens, de toute l'Allemagne, de l'Angleterre et d'un million de Russes, ne pouvait sans démence intenter une guerre sans alliés contre l'Europe entière pour restaurer une aristocratie sarmate et monarchique morte depuis un siècle.

Les grandes nations ne meurent que quand elles ne peuvent plus vivre, et quand elles sont mortes elles ne ressuscitent jamais. Les Polonais ont raison, mais le destin n'a pas tort. Aujourd'hui c'est peut-être plus facile, mais cela ne durerait pas davantage. On peut le faire, pour le voir défaire en cinq ou six ans. Une puissance de cent millions d'hommes neufs, barbare, mais vierge, jeune, essentiellement militaire et croissante comme la Russie ne restera jamais voisine d'une petite puissance sans frontières comme la Pologne, qu'elle a possédée un siècle et qui est son âme en Occident. Les insurrections y sont légitimes et respectables, mais elles y sont impuissantes en définitive. Adoucir le joug est le seul remède de ceux qui ne peuvent le briser. La vie et la mort des nations sont des lois du monde et ne sont pas des caprices. Voyez la Grèce, et montrez-moi dans l'histoire une seule nation morte qui ait revécu.

LV

Cette situation fausse du gouvernement de Juillet, de 1830 à 1840, devait fatalement l'entraîner à des changements de ministère qui ne pouvaient que l'énerver et le perdre. Le pouvoir royal était obligé de compter avec l'ambition des ministres appuyés sur les Chambres. Déjà ces ambitions opposées commençaient à lutter les unes contre les autres. Il était évident que les doctrinaires et les hommes simplement révolutionnaires de Juillet ne tarderaient pas à se diviser.

Je rencontrai par hasard alors sur le quai Voltaire le plus actif et le plus important des hommes de Juillet, M. Thiers, que j'ai toujours aimé, malgré nos différences d'origine et de conduite. Il allait seul vers l'atelier d'un sculpteur célèbre qui exécutait alors mon buste pour la ville d'Arles, à laquelle j'avais rendu un service important dans la question de son chemin de fer. Nous causâmes longtemps et confidentiellement en chemin et dans l'atelier.

« Pourquoi, lui dis-je, vous absorbez-vous plus lontemps dans ce parti peut-être nécessaire au commencement, mais gratuitement odieux aujourd'hui à la nation, des doctrinaires qui vous exploitent, qui se parent de votre talent et qui vous compromettent à leur profit? Je vous parle en homme neutre et parfaitement désintéressé dans la question, puisque mon parti est pris et que je ne veux ni m'allier à lui par antipathie, ni m'allier à vous par respect pour mon passé royaliste. Mais, par amitié naturelle pour vous et par sentiment de la vérité des situations, je dois vous dire, puisque j'en trouve l'occasion, que vous faites fausse route et que vous leur prêtez plus de force qu'ils ne vous en donnent. Croyez-moi, laissez-les seuls, ne partagez pas plus longtemps leur impopularité, et formez vous-même un parti de gouvernement que votre merveilleux talent peut fonder et soutenir, et qui aura pour appui dans la Chambre tous ceux de votre opinion que leur ennuyeuse pédagogie offense et qui préfèrent la nature à la prétention. »

M. Thiers m'écoutait avec une faveur de physionomie qui me révélait sa vraie pensée. Il me pria de continuer l'entretien, en homme qui avait déjà pensé tout seul à ce que je lui disais. Je continuai en effet, et je m'aperçus que le rôle de jeune ministre dupe des doctrinaires commençait à lui peser. Nous nous séparâmes à ma porte, et il rentra tout pensif dans son ministère des travaux publics.

LVI

Peu de jours après cette rencontre, le gouvernement craqua. Les doctrinaires et M. Thiers se séparèrent ; de longues négociations eurent lieu pour les réunir de nouveau ; le roi y échoua, et M. Thiers fut premier ministre. Il n'y réussit pas longtemps. Il entreprit en Autriche des négociations gauches et malheureuses ; il y fut joué après avoir compromis les princes fils du roi. Il chercha alors des triomphes sans utilité en Algérie, ce jouet ruineux de la France et qui ne peut jamais nous être d'aucune utilité réelle, puisqu'à supposer le succès complet, ce climat colonial de l'Afrique, parfaitement semblable au climat de la Provence, ne peut jamais nous produire que des denrées similaires à ce que notre midi national nous produit, et par conséquent ruiner la Provence pour enrichir nos colons.

Les agitations de la Chambre, les émeutes de la rue recommencèrent. M. Thiers était entré au ministère avec toute espèce de faveur publique, mais évidemment sans pensée d'homme d'État (ce qui lui a toujours manqué jusqu'ici). Le roi fut obligé de chercher un ministère entre le parti révolutionnaire modéré de M. Thiers et le parti des doctrinaires, usé et désagréable à tout le monde.

Il appela M. Molé et lui donna pour texte l'apaisement et l'amnistie. C'était honorable, c'était utile, mais c'était insuffisant pour une grande politique.

M. Molé était un ministre estimable et un homme aimable, mais ce n'était ni un homme d'État ni un orateur. Doué d'une belle figure, d'un grand nom, d'une fortune considérable, il était entré fort jeune dans les hautes affaires sous le premier Napoléon, d'abord comme directeur général des ponts et chaussées de l'empire qui occupait de Naples à Hambourg, puis comme grand juge ministre de la justice. En 1814, il avait complaisamment accepté la chute de son maître et le retour des Bourbons. En 1815, il avait repris sans bruit du service sous l'empereur restauré par son armée au retour de l'île d'Elbe. Waterloo l'avait ramené aux Bourbons; le duc de Richelieu et madame de Montcalm, sœur de ce premier ministre, lui avaient préparé son pardon et les espérances d'une nouvelle carrière ministérielle. Il avait pris, comme pair de France, une certaine teinte libérale qui n'était pas dans ses opinions, mais dans la convenance de son passé de 1815. Jeune et beau encore, recherché, aimé des femmes, il était agréable à tout le monde. Quand 1830 détrôna les Bourbons, le duc d'Orléans se hâta de le nommer ministre des affaires étrangères. Il n'était pas homme à lancer la France dans les aventures de guerre polonaise ou italienne au gré du parti ultra-révolutionnaire. Il n'aimait ni n'estimait les doctrinaires, mais il croyait à leur puissance d'intrigue et consentait à servir avec des hommes qui ne tombaient jamais; il servit le roi avec eux, en suivant la pensée du roi plus que la leur. Il se retira de bonne heure et rentra dans le silence et dans l'expectative. On avait les yeux sur lui comme sur une réserve de la monarchie.

Le roi l'appela pour imposer la raison à la Chambre et la paix aux rivalités des ministres qui déchiraient son cabinet. C'était un ministère bien choisi pour s'interposer entre les factions sans causes qui se disputaient la France. Ministère d'honnêtes gens qui ralliait à peu près tout ce qui était honnête et désintéressé dans le pays politique. La France impartiale le sentit, et l'accueillit avec estime et bienveillance.

Mais il n'en fut pas de même dans la Chambre. Aussitôt que M. Molé eut proclamé l'amnistie comme un gage de paix à tous les partis, la colère des ministres doctrinaires et révolutionnaires de 1830 ne connut plus de bornes. Ils s'indignèrent, les uns, de ce que le roi prétendait à se passer d'eux ; les autres, de ce que le roi prétendait gouverner cette révolution avec une politique à lui, et non plus avec la politique à deux faces et exigeante de ses ministres congédiés. Il n'y eut pour M. Molé que ces hommes de bien qui composent dans toutes les assemblées le fond du pays pour le pays lui-même et non pour eux-mêmes ; hommes sans prétention personnelle et sans talents transcendants ou qui n'ont pour talent que leur bonne volonté. Ces hommes étaient assez nombreux et assez dévoués pour donner au roi une majorité, mais pas assez éclatants pour donner à cette majorité de raison l'éclat de paroles dont tout gouvernement parlementaire a besoin en France pour dominer la nation.

LVII

Je sentis dès les premières discussions que c'était là le côté faible du ministère Molé, et que cette nombreuse majorité qui se groupait autour de lui, sentant son insuffisance oratoire, s'attacherait avec reconnaissance à un homme neuf qui lui prêterait, sans lui rien demander, le secours d'éloquence désintéressée qui lui manquait. Le plus beau rôle dans une Chambre est celui-là. Rester indépendant du gouvernement que l'on sert, le combattre de temps en temps quand il s'égare, le défendre avec passion quand il est en butte aux agressions de mauvaise foi de ses rivaux, triompher avec lui et avec le pays, mais le lendemain du triomphe refuser tout salaire de ses services et rentrer dans les rangs des simples députés, prêt à en ressortir dès que le danger se renouvellerait; protéger la couronne comme une valeur abstraite du régime constitutionnel sans l'aimer et sans paraître jamais à la cour, et donner une voix plus ou moins éloquente aux droits du trône et aux vrais intérêts des bons citoyens : c'était là ce que le moment réclamait et que moi seul en ce moment je pouvais tenter d'accomplir. Je me laissai séduire par ce rôle à la fois ingrat et pénible, et je me déclarai hardiment à la tribune le défenseur du ministère Molé, sans obéir à personne qu'à moi-même, et témoignant hautement de mon indépendance envers le roi et envers les ministres, au moment même où mon audace conservatrice devait donner quelques soupçons contre moi à la violente opposition de tous les partis acharnés contre les serviteurs de la royauté.

LVIII

Dès que j'eus pris pied sur ce terrain solide quoique mobile, je sentis mes forces doublées. J'excitai dans l'Assemblée un étonnement et un enthousiasme universels. Les ennemis de M. Molé crurent à une alliance entre lui et moi. La majorité ministérielle, très-faible et très-indécise, sentit plus qu'elle ne voulut se l'avouer qu'elle ne subsistait que par la force et la grâce de mes discours. Les ministres me redoutaient d'autant plus qu'ils savaient mieux combien j'étais libre dans mes opinions et combien en les désertant un jour je pourrais leur porter de préjudice.

Le roi lui-même manifesta hautement sa sensibilité et sa reconnaissance pour le défenseur inattendu que la Providence lui suscitait dans son isolement.

« Que ferez-vous pour Lamartine? lui demanda un jour un chef de sa majorité, M. Fulchiron; quel ministère lui offrirez-vous pour reconnaître et encourager ses services? » — Lamartine n'est pas un ministre, lui répondit le roi,

Lamartine est un ministère !... Je le réserve pour les périls suprêmes et pour les jours inconnus. »

Ces mots qui m'étaient de temps en temps rapportés par des courtisans ou par des membres de la majorité, confidents du roi, flattaient mon amour-propre et redoublaient mon courage. Il me convenait de laisser soupçonner jusqu'à un certain point plus d'ambition éventuelle que je n'en avais et de laisser croire au roi et à la majorité que ces jours inconnus pouvaient venir. Mais il n'en était rien et j'étais parfaitement résolu à ne jamais manquer à mon passé de royaliste en servant un roi qui avait détrôné le mien.

LIX

Henri V et son parti en France n'ont rien compris alors et en 1848 à ma situation. Ils m'ont traité en ennemi, quand le moment était venu pour eux de me relever pour ma fidélité à leur trône et à leur infortune. Je ne le leur ai rendu qu'en indifférence. Tout est bien. Mon devoir envers les républicains étant accompli, je pouvais apporter aux légitimistes une grande force dans une occasion honorable ; ils ont préféré me méconnaître, et compter parmi leurs ennemis personnels ceux qui les avaient avoués toujours et honorés quelquefois. N'en parlons plus, nous sommes quittes, eux par leur ingratitude, moi par mon inutilité.

LX

Cette phase de ma vie parlementaire fut longue, brillante et très-utile au roi de 1830 et au ministère Molé. Respect à la monarchie abstraite, prérogative constitutionnelle de la royauté, droit de la couronne de nommer librement ses ministres, puisque, si ses ministres étaient responsables par leurs places, la royauté était responsable par son trône; dérision des attaques déloyales de M. Guizot, de M. Thiers et de tous leurs complices de la coalition contre le trône qu'ils avaient fondé et contre la politique qu'ils avaient servie; démonstration de l'impuissance de cette coalition immorale allant mendier sur tous les bancs de la Chambre des alliés parmi les ennemis les plus implacables d'hier; impossibilité de créer avec de tels éléments allant depuis M. Garnier-Pagès jusqu'à M. Berryer, en passant par tous les tiers partis de la Chambre, tels que M. Dufaure et ses amis du ministère, unis par un même esprit pour formuler et pratiquer une politique quelconque; par conséquent impossibilité pour toute coalition de ce genre de fonder autre chose qu'une ruine parlementaire le lendemain de son triomphe: pendant ces années de manœuvres immorales, je traitai ces questions en toute occasion avec l'évidence et l'amertume qu'inspirait à tout honnête homme libre la conduite, inexcusable à mon avis, de M. Guizot, de M. Thiers et de leurs adhérents. Ils m'aidaient suffisamment eux-mêmes à les combattre, par la violence de leur acharnement contre leur roi.

M. Thiers flattait les républicains de 1830 par des sarcasmes contre Louis-Philippe qui allaient jusqu'à lui reprocher les conditions de son règne : « *Il fallait nous le dire en 1830 !* » s'écriait-il à la tribune en portant le coup au cœur du prince lui-même, comme pour lui déclarer de plus haut que les conditions de son règne avaient été faussées et le délivraient de son adhésion.

M. Guizot, après des déclarations de même nature, répondait de la tribune aussi au républicain Garnier-Pagès l'aîné, qui l'interpellait avec approbation sur ses maximes et lui demandait s'il irait jusqu'au bout, c'est-à-dire jusqu'à la révolution : « Oui, monsieur, jusqu'au bout ! » Et tous les coalisés applaudissaient avec frénésie à cette déclaration catégorique ! Les séances de la Convention égalaient seules les violences de ces serviteurs congédiés de la couronne ! Et voilà l'homme que nous avons vu plus tard conduire le même roi au détrônement et à l'exil, plutôt que d'accorder une loi sur l'association théorique à une Chambre encore indécise, et que nous voyons aujourd'hui prêcher la sagesse et le respect aux parlements !

L'un n'était que léger et pardonnable dans ses colères d'enfant mécontent de ce qu'on lui avait brisé dans les mains son jouet, le pouvoir. L'autre avait la rancune méditée d'un homme implacable qui sait ce qu'il fait et qui voit ce qu'il dit, sans reculer devant les conséquences.

LXI

La majorité se réunit en masse chez un de ses membres les plus accrédités, M. Delessert, pour se concerter à la fin de la session et pour se réorganiser à la session suivante. Il s'agissait de déterminer le choix que cette majorité encore prépondérante arrêterait pour donner un président à la Chambre, au commencement de l'année suivante.

Ce fut la première occasion où je fis l'épreuve pratique de l'ingratitude des hommes politiques à l'égard de l'homme désintéressé qui leur avait rendu les plus éclatants services. Tous les orateurs, sans en excepter un seul, prirent la parole et commencèrent par rendre un hommage unanime à l'utilité et au talent dont j'avais marqué mon passage parmi eux, et tous conclurent par dire que ma nomination aux fonctions de président ne pourrait rien ajouter à mon ascendant sur la Chambre, et qu'il était plus utile de rallier à leur parti un orateur éminent, flottant et indécis, M. Sauzet, que ce choix engagerait à les servir. Tous m'interpellèrent pour faire appel à ma générosité et n'hésitèrent pas à me désintéresser de toute ambition de ce genre et à me demander de me désister de mes prétentions présumées à la présidence.

Je souriais intérieurement de ces hommages et de cette ingratitude masquée sous de si belles paroles. Je me levai pour dire mon avis. Je ne dis pas mon avis sincère, car je ne désirais aucunement cet honneur parlementaire pour moi-même. Je ne désirais pas être arbitre, mais rester combattant dans les vives discussions qui se préparaient. D'un autre côté, en me plaçant au point de vue de cette majorité qui devait tendre à tout prix à me rapprocher du roi par des fonctions neutres qui m'auraient commandé, au nom de l'Assemblée, de paraître dans certaines occasions de corps en présence du roi, il était évident que cette nomination m'aurait rapproché de la cour et aurait fourni au prince l'occasion naturelle d'être en rapport plus intime avec le citoyen. Cela sautait aux yeux, et si j'eusse été membre de la majorité, je n'aurais pas manqué de tenter cette loyale épreuve. Je ne doute pas que le roi lui-même n'eût été heureux de la faire naître; il n'avait rien à y perdre et avait tout à y gagner. Mais moi personnellement je n'avais rien à y gagner, et je pouvais y perdre aux yeux du pays quelque chose de mon puritanisme d'indépendance.

Je me gardai bien de toucher dans mon discours à ce texte délicat de discussion et je parlai franchement et longuement contre moi-même, m'éliminant de toute candidature, rendant grâce à mes collègues dont les suffrages m'honoraient plus que le vote ne m'aurait servi, et leur déclarant d'avance que je n'étais qu'un volontaire passé pour une circonstance grave à leur service, mais qui reprendrait son indépendance absolue aussitôt que le danger serait éloigné. Je passai de là à l'examen de notre situation future et j'ébauchai le plan de nos ressources pour triompher l'année suivante. Je fus couvert d'acclamations frénétiques, et l'on vota pour M. Sauzet.

C'est peut-être à ce vote illogique et mal inspiré que cette majorité sans reconnaissance dut le succès de la révolution de 1848, que le moindre obstacle pouvait faire dévier; mais elle eût été plus terrible peu de jours après.

LXII

Je rentrai alors à la campagne et je conçus le livre des *Girondins*. Des éditeurs de Paris vinrent en conclure le contrat pour la somme énorme alors de deux cent cinquante mille francs, payables dans deux ans, à la livraison des huit volumes. Je n'avais jamais encore essayé mon talent dans l'histoire, mais mes succès oratoires m'avaient donné confiance, et ma passion pour Tacite me faisait espérer à moi-même que je réussirais à l'imiter.

Je me mis à l'œuvre le lendemain du contrat. Je comprenais assez bien les grandes lignes et les grandes scènes de la révolution de 1789 et de 1793 pour marcher droit et vite dans mon récit. Ce livre, où je n'avais fait aucune concession à la popularité et où la pitié pour le roi attendrissait l'historien par les larmes des royalistes, ne trompa ni les espérances de mes éditeurs ni les miennes. Malgré les reproches injustes et inintelligents qui l'assaillirent dans le parti royaliste, il obtint, il obtient, et il paraît devoir obtenir dans l'avenir le plus immense assentiment et le plus immense débit dont aucun morceau d'histoire, excepté le beau livre de M. Thiers sur Napoléon, n'a donné l'exemple en Europe et en Amérique.

Je le terminai en deux ans comme je m'y étais engagé, sans que ni mes voyages, ni mes discours à la Chambre pendant ce laps de temps, en eussent été interrompus. J'avais publié, quelque temps avant de mettre la main aux *Girondins*, le poëme original de *Jocelyn*, qui produisit sur la partie poétique du pays un effet aussi neuf et aussi grand que les *Girondins* en produisirent sur tous les partis politiques. Poésie, histoire, discours, concoururent à cette époque à illustrer mon nom, mais les *Girondins* dépassèrent tout.

LXIII

Cependant la coalition des éléments incompatibles de la Chambre finit par triompher de la majorité. M. Molé, par une fausse affectation de vigueur dans un homme d'État, au lieu de quitter loyalement le terrain et de livrer cette manœuvre triomphante à sa propre impuissance et à sa propre anarchie, alla à mon insu, le soir, trouver le roi et en obtint témérairement la dissolution de la Chambre.

Le lendemain, il convoqua confidentiellement tous ses collègues, non point dans l'hôtel du ministère, mais dans son petit hôtel de la rue de la Ville-l'Évêque. J'y fus convoqué par lui, seul de tous les députés, afin de donner mon avis sur ce qu'il y avait à faire dans cette occurrence décisive.

Il parla dans le sens de la résistance désespérée à la folie et à l'immoralité du vote de la Chambre, et proposa de faire appel au pays. Tous ses collègues lui donnèrent raison.

Je restai muet et consterné. Il me somma de parler à mon tour.

« L'appel au pays est bon, répondis-je, mais après avoir obéi scrupuleusement au pays lui-même dans la loi de sa constitution, c'est-à-dire après avoir remis votre démission au roi, et cédé cette ombre de pouvoir à cette fausse ombre de majorité incapable même de la saisir alors. Ce n'est pas vous qui ferez appel au pays, ce sera la coalition soi-disant victorieuse, mais en réalité vaincue par sa propre perversité. L'iniquité de sa tactique deviendra évidente au pays par son incapacité de reconstruire un gouvernement même d'une heure! Comment voulez-vous admettre que monsieur Garnier-Pagès, que monsieur Odilon Barrot, que monsieur Dufaure, que monsieur Berryer, que monsieur Guizot, que monsieur Thiers, ayant chacun des partis opposés et des passions contraires, s'entendent pour créer un gouvernement antipathique? C'est impossible. Leur impossibilité vous justifie. Après de longues et inutiles tentatives pour former le gouvernement, le roi fera l'appel au pays dont vous parlez et le pays vous renverra une majorité triomphante. »

Je partis de là pour analyser dans un discours important et sans réplique la nécessité de se retirer. Ce discours est reproduit dans mes *Œuvres complètes*, on peut l'y voir.

M. de Montalivet, ministre de l'intérieur, se repentit

courageusement d'avoir applaudi un moment auparavant au discours de M. Molé et déclara qu'il se rangeait à mon avis. Les autres ministres en firent autant.

La figure de M. Molé pâlit et se consterna. « Eh bien, messieurs, dit-il à ses collègues et à moi, il est trop tard. La dissolution, signée hier soir par le roi à ma requête, est partie pour les départements! »

Tout le monde se leva et sortit.

« Cette faute, m'écriai-je, n'est pas une faute, mais une révolution à un jour donné. Je me retire avec une impression sinistre... Le pays accepte toujours le défi du pouvoir; il renverra au roi une coalition légalisée par l'élection. Vous serez forcés de subir une défaite que vous aurez vous-mêmes provoquée. De deux choses l'une alors : ou la coalition se dissoudra, se trahira elle-même et ne fournira au roi que des instruments de règne déshonorés par leur défection à leurs complices d'aujourd'hui, et alors gouvernement en ruine et abrégé; ou bien la coalition voudra essayer de gouverner en commun, et alors anarchie dans le sein même du gouvernement! Des deux côtés, révolution!... »

Nous sortîmes confondus de ces augures et prévoyant de grands malheurs.

LXIV

Mes prévisions ne furent que trop tôt réalisées. Le pays renvoya des éléments identiques à la coalition. Le roi nomma M. Thiers, qui s'était déclaré son ennemi personnel, premier ministre.

Il entra au pouvoir très-affaibli par sa défection; il y fut hésitant et très-faible. Il chercha à fanatiser la France pour la guerre contre la Turquie au profit du pacha d'Égypte, ci-devant marchand de tabac à Salonique, pour lequel il ne put pas passionner la France contre tous ses intérêts. Il fit chanter au roi la *Marseillaise* pour effrayer l'Europe, qui se prit à rire. Tout le monde regardait cette comédie sans prendre feu et sans y rien comprendre.

Je sentis qu'il était temps de parler, et j'écrivis de Hyères, où j'étais, trois lettres politiques pour lesquelles M. de Girardin me prêta l'énorme publicité de la *Presse*. Ces trois lettres irréfutables renversèrent seules ce ministère décousu de M. Thiers. Il envoya l'escadre française sur les côtes de Syrie, pour seconder le pacha d'Égypte et pour créer, comme un second Mahomet, un empire arabe dans des provinces presque toutes chrétiennes. Les Anglais se fâchèrent; il fit rentrer humblement notre escadre. De ce jour, ce ministre étourdi fut impuissant, anéanti. Mes trois lettres, qui avaient convaincu trois cents députés, avaient achevé l'œuvre avant que nous fussions convoqués à la Chambre; M. Thiers, déconcerté, croula au premier choc.

M. Guizot, plus coupable que lui, négociait de Londres pour hériter de sa place. « Nous pourrons vous soutenir, lui avaient dit ses propres amis du *Journal des Débats*, mais nous ne vous estimons plus. » C'était le sens de la majorité de la Chambre à son égard. Pendant la coalition, il avait fait défection au roi; depuis le triomphe de la coalition, il avait reçu de M. Thiers l'ambassade de Londres, et il n'était pas très-évident qu'il n'eût pas fait défection à M. Thiers; maintenant il se présentait pour faire défection à la coalition tout entière; son caractère devait en souffrir, on ne le vit que trop plus tard. J'ignore ce qu'il fit à Londres pour justifier la confiance de M. Thiers dans ses négociations avec l'Angleterre et avec la Prusse. Quoi qu'il en soit, il succomba, et avec lui succomba M. Thiers. Ce que je sais, c'est qu'il négociait déjà secrètement avec le roi et avec la Chambre pour remplacer à Paris M. Thiers.

Ses amis les plus intimes dans l'Assemblée me communiquèrent des lettres de lui, par lesquelles il leur demandait de me voir et de s'assurer positivement si j'étais ou non favorable à sa rentrée dans le ministère; ajoutant que, dans le premier cas, il viendrait, et que dans le second il s'abstiendrait, étant parfaitement convaincu que la possibilité de sa candidature dépendait absolument de ma conduite à son égard. Je possédais en effet alors en mains une centaine de votes de l'ancienne majorité que je pouvais influencer pour ou contre lui.

Je répondis que je soutiendrais son ministère, non point à cause de lui, que j'avais cessé d'estimer politiquement depuis la coalition, mais pour prévenir la guerre folle dans laquelle M. Thiers voulait engager le roi et la France à propos du pacha d'Égypte; qu'il pouvait donc venir à Paris en toute confiance, bien sûr qu'il n'éprouverait aucun obstacle de mon côté.

LXV

M. Guizot vint. Il osa briguer la présidence du conseil des ministres. Il recomposa comme il put les éléments décousus et désaffectionnés de la majorité qu'il avait détruite. Le dévouement au roi et la crainte de la guerre lui fournirent une seconde majorité de politique et de tactique, également opposée à M. Molé et à M. Thiers, avec laquelle il essaya de gouverner.

Ce fut alors qu'il tenta à tout prix d'obtenir mon consentement à son gouvernement, soit par un ministère, soit par l'ambassade de Vienne ou par l'ambassade de Londres qu'il vint m'offrir chez moi avec instances: Je le refusai poliment, en l'assurant qu'aucune ambition personnelle n'entrerait jamais pour rien dans les considérations dirigeantes de ma conduite, et que, si je soutenais son cabinet avec l'ancienne majorité, ce serait uniquement pour résister à M. Thiers et pour rendre impossible la guerre d'Égypte et la combustion sans raison de l'Europe entière, dans laquelle il avait voulu jeter le monde par légèreté.

M. Guizot se retira, pensant que je n'avais pas dit mon dernier mot.

Peu de temps après, j'allai moi-même au ministère des affaires étrangères pour lui rendre sa visite. Il reprit sa conversation, sans plus de succès.

« Mais enfin, me dit-il en finissant, de tels refus cachent une ambition plus haute, car le roi ne peut pas offrir mieux à quelqu'un, à moins de lui offrir sa couronne. Oserai-je vous demander confidentiellement et pour moi seul les vrais motifs de vos refus?

» — Monsieur le ministre, lui répondis-je en me levant pour prendre congé, puisque vous insistez tant pour connaître les vrais motifs de mes refus de tant de faveurs royales, c'est que vous me croyez apparemment un homme politique dont il vous importe de sonder les véritables vues?

» — Oui, sans doute, reprit-il. Insisterais-je autant sans cette pensée?

» — Eh bien, ajoutai-je, puisque vous me jugez un homme politique, cessez de m'interroger sur les motifs de mon abstention, car, si je vous les disais, je cesserais à l'instant même d'être un homme politique. »

Il parut étonné de cette réponse sévère; il pâlit comme si l'ombre d'une révolution inattendue lui avait apparu. Il ne m'en demanda pas davantage, et nous nous séparâmes gravement pour ne plus nous revoir.

LXVI

Le lendemain, M. de Saint-Aulaire, nommé déjà à l'ambassade de Londres ou de Vienne, vint chez moi et me demanda confidentiellement de lui dire qu'est-ce que j'accepterais, ou d'un ministère important en France, ou de l'ambassade de Vienne, ou enfin de l'ambassade de Londres, me disant que son sort dépendait de ce que j'allais lui répondre, que l'ambassade de Londres était l'objet de son ambition, et qu'il m'aurait une éternelle reconnaissance si je pouvais la lui laisser en acceptant celle de Vienne.

M. de Saint-Aulaire et sa charmante femme avaient été mes premières connaissances à mon arrivée à Paris, et c'était par leur maison que j'avais été introduit chez madame la duchesse de Broglie et que j'avais fréquenté, à mon début dans le monde, tous les hommes et toutes les femmes célèbres de Paris. Je leur devais une reconnaissance dont, grâce à Dieu, je n'ai jamais manqué de me souvenir, quelles qu'aient été la vissicitude des temps et la diversité des opinions.

Je lui donnai l'assurance que je n'accepterais jamais une place à laquelle il avouerait avoir une prétention, mais qu'il pouvait se dispenser de toute reconnaissance en ce cas, attendu que je refuserais toujours les trois ou les deux dont il était question ; qu'il pouvait donc en toute sécurité continuer ses préparatifs pour Londres.

Il me remercia et se retira ravi de ma confidence.

Voilà à cet égard l'exacte vérité. J'ai raconté dans mes *Entretiens littéraires* ces conférences secrètes du premier ministre avec moi. Comme on lui demandait, il y a quelque temps, si cela était vrai, il a répondu de manière à en faire douter mes ennemis et ses amis. Je me contente de les reproduire aujourd'hui, car elles font partie de l'histoire. Il peut avoir oublié des circonstances; le défaut de mémoire n'est point un manque de véracité; mais, si la question de véracité se posait, j'aurais de grands et irrévocables témoignages à opposer à ses dénégations. Ce n'est pas moi, du reste, qui ai fait à Monk un mérite d'avoir bien su feindre.

LXVII

Je continuai à soutenir le ministère peu considéré de M. Guizot et des doctrinaires, ralliés à lui sans chaleur et sans honneur. Le temps marchait, et ce ministère de raccroc en cahotant la France avec lui. Il était clair pour tout le monde que la coalition l'avait tué. Il était obligé d'affecter le zèle excessif de la royauté et de pousser sa majorité aux extrêmes pour la convaincre de la sincérité de son repentir. Les lambeaux de cette coalition, mal dissoute par la désertion du premier ministre, lui témoignaient à chaque occasion un ressentiment qui allait jusqu'à la haine.

Je me souviens de cette séance où on lui reprochait son voyage antipatriotique à Gand, et où le mot de Gand, justifié par je ne sais quel sophisme, expira vingt fois sur ses lèvres, étouffé par les murmures irrités de l'assemblée. Il ne se soutenait que par son imperturbabilité.

Il crut sans doute flatter le roi dans ses vues dynastiques et s'acquérir un titre à la reconnaissance de la majorité en négociant les mariages espagnols. C'était sortir étourdiment de la constitution, en cherchant à la royauté de raison un appui à l'étranger. La majorité y fut prise et se crut en pleine monarchie de Louis XIV.

J'étais à la campagne, et je donnais ce jour-là un grand déjeuner aux hommes politiques de mon département. Tous paraissaient confondus d'admiration pour le ministre, et les plus opposants s'avouaient vaincus.

« Eh bien, messieurs, leur dis-je, je vois autrement que vous, et vous pouvez écrire avec assurance que la monarchie de la branche cadette a cessé aujourd'hui de régner en France. On ne résiste pas à un contre-sens pareil. »

J'expliquai ma pensée, et on finit par être de mon avis, moins par conviction que par complaisance.

Quant à moi, je ne m'y trompai pas plus que dans la provocation intempestive du pape à l'expulsion des Autrichiens de Rome, tant applaudie par M. Thiers à la tribune. « Écrivez, dis-je à ces admirateurs, que le pape avant six mois rappellera lui-même les Autrichiens à Rome et invoquera l'appui des étrangers pour réparer ses aberrations patriotiques d'aujourd'hui. »

SUR LA

POLITIQUE RATIONNELLE

SUR LA

POLITIQUE RATIONNELLE

A M. LE DIRECTEUR DE LA *REVUE EUROPÉENNE*

Saint-Point, septembre 1831.

I

Monsieur,

Votre lettre m'arrive au fond de ma solitude ; mais il n'y a plus de solitude pour un esprit sympathique et pensant dans les temps laborieux où nous vivons : la pensée générale, la pensée politique, la pensée sociale domine et oppresse chaque pensée individuelle. Nous voulons la déposer en vain ; elle est autour de nous, en nous, partout ; l'air que nous respirons nous l'apporte, l'écho du monde entier nous la renvoie. En vain nous nous réfugions dans le silence des vallées, dans les sentiers les plus perdus de nos forêts ; en vain, dans nos belles nuits de septembre, nous contemplons d'un regard envieux ce ciel paisible et étoilé qui nous attire, et l'ordre harmonieux et durable de l'armée céleste ; le souvenir de ce monde mortel qui tremble sous nos pieds, les soucis du présent, la prévision de l'avenir, nous atteignent jusqu'à ces hauteurs mêmes. Nous revenons de ces demeures de paix avec un esprit chargé de trouble ; une voix importune et forte, une voix qui descend du ciel, comme elle s'élève de la terre, nous dit que ce temps n'est pas celui du repos, de la contemplation, des loisirs platoniques ; mais que si l'on ne veut pas être moins qu'un homme, on doit descendre dans l'arène de l'humanité, et combattre, et souffrir, et mourir s'il le faut avec elle et pour elle !

Vous le savez, je n'ai point refusé ce combat ; je me suis présenté à la France avec la conviction d'un devoir à remplir, avec le dévouement d'un fils : elle n'a pas voulu de moi. Je n'ai point manqué à la lutte, c'est la lutte qui m'a manqué. Presque seul parmi les hommes qui n'ont pas renié ou combattu la Restauration, j'ai affronté, pour accomplir ce devoir de citoyen et de Français, le sourire de pitié de nos Machiavels monarchiques, les insultes et les menaces du parti dont la politique n'est que de la haine, et qui appelle liberté la dérision de son despotisme de place publique. Les uns n'ont vu en moi qu'un esprit faible qui ne comprenait pas la neutralité dans les temps de lutte, ou l'habileté de l'inertie ; les autres, qu'un ambitieux trop pressé qui prenait un détour habile pour entrer avec les vainqueurs en partage de quelque honteuse dépouille ; les autres, enfin, qu'un absolutiste déguisé venant tendre un piége à la liberté pour la faire trébucher dans sa route, et rire ensuite, avec ses complices, de ce grand cataclysme de la civilisation moderne, aboutissant à un coup d'État au profit de quelque impuissante ordonnance. Ainsi sont jugés les hommes pendant qu'ils respirent dans cette atmosphère de corruption et de mensonge qu'on appelle les temps de partis. Je suis donc resté seul et dans le silence ; mais seul avec une conscience qui m'approuve, avec un présent qui me justifie, avec un avenir qui du moins ne m'accusera pas ! mais seul avec vous, avec tant d'hommes jeunes et sincères, avec tant d'esprits élevés et rationnels qui ont fait de leur pensée politique un sanctuaire où l'intrigue et la passion ne pénètrent pas ; qui cherchent la vérité sociale à la seule lueur de la vérité divine ; qui placent la morale, le devoir, le salut et le progrès de l'humanité au-dessus de leurs théories d'école et de leurs affections de famille ; qui ont dans le cœur autre chose qu'un nom propre ; qui comprennent de l'humanité toutes ses époques, toutes ses formes, toutes ses transformations même : esprits marchant en dehors mais en avant des générations, comme la colonne de feu en avant de l'armée de Moïse ; véritable majorité pensante de ce siècle, qui laissera seule peut-être une trace lumineuse quand tout ce désert aura été franchi, quand toute cette poussière sera retombée.

Vous me demandez deux choses dans votre lettre : une coopération personnelle au journal que vous fondez ; et mon opinion sur les principes politiques qu'il doit arborer et propager.

Quant à la coopération, je suis à regret forcé de vous répondre non : je n'ai jamais écrit dans aucun journal ; je n'écrirai jamais dans un journal dont je ne serais pas seul responsable. Ne voyez pas dans ces paroles un superbe dédain de ce qu'on appelle journalisme ; loin de là ! J'ai trop l'intelligence de mon époque pour répéter cet absurde non-sens, cette injurieuse ineptie contre la presse périodique ; je comprends trop bien l'œuvre dont la Providence l'a chargée. Avant que ce siècle soit fermé, le journalisme sera toute la presse, toute la pensée humaine. Depuis cette multiplication prodigieuse que l'art a donnée à la parole, multiplication qui se multipliera mille fois encore, l'humanité écrira son livre jour par jour, heure par heure, page par page ; la pensée se répandra dans le monde avec la rapidité de la lumière ; aussitôt conçue, aussitôt écrite, aussitôt entendue aux extrémités de la terre, elle courra d'un pôle à l'autre, subite, instantanée, brûlant encore de la chaleur de l'âme qui l'aura fait éclore ; ce sera le règne du verbe humain dans toute sa plénitude ; elle n'aura pas le temps de mûrir, de s'accumuler sous la forme de livre ; le livre arriverait trop tard : le seul livre possible dès aujourd'hui, c'est un journal. Ce n'est donc pas chez moi mépris de cette forme nécessaire de publication, de cette démocratie de la parole ; non : c'est un respect religieux pour ma conviction politique, conviction forte, absolue, entière, que je ne pourrais associer à d'autres convictions sans l'altérer souvent, sans la dénaturer peut-être. L'association, si utile pour agir, ne vaut rien pour parler ; la solidarité de la pensée est celle qu'un esprit indépendant et convaincu accepte le moins : chaque pensée est un tout auquel on ne peut ajouter ou retrancher sans changer sa nature. C'est l'unité morale.

Quant à la haute direction politique dont vos amis et vous avez déjà si heureusement et si courageusement reconnu les sommités dans le *Correspondant*, voici les principales considérations morales, historiques et philosophiques qui la traceraient devant moi, si j'avais la force et le talent de coopérer à votre œuvre sociale.

II

Lorsqu'un homme veut embrasser du regard un horizon plus vaste, il s'élève à une hauteur proportionnée à celui qu'il veut découvrir ; de là, il plonge et il voit. Ainsi doit faire le philosophe. Élevons-nous donc à ces hauteurs intellectuelles d'où l'œil contemple le passé, domine le présent, et peut entrevoir l'avenir. Dépouillons-nous par la pensée de nos qualités d'âge, de pays, d'époque, de nos préjugés, de nos habitudes de patrie et de parti : laissons au pied de la montagne ces vêtements et ces sandales du jour ; réduisons-nous à la nature de pure intelligence, et regardons ! Ce sommet d'où l'homme peut contempler la route passée et future de l'humanité, c'est l'histoire ; la lumière qui doit éclairer à ses yeux ce double horizon, c'est la morale, ce jour divin qui émane de Dieu lui-même, et qui ne peut ni égarer ni faillir. Ainsi placé, ainsi éclairé, avec le cœur droit et l'œil pur, on peut présenter au philosophe le problème social le plus complexe, le plus obscur, il le résoudra ; il le résoudra avec une précision métaphysique, à quelques accidents, à quelques siècles d'erreur près dans la durée des phases sociales, dont la Providence se réserve le secret ; sublime prophète de la raison, il écrira l'histoire de l'avenir ! Ce problème, les événements l'ont posé devant nous ; chaque cœur le sonde en secret, chaque intelligence le scrute, chaque bouche répète : « Où sommes-nous ? où allons-nous ? et que faire ? »

III

Où sommes-nous ? — Non point à la fin des temps, non point au cataclysme suprême des sociétés humaines, non pas même à une de ces époques honteuses sans espérance et sans issue, où l'humanité croupit dans une longue et vile corruption, et se décompose dans sa propre fange. Non ; l'histoire et l'Évangile à la main, en voyant le peu de chemin qu'a fait l'homme, et la route immense que la raison humaine et le Verbe divin ouvrent à son perfectionnement ici-bas, nous sentons que l'humanité touche à peine à son âge de raison : d'un autre côté, en plaçant la main sur le cœur de l'homme social, en sentant battre en lui cette espérance indéfinie, cette ardeur et cette audace viriles, cette séve de force et de désirs qui tarit moins que jamais à notre époque ; en écoutant ses paroles hardies, ses promesses aventureuses ; en s'effrayant même de cette surabondance d'énergie qui le révolte contre tout frein, qui le brise contre tout obstacle, nous sentons que le principe vital est loin d'être affaibli dans l'humanité. L'humanité est jeune, sa forme sociale est vieille et tombe en ruines ; chrysalide immortelle, elle sort laborieusement de son enveloppe primitive, pour revêtir sa robe virile, la forme de sa maturité. Voilà le vrai ! Nous sommes à une des plus fortes époques que le genre humain ait à franchir pour avancer vers le but de sa destinée divine, à une époque de rénovation et de transformation sociale pareille peut-être à l'époque évangélique. La franchirons-nous sans périr ? sans que quelques générations se débattent ensevelies sous les débris d'un passé qui s'écroule ? sans qu'un siècle ou deux soient perdus dans une lutte atroce et stérile ? Voilà la question : avant le 27 juillet 1830, elle était résolue ; le pont était jeté sur l'abîme qui sépare le passé de l'avenir. La Restauration avait reçu d'en haut la plus belle et la plus sainte mission que la Providence pût donner à une race royale, la mission que reçut Moïse : de conduire la France, cette avant-garde de la civilisation moderne, hors de la terre d'Égypte, de la terre d'arbitraire, de privilége et de servitude : elle ne l'a pas comprise jusqu'au bout ; le suicide de juillet, si funeste au présent, fut le meurtre de l'avenir ; la race de saint Louis, comme le prophète du Sinaï, a péri pour son doute avant d'avoir touché la terre des promesses. Mais nous, génération innocente de cette faute, la verrons-nous avant de mourir ?

IV

Où allons-nous ? — La réponse est tout entière dans le fait actuel : nous allons à une des plus sublimes haltes de l'humanité, à une organisation progressive et complète de l'ordre social sur le principe de la liberté d'action et d'égalité de droits ; nous entrevoyons, pour les enfants de nos enfants, une série de siècles libres, religieux, moraux, rationnels, un âge de vérité, de raison et de vertu au milieu des âges ; ou bien, fatale alternative ! nous allons précipiter la France et l'Europe dans un de ces gouffres qui séparent souvent deux époques, comme l'abîme sépare deux continents ; et nous mourrons en léguant à nos fils un ordre social défait, des principes nouveaux douteux, contestés, ensanglantés ; le pouvoir impossible, la liberté impraticable, la religion persécutée ou avilie, une législation rétrograde, une guerre européenne universelle, sans fruit comme sans terme, la légalité de l'échafaud, la civilisation des bivouacs, la morale des champs de bataille, la liberté des satrapes, l'égalité des brigands ; et, au milieu de tout cela, une idée étouffée dans le sang, mutilée par le sabre, germant çà et là dans quelques âmes généreuses, comme le christianisme dans les catacombes, rejetée cent fois aux hasards des événements et des catastrophes, et ne refleurissant sur la terre qu'après deux siècles de stérilité, de servitude, de forfaits et de ruines ! Ce choix se fait à l'heure où je vous écris.

V

Que faire donc ? — Ce mot vous semble hardi, il ne l'est pas. Dieu, qui a donné la liberté morale à l'homme, qu'il a créé pour choisir et pour agir, lui a donné, le même jour, la lumière pour éclairer son choix. La politique, dont les anciens ont fait un mystère, dont les modernes ont fait un art, n'est ni l'un ni l'autre : il n'y a là ni habileté, ni force, ni ruse; à l'époque rationnelle du monde, dans l'acception vraie et divine du mot, la politique, c'est de la morale, de la raison et de la vertu !

Laissez donc le scepticisme se complaire dans son impuissance, et nier la vérité sociale, pour n'avoir pas la peine de la découvrir ou de la défendre ! Laissez le machiavélisme, cette friponnerie politique, prendre le genre humain pour dupe et la Providence pour complice ! Laissez le préjugé et la routine user leurs forces dans la stérile contemplation d'un passé qu'ils ne peuvent ranimer, car il est déjà froid, et leur souffle n'a point de vie à lui rendre ! Laissez enfin le fatalisme rêver le crime à défaut de la force, décimer l'humanité au lieu de l'éclairer, et, du haut des échafauds, jeter au peuple la terreur et la mort pour semer la vengeance et le sang ! Systèmes atroces ou insensés, tristes produits de la faiblesse de l'esprit et de la perversité du cœur ! Montez plus haut, et vous verrez plus loin ; et la lumière de la vérité même, qui n'est autre que la morale, éclairera pour vous cet horizon de ténèbres, de mensonge, d'illusions, qu'on appelle la politique : tous les partis élèveront la voix pour vous accuser ou vous proscrire ; tous ont intérêt à ces ténèbres, car tous ont quelque chose à cacher et quelqu'un à tromper. Le vôtre même s'inscrira le premier contre vous. Mais la conscience du juste est d'airain ; elle a à elle seule une voix plus forte que son siècle, qui retentit plus juste et plus haut que ces passagères clameurs, et, soyez-en sûr, c'est la seule voix qui ait son écho dans l'avenir et son applaudissement dans la postérité !

Votre théorie sociale sera simple et infaillible : en prenant Dieu pour point de départ et pour but, le bien le plus général de l'humanité pour objet, la morale pour flambeau, la conscience pour juge, la liberté pour route, vous ne courrez aucun risque de vous égarer ; vous aurez tiré la politique des systèmes, des illusions, des déceptions dans lesquelles les passions ou l'ignorance l'ont enveloppée ; vous l'aurez replacée où elle doit être, dans la conscience ; vous aurez saisi enfin, dans le perpétuel mouvement des siècles, dans l'orageuse instabilité des faits, des esprits et des doctrines, quelque chose de fixe et de solide, qui ne tremblera plus sous vos mains.

VI

Quatre grandes époques dominent l'état social des générations écoulées, semblables à ces époques créatrices que le naturaliste croit reconnaître dans les développements séculaires du globe : l'âge théocratique, qui commence avec le monde sortant des mains du Créateur, et qui finit aux temps héroïques ; l'âge tyrannique, ou le règne de la force brute, plus ou moins altérée par la législation commençante, qui se lève avec les temps historiques, et qui tombe devant le Christ avec la polygamie et l'esclavage ; l'âge monarchique, mêlé ou tempéré d'oligarchie, d'aristocratie, de féodalité, de puissance sacerdotale, qui s'ouvre à Constantin et se ferme avec la tombe de Louis XIV, ou sur le rocher de Sainte-Hélène, dont le géant captif l'avait si glorieusement mais si vainement ressuscité : nous touchons à l'époque *du droit et de l'action de tous*, époque toujours ascendante, la plus juste, la plus morale, la plus libre de toutes celles que le monde a parcourues jusqu'ici, parce qu'elle tend à élever l'humanité tout entière à la même dignité morale, à consacrer l'égalité politique et civile de tous les hommes devant l'État, comme le Christ avait consacré leur égalité naturelle devant Dieu. Cette époque pourra s'appeler l'époque évangélique, car elle ne sera que la déduction logique, que la réalisation sociale du sublime principe déposé dans le livre divin comme dans la nature même de l'humanité, de l'égalité et de la dignité morales de l'homme reconnues enfin dans le code des sociétés civiles.

Chacune de ces époques a eu sa forme propre, son œuvre, sa force vitale et sa durée, avant d'en enfanter une autre. C'est d'abord Dieu tout seul se révélant à la nature et parlant par la conscience, le plus saint des oracles, si l'interprète n'eût pas été l'homme! puis le héros ou l'homme fort, conquérant l'obéissance par la reconnaissance ou par la crainte; puis le tyran, ou le sénat, tyran à plusieurs têtes, ou l'aristocratie, ou le régime sacerdotal, imposant, à l'aide de quelques-uns, sa volonté à tous; puis le roi et ses pairs; puis le roi et son peuple représenté devant lui par l'élection, et non par un droit de fait et de naissance, et le constituant seulement organe et agent de la volonté universelle : cette forme se rapproche plus de la république rationnelle que la république fictive des anciens; c'est l'époque présente, république véritable. Nous ne disputons que sur le nom.

L'œuvre de cette grande époque, œuvre longue, laborieuse, contestée, c'est d'appliquer la raison humaine, ou le Verbe divin, ou la vérité évangélique, à l'organisation politique des sociétés modernes, comme la vérité évangélique fut, dès le principe, appliquée à la législation civile et aux mœurs. Remarquez-le bien : la politique a été jusqu'ici hors la loi de Dieu! La politique des peuples chrétiens est encore païenne; l'homme ou l'humanité n'est à ses yeux qu'un véritable esclave antique, né pour servir, payer, combattre, et mourir! Horrible mensonge qui souille à leur insu tant de cœurs chrétiens, tant de bouches même pieuses! L'homme social doit être désormais aux yeux du philosophe, aux yeux du législateur, ce que l'homme isolé est aux yeux du vrai chrétien : un fils de Dieu, ayant les mêmes titres, les mêmes droits, les mêmes devoirs, la même destinée devant le père terrestre, l'État, que devant le Père céleste, Dieu. C'est la forme que nous cherchons dans le droit et l'action de tous; cette forme, que les modernes ont appelée démocratie, par analogie inexacte avec ce que les anciens nommaient ainsi, et qui n'était que la tyrannie de la multitude. Ce nom de démocratie, souillé et ensanglanté récemment parmi nous dans les saturnales de la Révolution française, répugne encore à la pensée : bien que le philosophe lave les mots avant de s'en servir, et purifie l'expression par l'idée, nous nommerons de préférence cette forme de gouvernement la forme rationnelle ou le droit de tous; or, la forme rationnelle ou le droit de tous ne peut être autre chose que la liberté, où chacun est juge et gardien de son propre droit : donc l'époque moderne ne peut être que l'époque de la liberté; sa mission est d'organiser le droit et l'action de tous, ou la liberté, d'une manière vitale et durable.

Toute organisation est lente et pénible; c'est l'œuvre de plus d'un jour, de plus d'un siècle peut-être. L'homme est l'homme : il se dégoûte, il se rebute, il se hâte de nier ce qu'il ne peut atteindre. Ses réactions contre sa propre pensée sont promptes et terribles; elles le rejettent cent fois au point de départ, comme le vaisseau qui revient se briser contre le rivage, repoussé par le flot même qui devait le porter à un autre bord. Ces réactions peuvent être longues : voyez Bonaparte, sublime réaction contre l'anarchie; il n'a duré que quinze ans, et pouvait durer un demi-siècle ! Les temps de l'œuvre sociale ne peuvent donc pas se calculer, à quelques siècles près; Dieu seul les sait. Pendant qu'ils s'accomplissent, l'homme individu passe, souffre, espère, se plaint et meurt; mais chaque vie individuelle a son œuvre complète et indépendante de l'œuvre sociale; un jour, une vertu, lui suffisent. L'homme social ou l'humanité survit, et s'avance vers une destinée plus haute et plus inconnue!

Il nous est peut-être déjà donné d'entrevoir au moins l'époque qui succédera à la nôtre : après les cinq ou six siècles qu'aura duré l'âge de liberté, nous passerons à l'âge de vertu et de religion pures, aux promesses accomplies du législateur divin, à l'époque de charité, mille fois supérieure encore à l'époque de liberté, autant que la charité, amour des autres, sentiment divin émané de Dieu, est au-dessus de la liberté, amour de soi, sentiment humain émané de l'homme.

Ces principes posés et admis, les applications à la crise actuelle, les déductions politiques pour notre théorie sociale comme pour notre règle privée ou pour notre action publique sont claires et incontestables; nous savons où nous sommes, nous savons où nous allons, nous savons par quelle route nous devons tendre au but prochain ou éloigné que la Providence, manifestée par les faits, pose sans cesse devant nous. Ces applications au temps actuel se présentent dans les innombrables questions qu'une révolution soulève, comme le vent soulève la vieille poudre du désert, quand une pierre tombe de la pyramide des siècles.

Révolution, dynastie, légitimité, droit divin, droit populaire, souveraineté du fait ou du droit; pouvoir, liberté, forme et but du gouvernement; questions de culte ou d'enseignement, de paix ou de guerre; existence et hérédité d'un pouvoir aristocratique ou de la pairie; législation, élection, extension ou restriction des pouvoirs des communes, des municipalités, des provinces, tout se classe, tout s'éclaire, tout se juge; la conscience politique n'a plus de doutes, le présent plus d'ambiguïtés, l'avenir plus de mystères; tout se résout dans ces seuls mots : Le bien le plus général de l'humanité pour objet, la raison morale pour guide, la conscience pour juge. A l'aide de ce grand jury, l'esprit humain peut citer devant lui le siècle, et prononcer sans crainte son infaillible verdict.

VII

APPLICATIONS

La circonstance est propice pour les applications rigoureuses de cette philosophie politique aux événements qui se déroulent devant nous. La terre a tremblé; une secousse inattendue, subite, irrésistible, a déplacé tous les intérêts, toutes les passions, toutes les affections, tous les systèmes. Tout est débris, tout est vide devant nous; les cœurs sont libres comme les consciences; le sol est nivelé comme pour une grande reconstruction sociale préparée par le divin Architecte. Un pouvoir antique, que les uns vénéraient par conviction ou par souvenir, que les autres haïssaient par impatience ou par préjugés, s'est abîmé sur lui-même, et, on peut le dire, par sa propre et fatale volonté; nul parmi nous n'en est coupable : amis ou ennemis l'ont vu tomber avec une égale stupeur. Je ne parle pas ici de cette populace qui a des applaudissements pour tout ce qui surgit, des huées pour tout ce qui tombe. Ce pouvoir a péri dans la tempête qu'il avait lui-même si aveuglément suscitée. Nous-mêmes, royalistes d'esprit ou de cœur, hommes de logique ou de fidélité, nous ne pouvons que pleurer en silence sur ses ruines dispersées, vénérer et plaindre les augustes victimes d'une irrémédiable erreur, écarter l'insulte des cheveux blancs des vieillards, rappeler le respect et la pitié autour des tombeaux des martyrs, de l'asile pieux des femmes, et ne pas proscrire le pardon et l'espérance de la tête innocente des enfants : mais, abandonnés à nous-mêmes par un fait plus fort que nous, nous nous appartenons tout entiers; notre raison n'a plus de liens, notre affection privée ne lutte plus en nous contre notre logique sociale. Sachons donc, tout en déplorant ce qu'il y a de déplorable dans cette chaîne de siècles, dont le dernier anneau s'est rompu malgré nous dans nos mains, profiter en hommes de cette liberté que la catastrophe même nous a faite! Ne nous conduisons pas par le sentiment, qui n'a point de place dans le fait actuel, mais raisonnons et agissons; ne soyons pas les hommes d'une opinion, d'un parti, d'une famille, mais les hommes du présent et de l'avenir! Quand nos fils, à qui nous aurons légué notre ouvrage et notre mémoire, nous jugeront de loin avec l'impartialité et la rigueur de la distance; quand tous les sentiments personnels seront morts et froids devant eux; quand ils sonderont l'ordre social que nous leur aurons préparé, ils ne recevront point pour excuse nos préjugés de naissance, nos prédilections de sang, nos habitudes de famille, nos délicatesses d'esprit, nos convenances de position, nos vains regrets, nos molles répugnances; ils nous demanderont si nous avons agi en hommes, en hommes intelligents, prévoyants et libres, ou si nous avons perdu en stériles récriminations et en impuissantes douleurs l'époque qui nous a été donnée pour régénérer l'ordre social et pour fonder la vérité politique.

Sur ces bases, nous établirons donc ainsi et en peu de paroles le symbole politique de l'époque rationnelle où nous entrons. Je me borne à le poser devant vous; c'est à vous de le confronter pour chaque question de détail avec les trois principes qui doivent le dominer et l'éclairer : l'espace borné de cette lettre ne me permet, sur chacun de ces articles, ni développement, ni discussion, ni commentaire; chacun serait un livre; il ne faut qu'un mot. Je les reprendrai peut-être plus tard,

VIII

La tentative du coup d'État de juillet fut insensée et coupable. Il y eut erreur dans l'intention, et violation de la foi jurée dans l'acte [1]; par

---

[1] Nous ne parlons ici que du fait jugé par la raison et la conscience publiques. Comme il est évident que la nation avait entendu le serment à la charte

conséquent ni raison ni morale dans le fait. La conscience impartiale le juge comme l'événement l'a jugé : un coup d'État n'est moral et juste que quand il est nécessaire, et toutes les fois qu'il est nécessaire il réussit : c'est le premier axiome de haute politique.

La dynastie a été enveloppée tout entière dans le châtiment infligé par le fait même ; la peine politique a frappé plus loin que la faute. Le feu du courroux populaire a consumé le bois sec et le bois vert ; la résistance, dans son plein droit pendant deux jours, l'a dépassé le troisième. Là commence la violation d'un autre droit : le droit dynastique. Son maintien seul eût été moral : était-il possible sous l'émotion même de l'action, sous le feu de la lutte ? L'histoire seule le sait et le dira : nous l'ignorons encore. Quel que soit le jugement porté par une révolution dans la chaleur du conflit, dans la partialité de la victoire, il y a toujours deux voix pour protester plus haut qu'elle : une dans le ciel, la conscience ; une sur la terre, l'histoire. Mais, il faut le confesser ici avec une douloureuse sincérité : lorsque deux droits ont été également violés et renversés dans une lutte privée ou sociale, la conscience comme l'histoire infligent la plus forte culpabilité à l'agresseur, et trouvent dans la première violation, sinon l'excuse, au moins la raison de la seconde.

Si, dans l'appréciation de ces deux fautes, nous sommes conduits à balancer le droit populaire et le droit dynastique, nous trouvons qu'ils ne sont qu'un seul et même droit, le droit du salut du peuple, le droit de la nécessité sociale. L'un dérive primordialement et éternellement de l'autre : si le peuple le viole, s'il le brise sans une invincible nécessité, il se frappe lui-même, il se viole lui-même, et lui-même il se punit de son propre crime ; mais l'événement une fois accompli, la société doit-elle irrémissiblement périr sous les ruines de ses dynasties ? les généra-

---

d'une manière réelle et absolue, les ordonnances de juillet furent à ses yeux une violation manifeste de la foi jurée ; mais l'article 14, qui ne laisse pas d'ambiguïté devant la raison publique, pouvait en laisser dans la conscience royale, qui l'interprétait sans doute en faveur de sa prérogative. Ainsi le parjure n'aurait pas souillé les lèvres d'un roi, bien que son apparence ait soulevé légitimement l'indignation d'un peuple. La charte avec l'article 14, entendu comme il l'a été par les ordonnances de juillet, eût été un non-sens ; mais les termes de l'article 14 ont une ambiguïté qui a pu motiver une erreur de fait, un parjure de bonne foi. Ici donc la conscience politique réprouve ; la conscience privée peut excuser ou se taire.

tions doivent-elles se transmettre comme un sanglant héritage la vengeance de ce droit, le redressement de ce tort? les hommes de raison, de lumière et de conscience doivent-ils s'abstenir, en l'absence de ce droit, de leur droit plus imprescriptible à eux, de leurs devoirs de citoyens, d'enfants de la nation, du siècle, de l'humanité, et se retirer à jamais sous leur tente, parce qu'un chef national aura été substitué à un autre? Non : là commencerait pour eux un délit plus grand que celui contre lequel leur inertie prétendrait protester et sévir. Leur stérile fidélité à un homme, à un souvenir, à un nom, à un devoir, que le fait aurait rendus fictifs, deviendrait une infidélité plus réelle et plus coupable à eux-mêmes, au pays, au peuple, à l'humanité tout entière : pour honorer le passé, ils trahiraient le présent et l'avenir; les générations leur demanderaient compte de leur force quelconque, annulée volontairement par eux dans l'éternelle lutte sociale, dans la marche progressive des idées et des choses. Quiconque ne combat pas cette lutte, quiconque n'avance pas dans cette route, est comptable et complice du mal qui triomphe ou de la société qui s'arrête : et d'ailleurs, si chacun avait le droit indépendant de la patrie de reconnaître dans les dynasties qui jonchent l'histoire celle qui lui paraît avoir le droit primordial à son obéissance, le titre exclusif à son affection, où en serait le monde social? Nous reconnaîtrions autant de souverains qu'il y a de noms dans nos fastes; l'un servirait Clovis, l'autre croirait à Pepin : l'absurdité des conséquences prouve l'absurdité du dogme. Le bon sens et la morale, comme l'invincible nécessité de l'existence nationale, nous amènent donc à conclure que la légitimité, la meilleure des conventions sociales, n'est cependant qu'une convention sociale, une salutaire fiction de droit; qu'elle n'a le droit que pendant qu'elle a le fait, ou qu'il y a lutte pour le recouvrer; que les dynasties qui possèdent le présent ne possèdent pas l'avenir; que les races royales montent et descendent dans l'éternelle rotation des destinées humaines comme les autres races; que le pouvoir, expression et propriété de la société tout entière, ne s'aliène pas à jamais, ne s'inféode pas à une famille immortelle, ne se transmet pas sans terme comme un fief de l'humanité; que tout peut périr; que tout peut changer, hommes, races, dominations, noms et formes même des gouvernements et des empires : mais qu'une seule chose ne périt pas, ne change pas, ne se prescrit pas, le devoir pour chaque homme, pour chaque citoyen, de ne pas se séparer de la patrie, de ne pas s'annuler pour la nation, de ne pas protester seul contre une nécessité sociale admise par le fait, car un fait social a aussi sa logique et ses conséquences indépendantes de son droit; mais de servir la patrie, la nation, l'humanité, dans toutes les phases, dans toutes les conditions de son existence mobile et progressive : la morale la plus simple devient encore ici de la politique. Un seul cas est excepté, celui où la loi divine, où la conscience serait en opposition avec la loi humaine : c'est le cas qui fait les héros ou les martyrs, hommes plus grands que les citoyens!

Pour nous donc, royalistes constitutionnels, hommes de fidélité et de liberté à la fois, de morale et de progrès, deux devoirs sont clairement écrits sous nos yeux : l'un de conscience, servir le pays et marcher avec la nation, penser, parler, écrire, agir et combattre avec elle; l'autre d'honneur, qu'une position spéciale, qu'une délicatesse exceptionnelle peuvent imposer à quelques-uns d'entre nous : rester en dehors de l'action immédiate et des faveurs du gouvernement, ne point solliciter ses grâces, ne point nous parler de ses dons, ne pas briguer sa confiance, ne pas adorer la victoire, ne pas nous glisser avec la fortune d'un palais dans un autre, ne pas renier notre premier culte, nos affections du berceau, ne pas porter aux genoux d'une race nouvelle, consacrée même à nos yeux par la nécessité, des cœurs encore chauds de notre dévouement d'hier à une race que l'exil abrite, et que l'infortune consacre dans ce palais prophétique des vicissitudes du trône et des retours de l'adversité! le deuil même sied bien aux douleurs sans espoir. Quoique la morale ne réprouve pas une conduite contraire, quand une nécessité politique la motive, cette conduite, après un dévouement de quinze ans, après des bienfaits reçus peut-être, ferait suspecter la vertu même : le passé a ses droits, l'honneur et la reconnaissance peuvent avoir leurs scrupules. Il n'y a à cette règle qu'une seule exception qui la confirme, par sa rareté, par son improbabilité même : c'est le cas où le prince réclamerait de nous, au nom du pays, un service qu'aucun autre ne pourrait lui rendre aussi bien que nous; dans ce cas, l'honneur, sentiment tout personnel, devrait céder au patriotisme, sentiment social, et par conséquent au-dessus du premier. Quelquefois, dans les chances incalculables des révolutions, le prince lui-même peut se trouver le premier dans cette redoutable exception; roi par le fait de sa nécessité, innocent de son élévation, malheureux peut-être de sa propre grandeur!

IX

La forme des gouvernements modernes n'est plus soumise à la discussion, tous l'admettent ou tous y tendent, elle est donnée pour nous par le fait même de notre civilisation : c'est la forme libre, c'est le gouvernement critique de la discussion, du consentement commun ; c'est la république, comme nous l'avons vu plus haut, mais la république mixte, à plusieurs corps, à une seule tête, république à sa base, monarchie à son sommet. Le besoin d'unité d'action et d'une force régulatrice plus rapide et plus intense dans les vastes États modernes, la nécessité d'éviter les commotions fréquentes que la conquête du pouvoir suprême produirait dans l'État, a fait consacrer, pour longtemps encore, ce pouvoir représentatif, cette royauté fictive et conventionnelle dans un chef héréditaire. Qu'on le nomme président ou roi, peu importe ; il n'est plus monarque, il n'a plus le pouvoir d'un seul, le pouvoir personnel : il a mieux, il a le pouvoir social résumé en lui ; il est organe et agent ; il n'est plus, il ne peut plus être source et principe de l'autorité. Ses droits sur nous, nos devoirs envers lui changent ainsi de nature et de titres ; nous n'adorons plus le pouvoir comme sacré et divin, nous le discutons comme logique, nous le respectons comme loi.

Cette forme acceptée (et il faut l'accepter, ou sortir du monde, ou rétrograder dans les siècles, ou se révolter contre la civilisation même, et maudire son propre droit pour se réfugier dans le droit d'autrui, dans la servitude), cette forme donc acceptée, tout ce qui tendra à la perfectionner et à l'étendre, tout ce qui sera plus conforme à sa nature de liberté, de discussion, de consentement commun, d'élection, d'égalité de droit social et privé, sera la vérité politique. C'est là qu'il faudra marcher avec confiance et courage, sûrs que plus nous aurons conquis de conséquences d'un principe juste et vrai, plus ces conséquences en produiront d'autres, et plus ces vérités sociales fécondes porteront de fruits pour l'humanité.

Appliquez cette règle intellectuelle aux questions flagrantes du jour, et confrontez!

La pairie ou le pouvoir aristocratique héréditaire? Triple impossibilité de cette époque; impossible à trouver, car le temps et le travail des siècles en ont miné, dispersé, moulu, nivelé les éléments; impossible à faire accepter aux mœurs, car l'esprit humain, comme le globe matériel, tend, par une loi évidente de sa nature, au nivellement, c'est-à-dire à l'égale répartition des droits et des devoirs politiques; impossible à justifier devant la raison, car c'est une exclusion dans une forme de liberté, un privilége gratuit dans un siècle d'égalité, une constitution du pouvoir social dans quelques familles au profit de quelques-uns, au détriment de tous, et au mépris de la nature et du droit divin de l'humanité, qui en donnent à tous le droit et la capacité successive: jugée par la justice et la morale, qui veulent étendre au lieu de restreindre l'usage de ce qui appartient à tous les hommes, le droit et le devoir; jugée par la raison, puisque ce serait une impossibilité constituée, une création sans éléments; jugée par la conscience, puisque ce serait ravir à tous ce que tous peuvent posséder et exercer, pour en investir un petit nombre : tyrannie posthume, qui ne pourrait ni servir ni nuire; qui ne pourrait se défendre elle-même dix ans devant la critique corrosive et rationnelle de la presse, ce jury nouveau de l'humanité, et qui ne se relèverait un moment de la poussière aride des siècles que pour effrayer le présent d'une ombre sans corps, et servir de risée à l'avenir.

Ne voyez ici qu'une longue et profonde conviction de l'impossibilité de trouver ou de créer une pairie héréditaire, une aristocratie réelle, une noblesse de droit. Quant à une aristocratie de fait, réelle, mais mobile comme la puissance, le mérite ou la vertu qui la produisent; quant à cette noblesse que Dieu écrit sur le front des descendants d'un grand homme ou d'un bienfaiteur des hommes, et que les générations y lisent malgré elles, tant que cette noblesse ne s'y efface pas elle-même, je la reconnais et je la respecte. Ce n'est pas l'homme qui a fait celle-là, c'est la nature; elle a sa raison dans la raison humaine, car nous sommes en réalité une partie, une émanation, une continuation de nos ancêtres : elle a aussi, indépendamment de toutes les lois politiques, son influence et son empire.—Le nom d'un homme vertueux ou illustre, porté par ses descendants, conservé à sa famille, n'est-il pas aussi un privilége? me direz-vous. — Oui, sans doute, et le plus indélébile et le plus incontestable des priviléges. — Pourquoi donc le respectez-vous? — Parce qu'il est un privilége de la *nature*, et non pas de l'homme; parce qu'il n'est exclusif de personne; parce qu'il peut successivement, ou à la fois, appartenir à tous. Soyez grands, vertueux, illustres, et vos fils seront respectés et influents! Ils porteront le sceau de cette vertu, de cette illustration que vous leur avez léguée; ils seront nobles de cette noblesse qui n'est pas un droit, mais qui est un fait : estime, admiration, reconnaissance!

La presse? Nécessairement libre, car elle est la voix de tous dans un âge et dans une forme sociale où tous ont droit d'être entendus; elle est la parole même de la société moderne; son silence serait la mort de la liberté! Toute tyrannie qui méditera le meurtre d'une idée commencera par bâillonner la presse; tous nos partis politiques ont triomphé par elle et sont tombés par elle, après s'être retournés contre elle; tous l'accusent, et tous ont motif de s'en plaindre, car nul de ces partis n'a pris le seul moyen de la braver et de la vaincre, celui d'avoir toujours raison. La presse, après mille vicissitudes, après avoir passé comme une arme, tantôt meurtrière, tantôt défensive, des vainqueurs aux vaincus, des oppresseurs aux opprimés, finira par rendre toute déception impossible, toute tyrannie d'un seul, ou de la multitude, impraticable dans le monde, et fondera ce que nous entrevoyons déjà dans le lointain, l'ère rationnelle, ou le gouvernement de la raison publique. Que les vainqueurs l'accusent et la proscrivent, que les vaincus la bénissent et la réchauffent, c'est leur rôle aux uns et aux autres; car elle est la justice divine, manifestée par la parole humaine! Elle écrit sans cesse, de son doigt invisible, ces trois mots qui font pâlir toutes les iniquités, toutes les tyrannies, au milieu de leur gloire et de leurs satellites, sur les murailles de tous les Balthazars!

L'enseignement? Libre et large, répandu, multiplié, prodigué partout; gratuit surtout pour les pauvres, quoi qu'en disent quelques économistes, ces matérialistes de la politique. Celui qui donne une vérité à l'esprit du peuple fait une aumône éternelle aux générations à venir. La civilisation n'est que de la lumière descendant des hauteurs dans les vallées, des sommités dans les masses; un gouvernement de discussion, de critique, d'élection, présuppose l'instruction et la nécessité : si donc la liberté est un bien, et si vous voulez rendre l'homme capable de liberté, qu'il soit instruit, non pas comme vous voulez qu'il le soit, vous, pouvoir systématique, borné, intolérant, arriéré souvent de votre époque, mais comme il veut l'être, comme il a besoin ou nécessité de l'être! Ne fermez point, n'altérez point les sources où les générations vont s'abreuver; laissez chacun boire à ses eaux et à sa soif. Toute restriction à la liberté d'enseignement, hors celles de simple police, est un attentat à la liberté morale du genre humain dans un pays libre; un crime envers la vérité progressive qui se manifeste comme elle veut, quand elle veut, à son jour, à son heure, dans sa forme, dans sa langue, par ses organes, et non par les vôtres. Si l'enseignement eût été libre avant cette époque du monde, le monde posséderait un trésor de vérité et de science qui aurait augmenté en proportion égale son trésor de bonheur et de vertu; car toute vérité féconde une vertu de ses rayons! Le Verbe divin lui-même, la vérité chrétienne, la plus sociale de toutes les vérités, n'a été enseignée que malgré les hommes, dans les catacombes, sur les croix et sur les bûchers; s'il eût été libre, cet enseignement sublime eût parcouru en quelques siècles la terre, qu'il n'a pas encore traversée en deux mille ans!

La séparation de l'Église et de l'État? Heureuse et incontestable nécessité d'une époque où le pouvoir appartient à tous et non à quelques-uns: incontestable, car, sous un gouvernement universel et libre, un culte ne peut être exclusif et privilégié; heureuse, car la religion n'a de force et de vertu que dans la conscience; elle n'est belle, elle n'est pure, elle n'est sainte qu'entre l'homme et son Dieu : il ne faut rien entre la foi et le prêtre, entre le prêtre et le fidèle. Si l'État s'interpose entre l'homme et ce rayon divin qu'il ne doit chercher qu'au ciel, il l'obscurcit ou il l'altère. La religion devient alors pour l'homme quelque chose de palpable et de matériel, qu'on lui jette ou qu'on lui retire, au caprice de toutes les tyrannies; elle participe de l'amour ou de la haine que le pouvoir humain inspire, elle varie ou tombe avec lui; c'est le feu sacré de l'autel alimenté avec les corruptions des cours et les immondices des places publiques; c'est la parole de vie dans une bouche morte; c'est le trafic dans le temple! Ce système fait des hypocrites quand l'État est chrétien, des incrédules quand il est sceptique, des athées ou des martyrs quand il est persécuteur.

L'élection? Il n'y a de vérité, dans le pouvoir social moderne ou représentatif, qu'autant qu'il y a vérité dans l'élection; et il n'y a de vérité dans l'élection qu'autant qu'elle est universelle. Cependant, si vous donnez l'élection à des classes qui ne la comprennent pas, ou qui ne peuvent l'exercer avec indépendance, vous la donnez fictive, c'est-à-dire vous la refusez réellement. Plusieurs opinions parties de points opposés, et voulant atteindre un but contraire, réclament de concert l'élection universelle : l'un des deux partis se trompe assurément, car tous les deux, en demandant le même moyen, ne veulent certes pas le même résultat. Y a-t-il lumière? y a-t-il bonne foi dans l'une et l'autre de ces opinions? Nécessairement l'une ou l'autre s'égare.

Ceci est la plus grave question de l'organisation à la fois libre et vitale que doit fonder ce siècle. Nous la résoudrons ainsi : élection universelle pour être vraie, élection proportionnelle pour être juste. Nous avons vu plus haut qu'une pairie héréditaire ou une aristocratie modératrice n'existe pas et ne peut exister sur le sol nivelé de l'époque et du pays; nous avons été plus loin, nous avons prouvé qu'elle ne devait exister ni en logique ni en morale. La société, toutefois, a en effet des intérêts conservateurs qu'on a cherché toujours à constituer ou à constater dans une seconde Chambre. Quand les éléments de cette seconde Chambre existent, c'est bien; mais aujourd'hui, mais en France, où ces éléments sont dissous, vous êtes invinciblement conduits à une seule représentation nationale, puisqu'un pouvoir politique doit être une vérité, et ne peut représenter et constater que ce qui est. Que vous la fassiez parler à deux tribunes ou à une seule, peu importe; votre représentation nationale, nécessairement une, devra représenter tout à la fois le mouvement et la stabilité sociale; la haute, la moyenne et la petite propriété; l'intérêt d'action et l'intérêt de repos : elle doit les représenter dans leur réalité, dans leur proportion, dans leur combinaison sincères. Il n'y a, pour atteindre cette rigoureuse vérité, cette rigoureuse justice, qu'un moyen, l'élection proportionnelle. Tant que vous n'arriverez pas à cette réalisation facile, la France ne marchera ni ne se reposera : elle s'agitera sans avancer, elle tombera, elle se relèvera pour tomber encore. L'élection proportionnelle et universelle, c'est-à-dire une élection qui, partant des degrés les plus inférieurs du droit de cité et de la propriété, seul moyen de constater l'existence, le droit et l'intérêt du citoyen, s'élèvera jusqu'aux plus élevés, et fera donner à chacun l'expression réelle de son importance politique réelle par un vote, dans la mesure vraie et dans la proportion exacte de son existence sociale. Vérité parfaite, justice rigoureuse, démocratie complète et cependant aristocratie de fait reconnue aussi : l'élection à plusieurs degrés résout seule ce problème. Toutes les unités politiques y ont leur élection, s'élevant, s'épurant, s'éclairant successivement jusqu'à l'élection suprême, produit exact des forces, des lumières et des intérêts du pays et du temps. Il n'y a qu'une objection à ce système : le pays d'aujourd'hui y répugne, parce qu'il en a fait une fois une ridicule épreuve, et aussi, disons-le, parce qu'il n'aime pas assez la vérité politique. Mais qu'est-ce qu'une répugnance face à face avec une vérité? L'une tombe et s'efface, 'autre grandit et survit : nous en viendrons là.

Le pouvoir? C'est le fond de toute question sociale. Une fois les principes admis et le pouvoir trouvé, la forme sociale s'organise, elle vit, elle marche, elle dure. Retrouver le pouvoir dans les débris d'une convulsion politique qui en a tant créé et tant détruit depuis un demi-siècle; devant une force nouvelle, immense, incalculable, sans cesse jeune, sans cesse agissante, la presse; devant des opinions divergentes, fougueuses, ombrageuses, irritées, souvent iniques, demandant justice et force, et refusant respect et concours; devant les haines d'un parti qui ne veut aucun pouvoir, et les jalousies de deux autres partis qui ne le veulent qu'à condition de leur appartenir tout entier; prendre racine sans sol, au vent de tous les orages : insoluble problème!

Le pouvoir actuel, avec les apparences de l'usurpation, n'est cependant pas né de lui-même, mais de la faute et de la calamité d'autrui; on n'usurpe pas tout ce qu'on remplace. Sorti comme une dictature nécessaire plus contre l'insurrection que par elle, forteresse improvisée entre la république et le despotisme, entre la guerre civile et l'anarchie, entre le choc inévitable, sans lui, de l'Europe menaçante et de la France débordée, il semble avoir en soi toutes les conditions d'une longue dictature, plutôt que les conditions d'une existence propre et définitive : instantanéité, nécessité, force empruntée et conventionnelle, abri commun dans la tempête, terrain neutre où tous les partis se rencontrent, mais où nul ne s'établit que sous condition. Puisque la dictature est sa nature, il n'a qu'un moyen de vivre, d'agir, de se mouvoir, c'est comme dictature : autrement il est condamné à la tyrannie ou à l'inaction; la tyrannie lui répugne, et l'inaction c'est la mort. Fléchissant, s'il ne s'appuie que sur lui-même, il tombe; boiteux, s'il ne s'appuie que sur un parti, il ne peut marcher. Sa mission fut de fonder et d'organiser un gouvernement libre, et il ne peut être gouvernement libre s'il n'appartient pas également à tous les partis, s'il se fait l'organe et l'agent de la tyrannie de l'un sur l'autre. Forcé donc de se faire sanctionner par la raison de tous, de se légitimer, au moins temporairement pour tous, par la loi même qui l'a créé, par la nécessité de son existence dictatoriale, par la largeur et la sincérité des institutions futures auxquelles il est appelé à présider, par la confiance et la reconnaissance qu'il doit savoir inspirer à la nation, il doit tous les jours, à toute heure, se remettre généreusement en question lui-même. Nul alors ne lui refusera de la force, nul ne lui disputera le temps ; il a des années devant lui ; la question de dynastie et de personne n'est rien devant l'avenir, devant l'immense question sociale : et quand son œuvre sera accomplie, quand les opinions et les faits auront prononcé le jugement de Dieu, soit qu'il s'établisse pour des siècles, soit qu'il s'efface et se retire lui-même devant une autre nécessité morale, sa part sera grande encore dans la postérité. Type de l'ordre rationnel, dictature du siècle, s'il ne lègue pas un trône à une famille, il aura donné son nom aux institutions de l'époque moderne. Fonder une ère de liberté et de justice, organiser un principe social nouveau, est plus beau, aux yeux de l'avenir, que d'hériter d'un trône et de fonder une dynastie.

Gouvernement? Il n'a compris pleinement jusqu'ici ni sa base, ni sa mission, ni sa route. Trois ministères se sont succédé : le premier n'a vu dans la catastrophe de juillet qu'un accident dynastique, auquel l'esprit progressif de l'époque ne prendrait pas garde ; il a cru qu'il n'y verrait que des hommes à changer, des chiffres à effacer, des écussons à refondre. Des hommes de mérite, de talent et de lumière, pendant quinze ans d'opposition ont été pris au dépourvu par ce grand jour ; leur système tout fait n'allait plus à la taille du siècle ; ils ont grandi depuis leur chute par de l'éloquence et de l'énergie. Le second a cherché la force dans la popularité, bête féroce qui ne vous caresse que tant que vous avez des hommes ou des principes à lui jeter : ce ministère est tombé d'impuissance devant cette popularité qui commençait à rugir ; il eut un généreux mouvement contre elle le jour du procès des ministres de Charles X ; il offrit sa vie pour la leur. Ce jour l'honore, comme il honore la France.

Le troisième a merveilleusement compris la crise européenne, la question étrangère : en faisant respecter les traités, qui sont la morale écrite des nations, il a prévenu la guerre universelle. Pour qui connaît l'état actuel de l'Europe, la guerre universelle est le cataclysme final européen. Celui qui la jettera des plis de son manteau assumera la responsabilité d'un siècle de chaos, de meurtres, de sang et de servitude ; il fera ce que feraient la Belgique et la Hollande si elles renversaient leurs digues et ouvraient passage à leur Océan : nationalités et individus, libertés et principes, amis et ennemis, tout serait englouti !

Or, il n'y avait point nécessité suffisante de se précipiter dans ces terribles hasards : la Belgique a été constituée plus pour nous que contre nous ; c'est une frontière de l'Europe démantelée et affaiblie de moitié. Quant à la Pologne, sublime résurrection d'une nationalité qui ne peut s'éteindre, tardive mais héroïque protestation d'un droit sacrifié par l'Europe ; la France, complice honteuse de son partage à une autre époque, la France, qui n'a point de dépouilles, mais seulement du sang à lui rendre, avait sans doute le droit de reconnaître le fait de sa résurrection, car il est toujours permis de revivre, car la date d'un crime politique ne constitue pas un droit contre la victime, car il n'y a pas de prescription contre un peuple qui veut et qui peut sortir de son sépulcre ; mais si la France avait ce droit de reconnaissance et de secours, elle avait aussi le droit et le devoir de choisir son heure ! Sa sympathie nationale pour l'héroïsme polonais n'imposait pas à son gouvernement la nécessité peut-être inopportune de la précipiter en aveugle dans les chances d'une collision universelle. Les gouvernements sont les tuteurs des peuples, les tuteurs de l'Europe ; ils peuvent, en cette qualité, avoir à résister même aux plus généreuses des passions, l'enthousiasme et la pitié, tout en les partageant comme hommes. L'heure choisie par la Pologne convenait-elle à la France à peine réorganisée ? à son gouvernement, tremblant de se mouvoir sur une base non affermie ? La question est là ; nous ne pouvons la résoudre : le gouvernement a seul les éléments de sa détermination, comme seul il en supportera la responsabilité future. Le droit est une grande force ; l'admiration et la pitié sont de puissants auxiliaires ; les guerres de sentiment sont les plus belles et les plus héroïques : témoin les croisades, la Vendée et l'Espagne. On a vu les peuples renaître d'une sympathie moins vive et de moins courageuses imprudences ; mais, en se plaçant dans le point de vue de juillet, et dans l'hypothèse de son gouvernement actuel, la Pologne a peut-être mal choisi son jour ; un an plus tôt, trois ans plus tard, elle était secourue par l'Europe, et triomphait. Les massacres de Varsovie et l'assassinat des généraux trahissent, dans cette révolution même, cette main hideuse de la démagogie aveugle et sanguinaire, qui souille tout ce qu'elle touche. Du jour où le crime se montre dans une cause populaire, cette cause périt ; ce génie infernal, ce Méphistophélès de la liberté, déshonore l'héroïsme, et décourage de la liberté même.

Le ministère actuel a mis en scène un beau caractère, un homme de cœur, de conscience, de talent ; un homme qui sait braver la tempête, et tenir ferme à un principe ; mais il choisit les siens au hasard. La question étrangère, si bien saisie par lui, montre qu'il sait voir ce qui est palpable, ce qui est sous ses yeux. La question intérieure, la question aristocratique surtout, si mal analysée, si mal engagée, montre qu'il n'a pas assez d'horizon dans l'esprit. On le plaint, mais on l'honore ; et l'on regrette qu'un si beau courage et une si ferme conviction ne combattent pas à un plus grand jour.

La législation ? La législation criminelle surtout à refaire en entier, non plus sur le principe des codes païens, principe de vengeance et de talion, mais sur la base évangélique, sur le principe chrétien ; esprit de justice, mais de douceur, de charité, d'indulgence, de repentir, d'épuration, et non de vengeance et de mort ; la peine de mort surtout à effacer. Je ne pense point, avec ceux qui la veulent bannir de nos codes, que la société n'a pas le droit de mort parce qu'elle ne peut rendre la vie : l'existence de la société étant nécessaire, la société a tous les droits nécessaires à son existence. Mais cette loi brutale du talion, juste quand la société était faible et imparfaitement constituée, quand il lui fallait une vengeance prompte, évidente, instantanée, a survécu à sa nécessité. Non-seulement elle ne me semble plus nécessaire, mais elle nuit à la société moderne ; elle ne rend pas moins fréquents, mais elle rend plus féroces le crime et le criminel ; une législation sanglante ensanglante les mœurs ; une législation douce les tempère et les adoucit. La peur n'est pas une vertu. La législation chrétienne veut des vertus, et laisse la terreur au crime : ayons le courage au moins de tenter cette suppression du sang dans nos lois, et de porter, même imprudemment, ce sublime et généreux défi à la Providence, à l'humanité, à l'avenir !

Mais, me direz-vous ici, quel sera le frein de votre logique ? dans quelle proportion, dans quelle mesure le législateur, peuple lui-même, jettera-t-il à la génération les libertés et les institutions dont vous venez d'admettre la nécessité ou la convenance ? Où s'arrêteront vos droits ou vos libertés de famille, de commune, de province, de nation ? — Elles s'arrêteront où la raison et la conscience publiques en montreront l'abus ou l'excès ; elles s'étendront dans la proportion et la mesure des mœurs du pays et du temps : la raison et la conscience publiques ne peuvent longtemps s'y tromper ; elles n'ont qu'à les confronter avec les mœurs.

Les mœurs, en effet, sont la seule base, l'indispensable condition des lois ; une proportion rigoureuse est nécessaire entre les unes et les autres ; dès que cette proportion est violée, dès que cette harmonie manque, la législation naît morte ; elle ne porte aucuns fruits, ou elle en porte de funestes. Ce contre-sens, cet antagonisme des lois et des mœurs, de la sévérité de Sparte et de la mollesse de Sybaris, tue un peuple. L'examen, la raison, l'expérience et la conscience ont ici à prononcer de bonne foi sur ce qui est immédiatement possible parmi nous, ou ce qui ne peut être atteint qu'à l'aide de l'habitude, des progrès et du temps ; la presse et la parole libres sont là à leur place, portant sans cesse toutes ces questions devant le grand jury national, devant l'opinion qui prononce, mais non sans appel, dans un régime de majorité. Quand une liberté de plus sera mûre, elle tombera nécessairement de l'arbre, au souffle de ce vent populaire, sur un sol préparé à la recevoir.

Ici vous serez étonné peut-être de ne pas m'entendre flétrir davantage ce qu'on appelle centralisation, cet abus banal contre lequel tous les partis s'élèvent de concert, parce que tous cherchent à détruire, et aucun à fonder ; de ne pas me voir disloquer à mon tour quelque membre de l'unité nationale. Dieu et le sens commun me préservent d'acheter de la popularité à tel prix ! Demander la liberté politique, délibérative et élective pour toutes les opinions, pour tous les intérêts, pour toutes les localités, c'est détruire en effet ce qui doit être détruit, la centralisation politique, l'influence oppressive d'une capitale, d'un parti, d'une classe, d'un homme ; le monopole de la liberté, le despotisme enfin ; c'est là la juste tendance d'un esprit libre et éclairé ; c'est là l'œuvre du jour et du siècle. Mais détruire la centralisation administrative et exécutive, refouler la vie et la pensée dans les membres, au lieu de la placer forte et pleine dans la tête de l'État ; briser les liens nécessaires du *pouvoir* et de l'*action*, refaire de la France, si *forte* parce qu'elle est *une*, une fédération provinciale, faible, boiteuse, disjointe et vacillante, après que le temps et le génie de la civilisation se sont épuisés à faire de ces parties incohérentes une grande et vigoureuse unité nationale, c'est le vœu de la folie ou c'est le cri du désespoir !

La centralisation administrative, méditée par tous nos hommes d'État de la monarchie, opérée enfin par l'Assemblée constituante, est le seul monument que la Révolution ait fondé avec tous les débris qu'elle a faits. Cette intensité de force dans cette uniformité d'action qui fait que la pensée sociale, une fois librement conçue et devenue loi, s'exécute à l'instant même avec célérité, régularité, contrôle et uniformité, dans toutes les sphères de l'administration d'un vaste État, c'est l'unité de ces grands corps qu'on nomme nations. Si vous la détruisez, ils périssent, ou cette unité se reconstruira malgré vous, car elle est leur vie ; et la dissolution de cette unité ou de cette centralisation, c'est la mort !

Que l'âme du corps social, c'est-à-dire la pensée et l'action politiques, soient donc libres, expansives, constatées, parlant et agissant partout; qu'elles ne soient plus enchaînées, comme elles l'ont été jusqu'ici, au caprice d'une bureaucratie tyrannique, au délire d'une capitale ameutée, jouet d'un tribun ou d'une faction ; qu'elles aient leur force et leur point d'appui en elles-mêmes et sur elles-mêmes, sur les forces, les intérêts, les opinions de familles, de communes et de provinces ! mais que l'administration nationale soit une, une dans sa forme, une dans son action ! que tous les ressorts de la machine gouvernementale aboutissent à un seul centre, d'où ils reçoivent l'impulsion, la force et la régularité ! La force relative des nations est tout entière dans le perfectionnement de ce système d'unité ou de centralisation ; le premier devoir des nations, c'est de vivre, c'est de rester indépendantes ; et pour rester indépendantes, elles n'ont qu'un moyen, être fortes. Centraliser l'action administrative, ce n'est donc pas progrès, c'est déclin.

X

CONCLUSION ET CONJECTURES

Voilà, monsieur, les principaux délinéaments de la route politique où je voudrais voir marcher nos amis et nos ennemis, où je voudrais que la presse et la parole, le pouvoir et les Chambres guidassent la France et l'Europe ; c'est la seule route qui n'ait pas un abîme à son terme, et qui conduise à un avenir. Vous le savez : avant la catastrophe qui a affligé nos cœurs sans avoir étonné nos prévisions, car nous la pressentions prompte, certaine, inévitable, au bout de la voie fausse, étroite, rétrograde, où l'aveuglement et l'erreur poussaient ceux que nous aimions à avoir pour guides, et que nous suivions comme le soldat doit suivre son chef, jusqu'à la mort, mais non jusqu'au suicide, c'étaient là nos pensées et nos paroles; hélas! pensées et paroles stériles, que le souffle de l'adulation ou de l'intrigue ne laissait pas arriver jusqu'à l'oreille des rois, que le vent des passions populaires emportera peut-être de même aujourd'hui! N'importe : elles tomberont sèches et froides sur le sable ou sur le rocher; mais elles n'y mourront pas pour toujours. Une idée vraie, une idée sociale descendue du ciel sur l'humanité, n'y retourne jamais à vide; une fois qu'elle a germé dans quelques cœurs droits, dans quelques esprits logiques et sains, elle porte en soi quelque chose de vital, de divin, d'immortel, qui ne périt plus tout entier; les passions, les vils intérêts, l'ignorance, l'habitude, les préjugés, la haine, peuvent l'écraser sous leurs pieds, peuvent la mutiler sous le sabre ou sous la hache; ses fruits sont retardés d'un jour, d'un siècle ou deux peut-être (la Providence a la main pleine de siècles, et ne les compte pas dans son œuvre); mais au siècle marqué, mais au jour fatal, et peut-être y sommes-nous! l'idée vivace, dont la semence a été répandue et multipliée par les orages mêmes, éclôt dans tous les esprits à la fois; tous les partis la revendiquent comme leur; toutes les opinions l'avouent comme le fond de leur pensée commune : prévu ou imprévu, un événement arrive, un accident peut-être, et le monde est renouvelé. L'idée de liberté a tous ces caractères; si la France voulait, si le pouvoir savait, ce grand fait de rénovation sociale s'opérerait sous nos yeux : rien ne s'y oppose, rien ne résiste dans les choses comme dans les esprits; l'heure a sonné.

Mais la France veut-elle? mais le pouvoir sait-il? Oui, la France voudrait, mais elle veut faiblement; ses longues convulsions, son repos de quinze ans, sa position fausse sur un droit méconnu et sur un droit contesté, sa peur des nouveautés, sa lassitude des expériences, sa défiance de l'erreur, de la vérité même, son industrialisme, culte amollissant de l'or, son engouement prompt, son dégoût rapide, ses éblouissements de gloire militaire, sa secrète faveur pour un despotisme qui la flatte avec des conquêtes, qui l'étourdit avec des tambours, l'esprit de faction, de haine, de dénigrement mutuel qui use ses forces contre soi-même, et surtout, disons-le, son peu de foi dans la haute morale, l'affaiblissement du sentiment religieux, sentiment qui vivifie tous les autres, héroïsme de la conscience, sans lequel l'humanité n'a pas assez de foi en elle-même, ne comprend pas assez sa propre dignité, ne place pas son but assez haut, n'a pas assez la confiance et le désir de l'atteindre : tout cela a altéré en nous le principe des grandes choses, le mobile des résolutions généreuses et fortes, la base morale de toute institution libre, la vertu politique. C'est la vertu politique qui nous manque, et c'est ce qui me fait douter de nous et trembler sur nous! La vertu politique? je sais que la liberté la produit en l'exerçant; mais il en faut déjà pour supporter la liberté. Quand Rome ne comptait plus qu'un Caton, César n'était pas loin.

Mais le pouvoir sait-il? Non, s'il continue à chercher sa base dans un élément qui manque dès aujourd'hui, qui manquera plus encore dans l'avenir, l'aristocratie; dans la restriction et non dans l'expansion du droit et de l'action politique; s'il continue à resserrer la main au lieu de l'ouvrir tout entière, s'il veut régner et non guider, s'il veut dresser sa tente d'un jour, et forcer l'esprit social à une halte précaire dans le défilé où le dix-neuvième siècle est arrivé, et où il étouffera, s'il ne le traverse pas avec un pouvoir hardi en tête de ses générations. Ainsi peut-être manque-t-il à la fois à cette époque deux choses sans lesquelles toute théorie tombe, toute espérance s'évanouit : un pays et un homme.

Faute d'un homme, d'un homme politique, d'un homme complet dans l'intelligence et la vertu, d'un homme résumé sublime et vivant d'un siècle, fort de la force de sa conviction et de celle de son époque, Bonaparte de la parole, ayant l'instinct de la vie sociale et l'éclair de la tribune, comme le héros avait celui de la mort et du champ de bataille; palpitant de foi dans l'avenir, Christophe Colomb de la liberté, capable d'entrevoir l'autre monde politique, de nous convaincre de son existence, et de nous y conduire par la persuasion de son éloquence et la domination de son génie; faute de cet homme, l'anarchie peut être là, vile, hideuse, rétrograde, démagogique, sanglante, mais impuissante et courte; car l'anarchie même suppose de la force. Le crime a aussi son parti en France, l'échafaud a aussi ses apôtres; mais le crime ne peut jamais être un élément politique; le crime est la plus antisociale des choses humaines, puisque la société n'est et ne peut être que de la morale et de la vertu. Ce parti est hors la loi du pays et de la civilisation; il est à la politique ce que les brigands sont à la société : ils tuent, mais ils ne comptent pas. La société n'a ni besoin ni appétit de sang; elle n'a pas même à combattre, elle n'a rien à renverser devant elle; tout est nivelé sous ses pas. Cette admiration imitatrice pour les hommes et les œuvres de la Terreur n'est que du sophisme qui accompagne quelquefois le bourreau, comme il le précède toujours ; c'est un arrière-goût du sang versé et bu dans notre époque de honte, que quelques insensés prennent encore pour de la soif, et qui n'est que le rêve du tigre.

Faute de vertu politique dans le pays, au premier tremblement du pouvoir, à la première bourrasque sur la mer tempétueuse de la liberté, une clameur générale s'élèvera : « Retournons en arrière, perdons plutôt tout l'espace déjà parcouru, plions les voiles, regagnons le passé! » Le port le plus précaire sera bon. Le premier qui prendra le chapeau étriqué et la redingote grise se croira un Bonaparte, sabrera la civilisation et la liberté des branches à la racine, et dira : « Mon peuple, » jusqu'à ce qu'on en cherche un autre pour mieux parer la servitude. Ce peuple libre n'aime pas assez la liberté; il croit toujours voir le temple de la gloire avec un héros sur le seuil, ouvert pour le recueillir et le venger d'une nouvelle anarchie. Il se trompe, le héros n'est plus; et la liberté est son seul asile.

Cherchons donc la vertu politique, cherchons-la pour nous et pour les autres, le temps se chargera de l'exercer; cherchons-la où elle est, dans une conviction forte, dans une foi sincère à la destinée progressive de l'humanité, dans un religieux respect pour notre dignité d'homme, dans une contemplation sévère du but divin que Dieu a placé devant la société comme devant la vie individuelle : ce but, c'est lui-même, c'est le perfectionnement de l'individu et le perfectionnement de l'être générique, l'humanité, qui doit rapprocher de Dieu l'homme vertueux et la société elle-même.

Cette pensée divine, appliquée enfin à la politique, fermente déjà dans la jeune génération qui nous presse; c'est dans cette génération, jeune, forte, morale, religieuse, qu'est tout l'espoir de l'avenir. Le saint-simonisme lui-même est un heureux symptôme : hardi plagiat qui sort de l'Évangile et qui doit y revenir, il a déjà arraché quelques esprits enthousiastes aux viles doctrines du matérialisme industriel et politique, pour leur ouvrir l'horizon indéfini du perfectionnement moral et du spiritualisme social. C'est là en effet le terme à atteindre, mais par la route que le Christ a tracée, que sa doctrine progressive éclaire à mesure que l'homme avance; mais sur le terrain réel et solide de l'humanité, sur le respect de tous les droits, sur l'accomplissement de tous les devoirs, sur la réforme et non sur la destruction de la seule base que Dieu ait donnée jusqu'ici à la famille et à la société, la propriété. Peut-être l'humanité découvrira-t-elle un jour un autre principe social : on ne peut rien nier, rien affirmer de l'inconnu. L'horizon de l'humanité recule et se renouvelle à proportion des pas qu'elle a faits; le Verbe divin sait seul où il veut nous conduire : l'Évangile est plein de promesses sociales et encore obscures; il se déroule avec les temps, mais il ne découvre à chaque époque que la partie de la route qu'elle doit atteindre. Le saint-simonisme trace une route parallèle, mais sur les nuages; c'est une religion, moins un Dieu; c'est le christianisme, moins la foi qui en est la vie; c'est l'Évangile, moins la raison et la connaissance de l'homme. Tout ce qu'il y a en lui de sincère, d'élevé, d'aspiration à un ordre terrestre plus parfait et plus divin, s'apercevra bientôt qu'il ne peut marcher sans base, qu'il faut toucher au ciel par les désirs, mais à la réalité humaine par les faits, et reviendra au principe qui donne à la fois la vérité spéculative et la force pratique, l'espérance indéfinie du perfectionnement des sociétés, et la règle, la morale et la mesure qui peuvent seules les y diriger. Ce principe, d'où nous émanons tous, croyants ou sceptiques, amis ou ennemis, c'est le christianisme ! Sa déduction logique est la perfection sociale ; c'est lui qui a fait la liberté moderne, plus vraie que la liberté antique ; c'est lui qui nous prépare encore la charité politique et civile, plus vraie que le patriotisme étroit, exclusif et égoïste de l'antiquité; son règne ne sera autre chose que l'époque rationnelle, le règne de la raison, car la raison est divine aussi.

Un mot ici. Par ce règne futur et parfait du christianisme rationnel, je n'entends point ce règne matériel du christianisme, cet empire palpable et universel du principe catholique, prédominant de fait sur tous les pouvoirs politiques, asservissant le monde même à la vérité religieuse, et donnant ainsi un démenti à la sublime parole de son auteur : « Mon royaume n'est pas de ce monde. » Cette doctrine de politique religieuse réalisée dans des formes sociales, doctrine que quelques hommes de foi et de talent réchauffent en vain aujourd'hui, n'a jamais eu l'assentiment de ma raison : c'est chercher dans un mysticisme couronné, dans une théocratie posthume, dans une aristocratie sacerdotale, un principe et une règle du pouvoir humain, qui n'y existeraient pas plus que dans le despotisme ou l'aristocratie politique. La vérité même ne doit ni se manifester ni s'imposer par des formes de domination matérielle, car ses agents seraient toujours hommes : les hommes altèrent ou corrompent tout ce qu'ils touchent avec leurs mains d'hommes, et nous feraient une tyrannie dégradante de la liberté même des enfants de Dieu. La seule forme de manifestation et d'empire de la vérité religieuse vis-à-vis de la vérité sociale et politique, c'est la parole, c'est la liberté! Le seul joug des cœurs et des intelligences, c'est la conviction! C'est là le seul empire de la vérité chrétienne, le seul joug que nous porterons tous avec liberté et avec amour, quand le tronc immortel du christianisme, qui renouvelle ses rameaux et son feuillage selon les besoins et les temps, aura porté et multiplié pour nous ses derniers fruits.

Revenons au jour où nous sommes, et concluons. Vous le voyez, espérance et lumière à un horizon éloigné, sur l'avenir des générations qui nous suivent; incertitude et ténèbres sur notre sort actuel, sur notre avenir immédiat. Cependant l'espérance prévaut; et si chacun de nous, sans acception de parti, d'opinions ou de désirs, se plaçait dans la vérité qui est immédiatement devant lui, y cherchait son devoir du jour, et employait sa force sans la calculer, le résultat ne permettrait pas un doute : le monde social aurait fait un pas immense, et ses chutes mêmes l'auraient avancé de plusieurs siècles. Je ne suis pas prophète, mais la raison prophétise : une loi éternelle, une loi morale que les anciens appelaient fatalité, que les chrétiens nomment Providence, et qui n'est autre chose que la volonté divine enchaînant les conséquences aux principes, les effets aux causes, travaille éternellement pour ou contre nous, selon que nous partons du faux ou du vrai. Dans la vie privée de l'individu comme dans la vie sociale des empires, cette loi se manifeste sans cesse par ses applications heureuses ou vengeresses; elle rétribue dès ce monde à chacun selon son œuvre, à chacun selon sa vérité et sa vertu. C'est l'ombre de la justice divine que l'on aperçoit de la terre. Cette loi divine sous les yeux, on peut prédire et l'on prédit en effet tous les jours avec une pleine et infaillible assurance.

On peut donc prédire que si un droit a été omis ou violé volontairement dans un fait politique, son absence ou sa violation jettera longtemps le pouvoir et le pays dans une laborieuse expiation.

Que si le pouvoir, innocent lui-même de la nécessité politique d'où il surgit, comprend cette dictature des événements, cette mission d'une destinée sociale, et l'emploie tout entière, sans retour sur lui-même, au salut désintéressé du pays, à la fondation sincère et large d'un ordre libre et rationnel, il triomphera de tous les obstacles, il créera ce qu'il a mission évidente de créer, et durera ce que doivent durer les choses nécessaires, le temps d'achever leur œuvre, transition elle-même à un autre ordre de choses plus avancé et plus parfait.

Que s'il ne se comprend pas lui-même, et s'il ne profite pas, au bénéfice de la liberté et de l'humanité tout entière, du moment fugitif qui lui aura été donné; s'il ne voit pas qu'une route longue, large et droite est ouverte sans obstacle devant lui, et qu'il peut y porter les esprits, les lois et les faits jusqu'à un point d'où ils ne pourraient plus rétrograder; s'il se compte lui-même pour quelque chose, s'il s'arrête ou s'il se retourne, il périra, et plusieurs siècles peut-être périront avec lui.

Que si les royalistes constitutionnels, les hommes de fidélité, de religion, de monarchie, de liberté et de progrès, persistent à mettre leur répugnance d'esprit, leurs scrupules de souvenirs, leurs affections de parti, au-dessus de leurs droits et de leurs devoirs d'hommes et de citoyens; que s'ils se retirent comme ils viennent de le faire de toute l'action politique moderne, l'élection; que s'ils regardent sans combattre la mêlée politique qui se débat sous leurs yeux, et dont eux-mêmes ils sont le prix sanglant; que s'ils laissent vaincre l'anarchie contre eux; que s'ils laissent fonder sans eux la liberté, qui n'est plus qu'oppression quand elle n'appartient pas à tous; que s'ils se refusent obstinément à entrer dans l'ère nouvelle, dans ce temple commun d'asile que les événements et la providence sociale leur ouvrent si souvent; que s'ils laissent mettre hors la loi du siècle, hors de la protection et de la reconnaissance de l'avenir, eux, leurs principes, leur religion et leur cause, ils se suicident de parti pris; ils concourent aveuglément à la ruine du présent, au meurtre de l'avenir social; et ils préparent pour eux, pour leur patrie, pour leurs fils, un de ces châtiments déplorables que la Providence inflige quelquefois à l'erreur aussi sévèrement qu'au crime. Pour nous, innocents de cette erreur, si nous ne répudions pas notre part de la peine qui ne choisira pas, répudions du moins toute participation à la faute; nous aurons du moins protesté : si notre voix ne doit pas être comprise, elle aura du moins retenti. Qu'elle retentisse encore! Suivons cette lumière qui luit pour nous, cette lumière que tous peuvent voir, cette lumière qui éclaire la morale politique des mêmes clartés que la morale privée; faisons le mieux possible dans toutes les circonstances données. Les événements ne nous appartiennent pas, mais notre détermination nous appartient toujours tout entière; les événements ne sont jamais neutres : nous n'avons donc jamais le droit de l'être nous-mêmes. Il y a toujours, dans toutes les combinaisons des

choses humaines, un mal à éviter, un mieux à chercher, un choix à faire.
Quelqu'un a dit que, dans les temps de révolutions, il est souvent moins
difficile de faire son devoir que de le connaître; mais la morale du christianisme a une lueur qui éclaire toujours suffisamment chacun de nos pas,
en nous montrant toujours un but que l'instabilité des événements et le
vent orageux de la fortune ne peuvent voiler ni ébranler, le bien de l'humanité. Le choix que cette morale nous commande, faisons-le jour par
jour, heure par heure, selon la raison, la conscience et la vertu; n'en
cédons rien à nos ennemis, rien à nos amis même; supportons la haine et
l'injure des uns, le sourire et la raillerie des autres. Devant chaque homme,
devant chaque époque, devant chaque fait, il y a un devoir; dans chaque
devoir il y a une vertu, à chaque vertu une rétribution présente ou future :
chacun de ces devoirs accomplis par nous est à notre insu de la haute
politique, car la politique n'est que la morale appliquée à la vie civile.

Notre devoir à nous comme notre politique, c'est de nous confondre
avec le pays, dont nous ne pouvons nous séparer sans l'affaiblir, et par
conséquent sans crime. Le pays, qui n'eut jamais nécessité plus grande de
secours, de lumière et d'énergie, ne nous pardonnerait pas de ne pas lui
avoir offert ce que nous pouvons en posséder dans nos rangs. Ne nous
constituons pas nous-mêmes les ilotes de la civilisation et de la France;
n'acceptons pas, ne justifions pas par une fausse attitude politique ce titre
de vaincus que des ennemis habiles voudraient nous infliger pour se donner les droits odieux de la victoire; ce titre de vaincus dont quelques-uns
de nous ont la faiblesse de s'honorer! Il n'y a eu de vaincus en France,
dans la bataille de juillet, que ceux qui de fait ou de cœur ont voulu trahir
la foi jurée, attaquer le pays dans son droit et dans son repos, renverser
les institutions, et remettre au hasard d'une mêlée de rue une nation, un
trône, l'Europe et le siècle! Nous ne sommes pas de ces hommes; nous
les avons réprouvés avant, pendant et après; plaignons leur aveuglement
et leur peine, mais ne nous imposons pas à nous-mêmes la réprobation
politique dont nous les frappâmes avant la défaite, avant la postérité; ils
ont commis la faute, et nous en portons la peine : nous ne sommes ni les
vainqueurs ni les vaincus, nous sommes les victimes de juillet! Connais-
sons notre véritable dénomination, et faisons-la reconnaître aux autres :
nous sommes Français et dignes de la France. Unissons nos efforts aux
siens pour la relever, la soutenir, la constituer et la défendre; si elle nous
repousse, plaignons-la, mais ne lui laissons pas dire que nous l'avons
abandonnée! Pressons-nous dans les rangs de sa milice nationale, pré-

sentons-nous partout où il y a un service désintéressé à lui rendre! N'examinons pas sous quelle couleur et sous quel signe, mais pour qui et pourquoi nous combattons! C'est toujours la France et la patrie, c'est toujours l'humanité honorant tous les signes, toutes les couleurs qu'elle déploie. Votons dans les conseils municipaux, votons dans les conseils de département, votons dans les colléges électoraux surtout! Ne nous laissons point volontairement fermer le seuil de l'action politique, de l'élection, par une répugnance ou par une erreur.

Entrons, si on nous en ouvre la porte, dans l'Assemblée des représentants du pays; abordons la tribune avec une parole convaincue, loyale et ferme : si la Chambre n'a pas d'échos pour nous, le pays en aura. Les paroles du mandataire du peuple portent plus loin et plus juste que la voix de l'écrivain; c'est toute une population, toute une province, toute une opinion, qui parlent par cette bouche; il a mission pour proférer un symbole politique, pour protester au nom d'une vérité ou d'un intérêt. La tribune est la chaire de vérité populaire; les paroles qui en tombent ont la réalité et la vie. Montons-y donc! montons-y, non pas pour parler plus haut à des passions qui nous demandent de les flatter, et qui nous payeront notre lâcheté en applaudissements; non pas pour caresser de vains regrets ni pour envenimer d'amères répugnances; non pas pour récriminer contre un passé qui n'appartient plus à personne; non pas pour semer des embûches dans la route embarrassée d'un pouvoir qui n'a que trop d'abîmes sous les pas; non pas même pour disserter, comme les sophistes de Constantinople, sur les arguties du dogme politique, le droit divin ou social, la source et la légitimité des pouvoirs, les droits d'une famille sur un peuple, ou d'un peuple sur une famille. Laissons ces choses aux heures de paix et de vaines disputes, et leur solution au temps et aux faits, qui seuls les résolvent. Parlons-y du présent et de l'avenir; établissons-y nos larges et fécondes théories de droit et de liberté; jetons notre sentiment religieux, moral, progressif, dans les lois; rappelons-y à l'humanité ce qu'elle se doit à elle-même, ce qu'elle doit aux générations qu'elle enfante; faisons-lui comprendre l'époque qui est sous ses yeux et qu'elle ne voit pas; montrons-lui ce siècle éclos pour de grandes choses, et prêt à se fondre en vaines querelles de mots et de personnes, en inanités politiques, en guerres stériles, en ruine nationale, en calamités européennes, si elle ne le saisit pas à son heure, si elle ne cueille pas le fruit qui est mûr aujourd'hui, qui sera corrompu demain!

Descendons de là aux intérêts du jour : aidons la démocratie à s'organiser pour vivre; donnons-lui des guides, faisons-lui des lois, créons-lui des mœurs, car elle est seule tout l'avenir du monde. Apprenons-lui surtout qu'elle ne peut vivre sans forme; que la forme de toute réalité politique, c'est un gouvernement; que la vie de tout gouvernement régulier, c'est un pouvoir vrai et fort; que ce pouvoir ne peut être l'expression mobile des factions inconstantes, l'œuvre perpétuelle du caprice populaire; qu'il lui faut des racines dans le sol pour résister aux tempêtes; que ces racines ce sont les lois organiques qui doivent l'attacher au pays, et communiquer à ses rameaux la séve qu'il y puisera sans cesse. Rappelons-lui que pour être un peuple libre il ne suffit pas d'inscrire le mot liberté sur le frontispice de son gouvernement, mais qu'il faut le sceller dans les fondements mêmes, et depuis la base jusqu'au sommet ne faire de l'édifice social qu'un tout harmonieux de droits, de devoirs, de discussion, d'élection et de liberté. Avant tout, prouvons-lui qu'il faut être juste, et que le droit de tous ne vit que du droit de chacun. Le despotisme peut subsister sur de fausses bases, parce qu'il s'appuie sur la force; la liberté ne le peut pas, parce qu'elle s'appuie sur la justice : si le droit d'un seul manque à ses conditions, sa base fléchit tout entière, et elle croule.

Élevons souvent les regards des hommes, notre pensée et notre voix vers cette puissance régulatrice d'où découlent, selon Platon comme selon notre Évangile, la justice, les lois et la liberté; qui seule sait tirer le bien du mal; qui tient dans ses mains les rênes des empires, et qui les secoue souvent avec violence et rudesse, pour réveiller l'humanité de son sommeil, et lui rappeler qu'il faut marcher, dans la route de sa destinée divine, vers la lumière et la vertu. Cet élan de l'humanité vers le ciel n'est pas stérile; c'est une force intime, c'est la foi de l'humanité dans le progrès. Rappelons à nous cette force et cette foi des temps d'épreuve et de doute; confions-nous à cette Providence, dont l'œil n'oublie aucun siècle et aucun jour; faisons le bien, disons le vrai, cherchons le juste, et attendons.

Adieu, monsieur! Tandis que, inutile à mon pays, je vais chercher les vestiges de l'histoire, les monuments de la régénération chrétienne et les retentissements lointains de la poésie profane ou sacrée dans la poussière de l'Égypte, sur les ruines de Palmyre ou sur le tombeau de David, puissiez-vous ne pas assister à de nouvelles ruines, et ne pas préparer à l'histoire les pages funèbres d'un peuple qui porte encore en soi des siècles de vie, de prospérité et de gloire! Puissent les cœurs et les esprits généreux que cette terre produit à chaque génération, sans s'épuiser jamais de génie et de vertu, étouffer leurs passagères dissensions dans le sentiment de leur commun devoir, et garder cette fortune de la France, que la France seule peut ternir ou éteindre! C'est là le vœu du plus dévoué de ses enfants, qui ne la quitte pour un jour que parce qu'elle ne le réclame pas, qu'elle peut rappeler à toute heure, et qui ne se croira libre de ses pensées ou de ses pas que s'il ne peut les employer mieux pour elle, et la servir ou l'honorer autrement!

ALPHONSE DE LAMARTINE.

Saint-Point, 25 septembre 1831.

FIN DU TOME PREMIER DES MÉMOIRES POLITIQUES.

TABLE

DES MATIÈRES CONTENUES DANS CE VOLUME

	Pages.
Introduction	3
Livre premier	11
Livre deuxième	49
Livre troisième	99
Livre quatrième	179
Livre cinquième	237
SUR LA POLITIQUE RATIONNELLE	355

FIN DU TRENTE-SEPTIÈME VOLUME.

www.ingramcontent.com/pod-product-compliance
Lightning Source LLC
Chambersburg PA
CBHW060555170426
43201CB00009B/789